故宫博物院八十七华诞定窑学术研讨会论文集

故宫博物院古陶瓷研究中心　编

故宫出版社

图书在版编目（CIP）数据

故宫博物院八十七华诞定窑学术研讨会论文集／故宫博物院古陶瓷研究中心编．— 北京：故宫出版社，2014.12

ISBN 978-7-5134-0684-0

Ⅰ.①故… Ⅱ.①故… Ⅲ.①定窑—瓷器（考古）—中国—文集 Ⅳ.①K876.34-53

中国版本图书馆CIP数据核字（2014）第270410号

故宫博物院八十七华诞定窑学术研讨会论文集

故宫博物院古陶瓷研究中心　编

顾　　问：耿宝昌

主　　编：吕成龙

副 主 编：韩　倩

编　　委：赵小春　高晓然　李卫东　孙　悦

责任编辑：方　妍

装帧设计：王　梓　廖晓婧

出版发行：故宫出版社

地址：北京市东城区景山前街4号　邮编：100009

电话：010-85007808　010-85007816　传真：010-65129479

网址：www.culturefc.cn

邮箱：ggcb@culturefc.cn

制版印刷：北京雅昌艺术印刷有限公司

开　　本：787毫米×1092毫米　1/16

印　　张：33

版　　次：2014年12月第1版

2014年12月第1次印刷

书　　号：ISBN 978-7-5134-0684-0

定　　价：190.00元

在“故宫博物院定窑学术研讨会”上的讲话

陈丽华　故宫博物院副院长

尊敬的各位领导、各位来宾、女士们、先生们：

上午好！

值此金风送爽的初秋时节，我们在这里齐聚一堂，喜迎“故宫博物院定窑学术研讨会”开幕，这是一件很有意义的学界盛事。我谨代表故宫博物院向在百忙之中莅临本次会议的各位领导、各位代表、各位来宾表示热烈欢迎！并致以最诚挚的问候！

在中国陶瓷发展史上，汝、官、哥、定、钧号称宋代“五大名窑”，历来受人关注，影响很大，但存在的问题也很多。迄今为止，在中外专家学者的共同努力下，虽然其中的一些问题得到了解决，但毋庸讳言，仍存在许多悬而未决的问题，使专家学者们感到困惑，阻碍着中国古陶瓷研究的深入开展。

故宫博物院始终关注相关问题的研究进展，并不遗余力地利用藏品和人才的优势，积极推进这方面研究工作的开展。2005 年 10 月 10 日，故宫博物院古陶瓷研究中心宣告成立，其目的就是利用故宫博物院在藏品和人才方面的优势，围绕中国陶瓷发展史上所存在的一些重大学术问题进行研究，且有所作为。经过慎重考虑，古陶瓷研究中心决定先将汝、官、哥、定、钧宋代“五大名窑”作为优先考虑的议题，希望利用自身藏品、专家、科学技术手段等优势，将传统鉴定与考古发掘、窑址调查、科学检测等相结合，进行跨学科综合研究，以进一步推动针对宋代“五大名窑”研究领域一些亟待解决问题研究工作的深入开展。

2009 年，故宫博物院古陶瓷研究中心首先将宋代官窑作为研究课题，在深入研究的基础上，于 2010 年 9 月成功举办了“宋代官窑瓷器展”并隆重召开了国际学术研讨会，取得丰硕成果。经过两年的筹备，在耿宝昌先生的悉心指导下，故宫博物院专业人员结合

图 1. 陈丽华副院长在研讨会开幕式上致辞（张英摄）

最新考古调查、发掘和研究成果，对故宫博物院藏定窑及仿定窑瓷器进行了系统研究、鉴定。在各兄弟单位的大力支持下，隆重推出了“洁白恬静——故宫博物院藏定窑瓷器展”并召开这次学术研讨会。展览以故宫博物院藏定窑及仿定窑瓷器为基础，向河北省文物研究所、西安博物院、湖南省博物馆、临安市文物馆等文博机构商借了考古发掘出土的定窑瓷器及标本，以期更全面地展现传世和出土定窑瓷器的风貌，并进一步揭示定窑的历史地位及其对当时和后世的影响。在此，我谨代表故宫博物院向上述各兄弟单位表示衷心感谢！

今天上午代表们参观了展览，下午和明天会议安排了学术研讨。代表们分别来自国内外的博物馆、美术馆、考古研究所、高等院校等，带来了在各自研究领域所取得的最新研究成果。希望大家利用此次难得的机会，围绕定窑研究中存在的问题各抒己见、畅所欲言，展开热烈讨论和交流，分享各自的研究心得。我深信此次会议必将取得丰硕成果，此次学术活动也必将作为光辉灿烂的一页而被载入定窑研究的史册。

最后预祝学术研讨取得圆满成功！

祝各位来宾身体健康！在京期间生活愉快！

谢谢！

2012 年 9 月 18 日上午 11：00，建福宫

目 录

一 定窑的发现与研究

二 各地出土和收藏的定窑瓷器

三　定窑瓷器的影响

四　定窑瓷器的科学检测

一

定窑的发现与研究

定窑重议

叶喆民　清华大学美术学院

内容提要：定窑作为宋代五大名窑之一，在我国陶瓷历史上具有十分重要的地位，其研究亦具备重要的学术意义。本文主要涉及如下五个问题：专题研讨定窑的重要性和必要性、关于“紫定”与“红定”的概念、定窑白瓷与北方其他名窑白瓷的比较、其他类似磁州窑型的稀有品种及定窑出土的黑釉油滴残片。

关键词：定窑　陶瓷　研究

一　专题研讨定窑的重要性和必要性

号称宋代“五大名窑”——“定、汝、官、哥、钧”之首的定窑，在其中一向以历史最为悠久，并且是唯一的白瓷，也是我国陶瓷处于高峰时期的杰出代表而闻名中外。它那白中闪黄好似象牙一般的“暖白色”和洁白坚致的胎质，以及优美生动的刻划花纹与繁密华丽的印花纹饰，体现出一种朴素大方、清白高雅的美感，所以千年以来赢得了人们的赞赏和宝藏。此外，如“紫定”、“黑定”等名贵品种，都是出类拔萃、享誉古今的陶瓷典范。特别是其“透影白瓷”的烧制成功，与邢窑同样将我国瓷器符合过去国际标准的历史提前了数百年，改变了以往人们认为定瓷没有透影性，只有影青瓷才是真正瓷器的错误观念和老生常谈。至于它在烧制工艺中创造的“覆烧法”，也是影响深远，是瓷器不易变形、提高产量的重要贡献。不仅是“影青”瓷在这方面于刻划花的工艺上受益匪浅，就是在今天的陶瓷生产上，恐怕仍有值得学习、参考的价值。例如三十年前，曲阳定窑瓷厂曾在中央工艺美术学院和“广交会”开过两次“仿定瓷展览”，其中展品仍然不免有胎质松软、釉层肥厚、花纹刻划呆板乏力、印花模糊不清和釉色过于偏黄等缺点。尤其是那所谓“口有芒不堪用”的补救装饰——“银或铜镶口”已经失传，做不到宋代那样天衣无缝、不见接口的技术水平。由此可见当时定窑烧制工艺的高超和难能可贵的程度，亦说明它在陶瓷考古方面的重要性和在陶瓷生产方面的必要性。

二 关于“紫定”与“红定”的概念

对于这两个名称，长期以来我国文物界似乎混淆不清，多是指那种绛（酱）色或赭色釉定瓷而言（图 1）。可是如果仔细想来，“紫”与“红”和“绛”色毕竟不一样。特别是三十多年前，黑龙江省奈曼旗辽代大康元年（1075 年，即北宋熙宁八年）萧德温墓出土的那件“紫定碗”，釉色好似紫葡萄，晶莹夺目，艳丽异常，与普通所谓的“紫定”大不相同。正如明人项子京《历代名瓷图谱》所记载的那样“烂紫晶澈如紫葡萄”（烂紫即是极紫之意，例如俗话中所说“烂熟”，也曾见有印作“熟葡萄”）或“紫若茄苞”。联系其他的宋人和明人笔记与诗句后，尤其令人深思。

苏轼（东坡）在他咏定瓷诗中曾有一句说“潞公煎茶学西蜀，定州花瓷琢红玉”，一向多为人们引用来形容“红定”或“紫定”之美，很少加以质疑。然而高濂的《燕闲清赏笺》内，却印作“定州花瓷琢如玉”，将“红”改作“如”字，虽说是一字之差，意思却大相径庭。另外，在他评论“定瓷”时还说“宣和、政和者，时为官造，土色如玉，物价甚高”。这两处都形容说是“如玉”。笔者以往写作和 1991 年在英国牛津大学博物馆讲演“定窑”专题时，均未置可否，只是提出供人参考。虽然根据所见窑址的标本，还为该馆及大英博物馆鉴定出两件“五代定窑透影白瓷碗”（他们曾认为是后仿的定窑伪作放在库房内，主要是怀疑定瓷的透影性），但也未能根据历史文献加以论证。现在笔者的看法是，他们所指的并非所谓的“红定”或“紫定”，而是指那种刻划花纹或印花纹的“定窑白瓷”，甚至是稀有而名贵的“定窑透明白瓷”。至于今日常见的那种所谓“紫定”者，还是用目前通称的“酱（绛）釉”比较确切。

图 1. 宋　定窑绛釉（紫定）描金花纹碗（日本东京国立博物馆藏）

图 2. 元　霍州窑（彭窑）白釉高足碗

三　定窑白瓷与北方其他名窑白瓷的比较

高濂在同一书内还评论“高丽窑”与“霍州窑”（又名“彭君宝窑”或“彭均宝窑”）等“仿定”白瓷都有“质薄而脆，不堪真赏”的缺点。对比我们在 1977 年为编写《中国陶瓷史》考察山西霍州窑时，所得的“元代仿定窑高足碗”果然是如此（图 2），釉色有如白粉，光泽也很差，而且极容易破损。另与后来去邢窑南程村窑址所得的“金代仿定印花白瓷残片”相比（图 3），也是邢窑白瓷的胎釉灰暗而多开片（“龟裂”），只见印花纹而未见有刻花的装饰。说明其时代较晚并且技艺不如定窑，足见邢窑到此时期已然更加衰落。

然而，如果回头再看邢、定两窑的唐代白瓷，却有“定不如邢”的感觉（图 4、图 5）。举例来说，它们的“精细白瓷”都不挂“化妆土”，在釉色与釉质方面虽然相差不多，而且均无开片，但在仔细观察之下，定窑白瓷釉层相对较薄，且有粗涩或不均匀的现象（宋代后又形成“泪痕”一般的聚釉）。两者除了胎釉细白、底足心均挂满釉直到足墙以外，仍有不同之处——“定窑”底足断然如削呈直角，而“邢窑”底足无论平底或“玉璧”底外边一圈呈钝角（俗称“削棱足”）。而且定窑底足凹心较小，釉层稀薄。邢窑底足凹心较大，

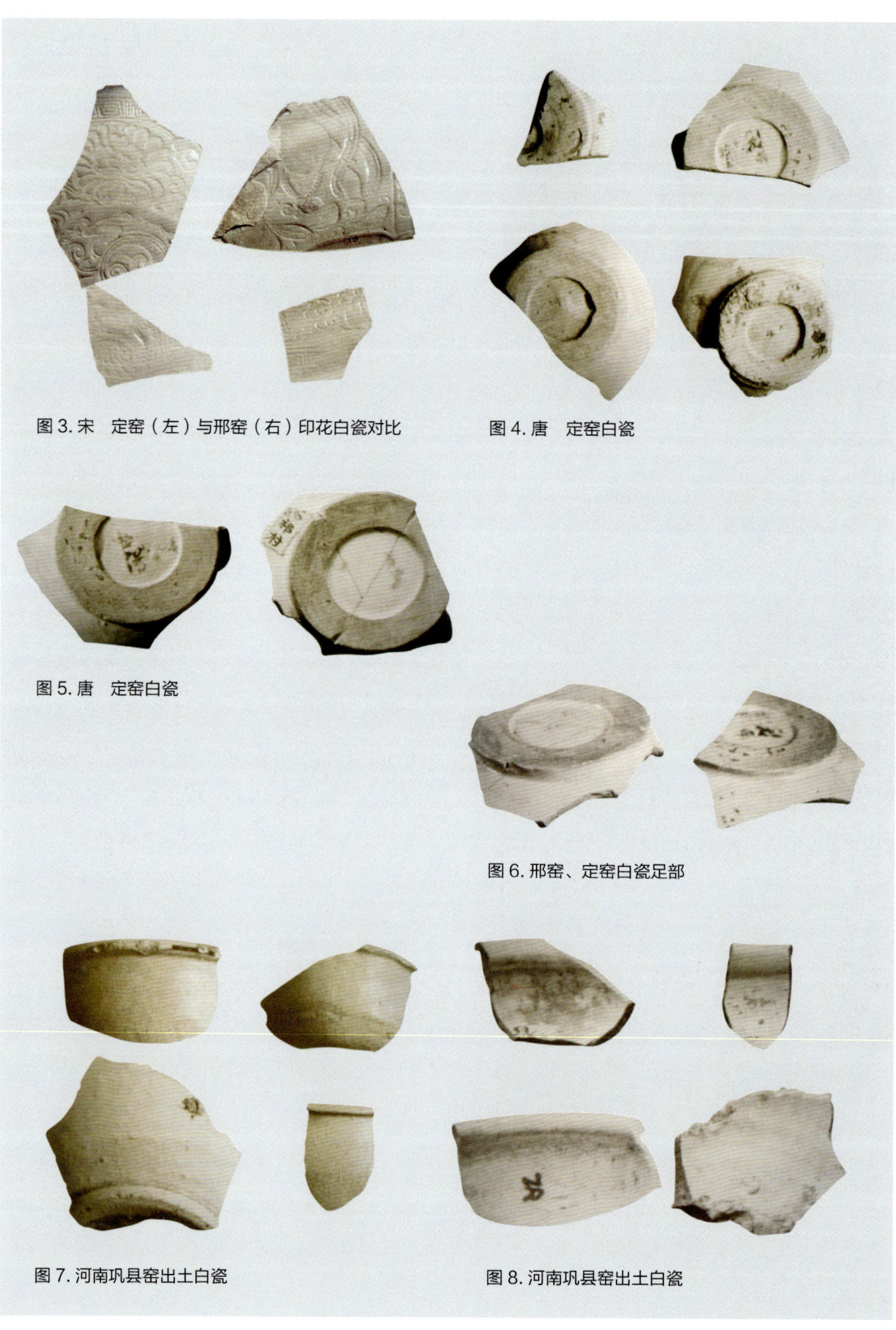

图 3. 宋　定窑（左）与邢窑（右）印花白瓷对比

图 4. 唐　定窑白瓷

图 5. 唐　定窑白瓷

图 6. 邢窑、定窑白瓷足部

图 7. 河南巩县窑出土白瓷

图 8. 河南巩县窑出土白瓷

玉璧底	直径（mm）	足宽（mm）	凹心（mm）	足高（mm）
定窑细白瓷	70	16×2	38	内2　外4
邢窑细白瓷	72	15×2	45.2	内4　外6

釉层丰满（图6）。

此种底足的细微不同，再与河南的“巩（县）义窑”同类白瓷残片相比来看，巩窑多数为厚胎薄釉，釉较透亮而多细小开片，并且即使挂满釉也未见有挂至足墙者，更无底心挂满釉（图7、图8）。

四　其他类似磁州窑型的稀有品种

近四十年来，在定窑窑址陆续发现的如白地绘划黄花、豆青地剔绘白花、白地绘黑花、黑釉白花等，与磁州窑产品大同小异、各具特色的残片（图9、图10、图11），很容易混为一谈。由于地质结构基本相同[1]，窑型、燃料也相似，加以时代风尚的需要，以及技法上的模仿和改进，难免造成鉴别上的困惑。例如两窑所出的“白地黄花瓷”（图12），仔细对比看来，定窑制品是先绘黄花后划花纹，因此突出而规整，磁州窑制品是先划花纹后涂黄色，因此平滑而生动。虽然如此不易分辨，但由此也反映出两窑之间“和而不同”的作风，并非生搬硬套的简单仿制，而是各自发挥了古代匠师们的聪明才智与继承创新、自强不息的精神，很值得我们重视和学习。

五　定窑出土的黑釉油滴残片

定窑出土的黑釉油滴残片（见图10），十分美观且精致罕见。它与北方不少窑址偶然出土的少量在黑釉口边出现的兔毫或油滴现象，有着多少、粗细、大小的不同，也和南方“建窑”制品在胎质、釉色上有很大区别。笔者非常喜爱但从未看到过定窑有如此完整器物，却在

1　按：地质勘探的结果表明：北自曲阳、内丘、井陉，南至磁县、安阳、修武、焦作一带的太行山东麓地区，所用瓷土基本相同。

图 9. 宋　仿磁州窑白地绘剔黄花瓷片
（定窑窑址出土）

图 10. 宋　黑釉油滴瓷片
（定窑窑址出土）

图 11. 宋　茶褐色瓷片
（定窑窑址出土）

图 12. 宋　磁州窑白地划花加褐彩瓷片
（河北观台窑址出土）

名人许次纾的《茶疏》一书内见有“茶瓯，古取定窑兔毛花者，亦斗碾茶之用耳”的记载。想必定窑也曾有过“黑釉兔毫盏”之类的制品。联想在宋人小说中还看到有所谓“定窑窑变金丝罐”的故事[1]，而且在宋人黄庭坚《咏建盏》诗中也有“兔褐金丝宝碗”的名称[2]，想必都是指的此类之物。古人见多识广，他们亲见或使用的古陶瓷精品的机会毕竟不可能比今人更少。所以笔者应用古人文献，从来是不轻易怀疑的。

以上所谈也是笔者一向希望青年古陶瓷工作者们多加考虑的，并且要尽可能多做些横向的比较，联系有关文献与科学研究数据，然后再做出自己的判断。特别是在窑址考察或发掘中，不宜墨守成规，因数量太少而轻易放弃稀有或典型的残片，哪怕只有一片也好。因为它的作用“小”可以说明一些问题，“大”也可能发现一处窑址。这些都是笔者出自肺腑之言，十分肤浅，有的仍不免失误之处，还请各位专家、学者不吝指正，谢谢大家！

---

1 《古今小说集》第三十六回《宋四公大闹禁魄张》：“……他那卖酸馅的架上，一个大金丝罐，实定州中山府窑变了烧出来的，他惜似生命……”

2 《宋诗钞》初集《山谷诗钞》。

定窑瓷器研究综述

吕成龙　故宫博物院

内容提要：定窑是我国北宋至金代北方地区声誉最高、影响最大的窑场，以烧造白瓷为主，兼烧黑釉、酱釉、绿釉、黄釉瓷等，其遗址位于今河北省曲阳县。考古发掘获得的资料证明，定窑烧造瓷器始于唐代，北宋至金代达到繁荣昌盛，元代以后逐渐衰落停烧。自 20 世纪 30 年代定窑遗址被发现以来，研究者陆续发表了数十篇有关定窑研究的论文、出版了几部专著，取得了丰硕成果。

笔者在前人研究的基础上特撰此文，对有关定窑瓷器研究中的几个问题进行了论述，内容涉及定窑入围宋代“五大名窑”的经过、有关定窑的文献记载、定窑遗址的发现经过、遗址和墓葬出土定窑瓷器概况、定窑的烧造历史、定窑的烧造品种及艺术特色、定窑瓷器上的铭文及定窑系等。

关键词：定窑　五大名窑　定窑瓷器　定窑遗址　艺术特色　铭文　定窑系

定窑是我国宋、金时期北方生产规模最大、影响最广的民间窑场之一。自 20 世纪 30 年代其遗址被发现以来，研究者陆续发表了数丨篇有关定窑研究的论义及几部专者，内容涉及定窑的遗址情况、烧造历史、烧造品种、定窑系白瓷及定窑瓷器上的铭文等，取得了丰硕成果。

故宫博物院所藏定窑瓷器是定窑瓷器研究中最重要的实物资料之一，特别是以北宋白釉孩儿枕、刻花渣斗、刻花梅瓶等为代表的清宫旧藏定窑瓷器，体现了定窑瓷器的最高水平，是20世纪50年代故宫博物院开辟“陶瓷馆”以来历次改陈首选展品，颇受人关注。

2012年故宫博物院古陶瓷研究中心将定窑作为年度重点研究课题，在深入研究的基础上，举办专题展览并召开国际学术研讨会，堪称定窑瓷器研究中的一项盛事。本文在前人研究的基础上，对有关定窑瓷器研究中的几个问题进行论述，并提出一些自己的看法，不妥之处，敬请方家指正。

一　定窑入围“宋代五大名窑”的经过及目前五大名窑研究中存在的主要问题

定窑是长期以来人们所公认的宋代五大名窑（汝、官、哥、定、钧）之一。但实际上，“五大名窑”之说的形成并不是一蹴而就，而是有一个过程。

明万历十九年（1591年）刊行的明代著名养生家高濂（生卒年不详，约嘉靖初至万历初人）撰《遵生八笺》（卷十四）“论官哥窑器”条曰:“高子曰:论窑器必曰柴、汝、官、哥。然柴则余未之见，且论制不一，有云青如天、明如镜、薄如纸、声如磬。是薄磁也！而曹明仲则曰柴窑足多黄土，何相悬也？”[1]高氏在这里只提到“柴、汝、官、哥”四窑。

与高濂生活在差不多同一时期的张应文（？～1595年）撰《清秘藏》（卷上）“论窑器”条曰:“论窑器必曰柴、汝、官、哥、定。柴不可得矣！闻其制云:青如天，明如镜，薄如纸，声如磬。此必亲见，故论之如是其真。余向见残器一片，制为绦环者，色光则同，但差厚耳！又曹明仲云柴窑足多黄土，未知然否？”[2]张氏在这里提到“柴、汝、官、哥、定”五窑，比上述《遵生八笺》叙述中多出一个“定”窑。

明代万历二十年（1592年）进士谢肇淛（1567～1624年）撰《五杂俎》（卷十二·物部四）之“陶器”条曰:“柴窑最古，今人得其碎片，亦与金翠同价矣……柴窑之外有定、汝、官、哥四种，皆宋器也……”[3]谢氏在书中也谈到“柴、定、汝、官、哥”五个窑。

1　（明）高濂撰:《遵生八笺》，辑入《景印文渊阁四库全书》第871册，台北商务印书馆，1985年。

2　（明）张应文撰:《清秘藏》，收入《丛书集成续编》第94册，台北新文丰出版公司，1991年。

3　（明）谢肇淛撰:《五杂俎》，国学珍本文库，民国二十四年（1935年）。

约成书于17世纪初[1]的《宣德鼎彝谱》(卷一)载:"……内库所藏柴、汝、官、哥、均、定各窑器皿，款式典雅者，写图进呈……"[2]书中提到柴、汝、官、哥、均、定六个窑。

民国初年许之衡(1877 ~ 1935年)撰《饮流斋说瓷·概说第一》曰:"吾华美术以制瓷为第一……吾华制瓷可分为三大时期:曰宋、曰明、曰清。宋最有名之窑有五，所谓柴、汝、官、哥、定是也。更有均窑，亦甚可贵。其余各窑则统名之曰'小窑'。"许氏在书中谈到柴、汝、官、哥、定五窑及均窑。

1936年商务印书馆出版的吴仁敬、辛安潮著《中国陶瓷史》一书将"柴窑"归于五代。书中所附作者于1935年撰写的"序"曰:"宋世瓷业大盛，定、汝、官、哥、均，垂名千古。"而该书之第九章"宋时代"又曰:"综上所述，当时瓷艺既精进如斯，故官窑辈出，私窑蜂起。其间出群拔萃、最著名者有定、汝、官、哥、弟、均等名窑。"可见，20世纪30年代仍未形成宋代"五大名窑"的说法，也未出现"五大名窑"一词。

由于柴窑非但不属于宋代，而且一直是个谜，因此，自20世纪50年代起，人们谈论宋代瓷器时，就逐渐略去柴窑不提，而直接提"汝、官、哥、钧(均)、定"五个窑，于是出现了"五大名窑"一词，并诞生了宋代"五大名窑"之说。20世纪50年代初傅振伦先生在《中国最古的瓷器》一文中曾谈到:"世之言瓷器者，以为宋世有瓷，且以定、汝、官、哥、钧为宋代五大名窑。推而上之，以柴、汝、官、哥、定为中国五大名窑。"[3]

在所谓宋代五大名窑中，哥窑、钧窑均不见于宋代文献记载。哥窑的遗址至今未被发现，年代也有争议。官钧窑瓷器的遗址所在地不存在问题，但其年代长期以来存在很大争议。官窑研究中也存在很多至今悬而未决的问题，特别是对于北宋官窑究竟是汝窑还是属于在开封另设的官窑以及在杭州发现的老虎洞窑是否就是文献记载的修内司官窑，目前尚有争议。对汝窑的最大争议是汝窑的性质问题，即汝窑究竟是北宋朝廷设置的官窑还是只是为朝廷烧造过贡瓷的民窑。定窑的遗址所在地及烧造历史、烧造品种目前在学术界不存在大的争议，争议较多的是五代、北宋定窑产品与辽代瓷窑产品的区分，北宋定窑瓷器和金代定窑瓷器的划分。

1 陆鹏亮:《宣炉辩疑》,《文物》2008年第7期。

2 《宣德鼎彝谱》，收入《景印文渊阁四库全书》第840册，台北商务印书馆，1986年。

3 傅振伦:《中国最古的瓷器》,《历史教学》1951年第1卷第6期。

二 宋代文献中有关定窑的记载及定窑遗址的发现经过

定窑是宋代五大名窑中唯一一座主烧白瓷的窑场。虽然宋代文献中已经出现多处有关定窑的记载，如：

北宋熙宁五年（1072年），时任杭州通判的苏轼（1037 ~ 1101年）所作《试院煎茶》诗曰："蟹眼已过鱼眼生……又不见今时潞公煎茶学西蜀，定州花瓷琢红玉……"[1]

南宋陆游（1125 ~ 1210年）撰《老学庵笔记》（卷二）曰："故都时，定器不入禁中，惟用汝器，以定器有芒也。"[2]

南宋周辉撰《清波杂志》（卷五）曰："辉出疆时，见彼中所用定器，色莹可爱。近年所用乃宿、泗近处所出，非真也。"[3]

南宋太平老人撰《袖中锦》（开篇"天下第一"条）曰："监书、内酒、端砚、洛阳花、建州茶、蜀锦、定磁、浙漆、吴纸、晋铜、西马、东绢、契丹鞍、夏国剑、高丽秘色……京师妇人，皆为天下第一，他处虽效之，终不及。"[4]清徐松（1781 ~ 1848年）辑《宋会要辑稿》（册一百四十六，食货五十二）载："瓷器库在建隆坊，掌受明、越、饶州、定州、青州白瓷及漆器以给用，以京朝官三班内侍二人监库。"[5]

宋邵伯温（1057 ~ 1134年）撰《闻见录》曰："仁宗一日幸张贵妃阁，见定州红瓷器。帝坚问曰：'安得此物？'妃以'王拱辰所献'为对。帝怒曰：'尝戒汝勿通臣僚馈送，不听，何也？'因以所持柱斧碎之。妃愧谢久之乃已。"[6]

南宋顾文荐撰《负暄杂录》"窑器"条及南宋叶寘撰《坦斋笔衡》"窑器"条均曰："陶器自舜时便有……本朝以定州白磁器有芒不堪用，遂命汝州造青窑器，故河北、唐、邓、耀州悉有之，汝窑为魁……"[7]

---

1 （北宋）苏轼撰：《东坡全集》（卷三），辑入《景印文渊阁四库全书》第1107册，台北商务印书馆，1985年。

2 （南宋）陆游撰：《老学庵笔记》，辑入《丛书集成新编》第84册，台北新文丰出版公司，1986年。

3 （南宋）周辉撰：《清波杂志》，辑入《丛书集成新编》第84册，台北新文丰出版公司，1986年。

4 （南宋）太平老人撰：《袖中锦》，辑入《丛书集成新编》第87册，台北新文丰出版公司，1986年。

5 （清）徐松辑：《宋会要辑稿》，中华书局，1957年。

6 （宋）邵伯温撰：《闻见录》，辑入《景印文渊阁四库全书》第1038册，台北商务印书馆，1985年。

7 这两本南宋人的著作均已佚，分别收录于元末明初学者陶宗仪撰《说郛》、《南村辍耕录》。《说郛》一百卷，明·陶宗仪纂。涵芬楼藏版，据明抄本。卷十八引顾文荐撰《负暄杂录》三卷，又补遗一卷。顾文荐，南宋人，字伯举，号兰谷倦翁，昆山人。《南村辍耕录》三十卷，元·陶宗仪撰，卷二十九引叶寘撰《坦斋笔衡》。叶寘，字子真，号坦斋，池州青阳人，隐居九华山，以著书自娱。中华书局，2004年。

然而，自元代晚期定窑逐渐衰落停烧以后，其遗址亦逐渐湮没于历史尘埃中，被人忘记。直到 20 世纪 30 年代，叶麟趾教授（1888 ~ 1963 年）在河北省曲阳县调查时，才偶然发现定窑遗址。1934 年叶先生在所撰《古今中外陶瓷汇编》"第四章第一节'定州窑（又名定窑）'"中谈到："定州窑在今河北省曲阳县。定州窑地址，参诸文献所载，皆指为今之河北省定县，然经实地调查，则绝无窑迹可寻。当地之大白窑村虽属近似，亦无确实之证明。或谓自唐以来所称定州，非只限于今之保定与正定之间者，其地域较为广大，即保定、正定、平定等处亦皆包括在内，总名曰定州。故凡由此等地方所出窑器，均称为定窑云。是说未免过于广义者，因平定窑当时俗称西窑，其窑器与所谓定器比较，显有不同之点，且保定、正定亦皆无相当之窑迹也！曩者闻说曲阳产磁，偶于当地之剪子村发现古窑遗迹，并拾得白磁破片，绝类定器。据土人云：昔之定窑即在此处。又附近之仰泉村，亦为定器出产地，然已无窑迹矣！此说诚有相信之价值。且旁考地理上之关系，则曲阳距定县约四十里，唐名恒阳县，原属定州，盖所称定州，乃指其大地名而言，非专指今之定县。即如唐之邢州窑在距今邢台县约五十里之内邱县，饶州窑在距今鄱阳县即昔之饶州府约一百八十里之浮梁县，是其最明显之比例也。现今曲阳县尚有制陶者，器虽粗糙，然确属定窑之本派。或谓定窑废灭于元末，盖因当时已无优良之品，故无关于此后曲阳之制作也。"[1]

著名古陶瓷研究专家陈万里先生（1892 ~ 1969 年）曾认为"这是一个极重要的发现"，而且指出叶先生所谓的"剪子村"即"涧磁村"、"仰泉村"可能就是"燕山村"（实为"燕川村"，笔者注）。陈万里先生还谈到："抗战期间，曲阳沦于敌区，当时日人小山富士夫曾经去过，并采集碎片极多。"[2] 小山富士夫（1900 ~ 1975 年）前往曲阳县调查定窑遗址的时间是 1941 年 4 月[3]，他是世界上研究中国陶瓷的著名学者，有日本学者认为"小山在陶瓷研究最高的成就是定窑窑址的发现及时代的分期"，笔者认为这一说法不准确。显然，定窑遗址早在 20 世纪 30 年代初就由叶麟趾先生调查发现并确认，小山富士夫先生的曲阳之行只能算作对定窑遗址进行复查。

19 世纪末至 20 世纪初，随着中国口岸的进一步对外开放，以及各地兴建铁路发现大量古墓，墓中出土文物被文物贩子收购后卖给外国人，致使盗墓之风猖獗，不计其数的出土文物在社会混乱及政府无力制止的情况下被贩卖到美国、日本及欧洲各国，在西方掀起

---

1 叶麟趾（锡嘏）编著：《古今中外陶瓷汇编》，（北平）文奎堂书庄，1934 年。

2 陈万里：《邢越二窑及定窑》，《文物参考资料》1953 年第 9 期。

3 ［日］小山富士夫：《定窯々址の発見に就いて》，《陶磁》13-2，1941。

了一股对中国陶瓷购藏的热潮。与之相适应，普及中国古陶瓷的著述和译著亦开始较多出版，并随之热销。如1856年朱利恩（S. Julien）等人将1815年在中国刊印的蓝浦著《景德镇陶录》译成法文在巴黎出版。1876年，英国伦敦大英博物馆馆长、收藏家奥古斯塔斯·弗兰克斯（Augustus Franks）将自己收藏的中国和日本陶瓷结集以英文出版，名曰《东方陶瓷收藏图录》(*Catalogue of Property of Oriental Pottery and Porcelain*)。1896年，英国人卜士礼（Stephen W.Bushell，1844 ~ 1908年）编著的名著《东方陶瓷艺术》(*Oriental Ceramic Art*）出版发行。1898年和1902年，由威廉·古兰德（William G. Gulland，1841 ~ 1906年）编著的《中国瓷器》(*Chinese Porcelain*）上、下册分别首次出版。1913年，德累斯顿陶瓷收藏馆馆长齐默尔曼博士（*Ernst Zimmermann*，1866 ~ 1940年）编著的两卷本《中国瓷器的历史、艺术和工艺》(*Chinesisches Porzellan Seine Geschichte Kunst Und Technik*）得以出版。1922年，大英博物馆赫瑟林顿（A. L. Hetherington，1881 ~ 1960年）编著的《中国早期陶瓷》(*The Early Ceramic Wares Of China*）得以出版。1925年~ 1928年由霍布森（ R. L. Hobson，1872 ~ 1941年）编著的《乔治·欧默福普洛斯所藏中国、朝鲜和波斯陶瓷》(*The George Eumorfopoulos Collection Catalogue of the Chinese,Corean and Persian Pottery and Porcelain*)（六卷）在英国伦敦出版。1927年,英国著名作家威廉森（G. C. Williamson 1858 ~ 1942年）编著的《粉彩瓷器》(*The Book of Famille Rose*）首次出版。继20世纪20年代欧洲出版一系列中国古代美术专著后，在随后的30年代，这一收藏和研究中国艺术品的热潮波及世界。1931 ~ 1932年,日本东洋陶瓷研究所出版了十二辑《东洋陶瓷集成》。1932年，日本帝国工艺会编印出版了《支那工艺图鉴》。

20世纪30年代，日本和欧美人士对中国古陶瓷的研究已不仅仅局限于文献、传世品，而是开始注重开展实际性的追根溯源工作，即亲自到窑址进行调查。1930年日本人大谷光瑞（1876 ~ 1948年）派遣日本西本愿寺驻中国汉口的布教师原田玄讷去河南省临汝县做过古陶瓷窑址实地调查。1935年6月27日，在上海海关任职的美国人詹姆斯·马歇尔·普卢默教授（J.M.Plumer，1899 ~ 1960年）曾到福建省建阳县调查建窑遗址，采集了大量建盏及窑具标本，并在1935年10月26日《伦敦新闻画报》第187卷、第5036号上发表了题为《世界著名的建窑瓷器原产地揭秘——一项值得关注的堪称宋代天目碗宝库的窑址的发现》的消息[1]。1937年，出生在上海的英国人白兰士敦（Archie D.Brankston，1909 ~ 1941年）实地考察了景德镇

1　J.M.Plumer，“*The place of origin of the world famous Chien Ware discovered. A remarkable find of kiln-sites that are a mine of Temmoku bowles of the Song dynasty*” .The Illustrated London News，Vol.187，No.5036，Oct.26，1935.

珠山及湖田窑遗址，1938 年出版了由他编著的《明初景德镇瓷器》[1]（旧译《明初官窑考》）。

小山富士夫正是在这样的大环境下对定窑遗址进行了考察。他在《关于定窑遗址的发现》中谈到："一想到这个发现是国际间的一大竞赛，即抑制不住冲动，遂勇往直前。""此事是关乎陶瓷史的问题，驱使春季之旅成行，因我不愿只是个追随在英美学者后的学徒。"[2]

定窑遗址在今河北省曲阳县灵山镇，规模最大的窑场在涧磁村、野北村、东燕川村、西燕川村及北镇村一带，总面积约 100 多万平方米。因曲阳县在唐、五代时曾隶属于定州管辖，北宋时曾隶属于定州博陵郡管辖，故名定窑。

新中国成立以来，考古和文物工作者对定窑遗址进行过多次调查和发掘。1951 年 4 月，故宫博物院陈万里、杨忠礼先生曾调查过曲阳县的东西燕川村（调查报告称作"燕山村"）和涧磁村窑址[3]，并采集部分标本。1957 年 3 月，故宫博物院冯先铭、李辉柄、王莉英、郭仁、葛季芳等也曾前往定窑遗址进行过调查，采集瓷片标本近两千片[4]。20 世纪 60 年代初，河北省文化局文物工作队对曲阳县涧磁村定窑遗址进行过调查与试掘，从 1960 年开始到 1962 年 5 月底，共开 9 个探方，总共试掘面积 420 平方米，在调查中获得上自晚唐，下迄金、元遗物 35 件。在试掘中获得遗物 216 件，其中瓷器 123 件、工具和窑具 26 件、铜钱 67 枚[5]。1977 年 4 月、1982 年 9 月及 1991 年，故宫博物院均曾派人前往定窑遗址进行过调查，并采集瓷片标本[6]。1985 ~ 1987 年河北省文物研究所在北镇村、涧磁岭、野北村、燕川村等地进行过考古发掘，揭露遗址面积近 2000 平方米，发现大量窑炉和作坊遗迹，出土基本完整的遗物标本万余件、残片约 37 万片（发掘报告至今未见）。最新一次主动进行的大面积科学发掘是在 2009 年 9 月至 12 月，经国家文物局批准，河北省文物研究所、北京大学考古文博学院、曲阳县定窑遗址文物保管所组成联合考古队，在涧磁岭、北镇、涧磁西及燕川 4 个地点布方发掘，发掘总面积 776 平方米，发掘出数以吨计的各时期瓷器和窑具标本，其中完整和可复原的标本达数千件。这次发掘对于全面了解定窑在各个历史时期的

1 A.D.Brankston, "*Early Ming wares of Chingtechen*".Peiping, Henri Vetch, 1938；[英] 白兰士敦：《明初官窑考》，北京法文图书馆，1938 年。

2 [日] 弓场纪知撰、廖桂英译：《小山富士夫的陶艺世界》，财团法人陈昌蔚文教基金会编：《陈昌蔚纪念论文集》，财团法人陈昌蔚文教基金会，2003 年。

3 陈万里：《调查平原、河北二省古代窑址报告》，《文物参考资料》1952 年第 1 期。

4 冯先铭：《瓷器浅说》（续），《文物》1959 年第 7 期。

5 河北省文化局文物工作队：《河北曲阳县涧磁村定窑遗址调查与试掘》，《考古》1965 年第 8 期。

6 故宫博物院编、吕成龙主编：《故宫藏传世瓷器真赝对比历代古窑址标本图录》，紫禁城出版社，1998 年。

生产面貌和烧造工艺特征、促进定窑研究工作的深入开展具有重要意义[1]。

三　重要遗址和墓葬出土定窑瓷器概况

除了进行窑址调查和发掘以外，新中国成立以来，在考古工作者对各地墓葬、遗迹的考古发掘工作中，也出土大量定窑瓷器及少量印模工具。比较重要的有：

1956 年发掘的江苏省连云港市海州东门外五代（吴）大和五年（933 年）墓出土 14 件完整定窑白釉瓷[2]；

1961 年发掘的辽宁省朝阳市金大定二十四年（1184 年）壁画墓出土两件定窑白釉碟[3]；

1969 年发掘的河北省定县两座北宋塔基出土 150 多件定窑瓷器[4]（其中 16 件署“官”字款、1 件署“新官”字款）；

1975 年发掘的北京通县城关公社三间房村金大定十七年（1177 年）墓出土 29 件定窑白瓷[5]；

1971 年发掘的辽宁省北票县北四家子公社水泉大队辽墓出土 6 件定窑白瓷[6]（其中 1 件署有“官”字款）；

1971 年发掘的南京江浦黄悦岭南宋张同之（卒于庆元二年，即 1196 年，葬于庆元三年，享年 50 岁）墓出土有定窑白釉碗 3 件、盘 1 件[7]（盘、碗均镶有银釦）；

1973 年发掘的北京先农坛金墓出土 8 件定窑白瓷[8]；

1978 年发掘的河北省曲阳县北镇村定窑遗址出土四件金代印花模子[9]（分别刻有“甲辰正月望日造”、“泰和丙寅岁辛丑月二十四日画张记”、“甲辰蕤宾十四日刘六郎”、“刘家模子何”题记）；

1978 年发掘的浙江省临安县（1996 年临安撤县建市）晚唐钱宽（葬于光化三年，900

1　韩立森等：《定窑遗址考古发掘取得重要成果》，《中国文物报》2010 年 1 月 22 日。
2　江苏省文物管理委员会：《五代——吴大和五年墓清理记》，《文物》1957 年第 3 期。
3　辽宁省博物馆：《辽宁朝阳金代壁画墓》，《考古》1962 年第 4 期。
4　定县博物馆：《河北定县发现两座宋代塔基》，《文物》1972 年第 8 期。
5　北京市文物管理处：《北京市通县金代墓葬发掘简报》，《文物》1977 年第 11 期。
6　辽宁省博物馆文物队：《辽宁北票水泉一号辽墓发掘简报》，《文物》1977 年第 12 期。
7　南京市博物馆：《江浦黄悦岭南宋张同之夫妇墓》，《文物》1973 年第 4 期。
8　北京市文物管理处马希桂：《北京先农坛金墓》，《文物》1977 年第 11 期。
9　妙济浩、薛增福：《河北曲阳县定窑遗址出土印花模子》，《文物》1985 年第 7 期。

年）墓出土 15 件精致定窑白瓷[1]（其中 13 件署有“官”字款、一件署有“新官”字款）；

1980 年发掘的浙江省临安市晚唐水邱氏墓出土 17 件定窑白瓷[2]（其中 3 件署“官”字款、11 件署“新官”款）；

1984 年发掘的河南省巩义市宋太宗元德李后陵出土 37 件定窑白瓷[3]（其中 13 件署有“官”字款）；

1985 年发掘的西安市北郊火烧壁村一瓷器窖藏出土 33 件晚唐时期定窑白瓷[4]；

1985 年发掘的北京市海淀区南辛庄金墓出土 35 件定窑系白瓷[5]；

1986 年发掘的内蒙古哲里木盟奈曼旗青龙山镇辽陈国公主与驸马萧绍矩合葬墓出土 12 件定窑白瓷[6]（其中刻莲瓣纹盖罐署有“官”字款）；

1992 年发掘的内蒙古自治区赤峰市阿鲁科尔沁旗罕苏木苏木朝克图山辽耶律羽之（葬于辽会同五年，942 年）墓出土五代定窑瓷器[7]（白釉盖罐、白釉穿带盘口瓶、白釉盒、绿釉印花穿带瓶、酱褐釉皮囊壶等）。

对于“官”、“新官”款白瓷的产地，学术界存在不同看法。归纳起来可分为三种：一是认为非定窑莫属；二是认为绝大多数是定窑产品，也有少量邢窑产品；三是认为除了定窑、邢窑以外，尚有浙江窑口[8]、湖南窑口[9]、辽代官窑[10]、北京龙泉务窑[11]、安徽繁昌窑[12]等。

1　浙江省博物馆、杭州市文管会:《浙江临安晚唐钱宽墓出土天文图及“官”字款白瓷》,《文物》1979 年第 12 期。

2　明堂山考古队：《临安县唐水邱氏墓发掘报告》，浙江省文物考古所编著：《浙江省文物考古所学刊》，文物出版社，1981 年。

3　河南省文物研究所、巩县文物保管所：《宋太宗元德李后陵发掘报告》，《华夏考古》1988 年第 3 期。

4　王长启、成生安：《西安火烧壁发现晚唐“官”字款白瓷》，《考古与文物》1986 年第 4 期。

5　北京市海淀区文化文物局：《北京市海淀区南辛庄金墓清理简报》，《文物》1988 年第 7 期。

6　内蒙古考古研究所：《辽陈国公主驸马合葬墓发掘简报》，《文物》1987 年第 11 期。

7　内蒙古文物考古研究所等：《辽耶律羽之墓发掘简报》，《文物》1996 年第 1 期。

8　明堂山考古队：《临安县唐水邱氏墓发掘报告》，浙江省文物考古所编著：《浙江省文物考古所学刊》，文物出版社，1981 年。

9　冯先铭：《有关临安钱宽墓出土“官”、“新官”款白瓷问题》，《文物》1979 年第 12 期；高至喜：《长沙出土唐五代白瓷器的研究》，《文物》1984 年第 1 期；长沙市文物工作队：《长沙墓出土“官”字款白瓷器》，《湖南考古辑刊》(2)，岳麓书社，1984 年；李辉柄：《关于“官”“新官”款白瓷产地问题的探讨》，《文物》1984 年第 12 期。

10　冯先铭：《有关临安钱宽墓出土“官”、“新官”款白瓷问题》，《文物》1979 年第 12 期；冯永谦：《“官”和“新官”字款瓷器之研究》，《中国古代窑址调查发掘报告集》，文物出版社，1984 年。

11　鲁琪:《北京门头沟龙泉务发现辽代瓷窑》,《文物》1978 年第 5 期;李红军:《辽代陶瓷与鉴赏》第 207 页，江西美术出版社，2003 年。

12　杜劲甫:《晚唐、五代南方白瓷研究初步报告》,《中国古代白瓷国际学术研讨会论文集》,上海书画出版社，2005 年。

笔者认为利用类型学方法判断"官"、"新官"款白瓷的产地时，一定要综合起来观察其风格特征，因为瓷器是手工艺品，其烧成是一个复杂的过程，即使是同一窑烧成的瓷器，其工艺、釉色也不可能完全一致，因此，切忌以点带面。就笔者观察，这类瓷器基本上都是定窑产品，不可能是湖南、浙江、安徽等地瓷窑以及北京门头沟龙泉务窑、内蒙古赤峰窑及辽宁省辽阳市的江官屯窑产品。由于 2003 年 8 月河北省内丘县城邢窑遗址首次出土"官"字款白釉碗底标本 10 余件，尤其是其中一件"官"字款白釉碗残片标本的外壁粘连大半个匣钵，因此，足以证实晚唐至五代邢窑烧造"官"款白瓷[1]。也就是说在目前发现的"官"款白瓷中，可能有极少量邢窑产品，但究竟哪些是邢窑产品，还有待于邢窑遗址的进一步发掘以及对标本和完整器进行科学测试。

必须承认，以往出版物中，有不少明显是定窑烧造的白瓷却被定为辽代瓷窑产品。比如说 1954 年内蒙古自治区赤峰市松山区姜家营子乡大营子村辽穆宗应历九年（959 年）辽驸马赠卫国王墓出土了一批以白釉五瓣花口碗、白釉金釦"官"字款花口盘[2]为代表的精细白瓷器，明显是五代后周世宗柴荣显德六年（959 年）定窑产品，但自该墓被发掘后，却一直被认定为辽赤峰窑产品[3]。再比如说 1956 年辽宁省建平县朱碌科乡王胡子沟村辽墓出土的白釉"官"字款碗、白釉花口碗、白釉"官"字款盘口细颈瓶等，明明是五代定窑产品，但两件碗却被定为"辽窑仿定窑精品"、瓶则被认为是"内蒙古赤峰缸瓦窑烧造"[4]。

上述北宋、金代和南宋墓葬出土的定窑瓷器，为定窑瓷器的时代划分提供了标准器。特别是金代和南宋墓葬出土的定窑瓷器，反映出金代定窑瓷器不仅供应金国统治的淮河流域以北地区，而且也曾被运往江南地区销售。上述定窑遗址出土的署有"甲辰"（大定二十四年，1184 年）、"泰和丙寅"（泰和六年，1206 年）纪年的印花用陶模，为鉴别金代定窑瓷器提供了标准。

---

1 贾成惠：《浅谈邢窑的款识》，邢台市文物管理处等编著：《邢窑遗址研究》，科学出版社，2007 年。

2 热河省博物馆筹备组：《赤峰县大营子辽墓发掘报告》，《考古学报》1956 年第 3 期；张柏主编：《中国出土瓷器全集》第 4 卷（内蒙古）图版 32，科学出版社，2008 年。

3 金毓黼：《辽国驸马赠卫国王墓志铭考证》，《考古学报》1956 年第 3 期；冯先铭主编：《中国陶瓷》第 364 页，上海古籍出版社，1994 年。

4 张柏主编：《中国出土瓷器全集》第 2 卷（天津、辽宁、吉林、黑龙江）图版 64、65、66，科学出版社，2008 年。

四　关于定窑的烧造历史

关于定窑的创烧时间，需要人们将文献资料与调查、发掘定窑遗址及其他考古发掘所获得的资料结合起来进行综合研究方能得出正确结论。

但鉴于窑址考古发掘的局限性及考古资料是随着时代的发展而不断增多，致使以往研究者们对这一问题形成不同推断。有学者认为定窑创烧于晚唐[1]，有学者认为定窑创烧于唐代早期[2]，也有学者认为定窑创烧于中晚唐、早不过中唐[3]。

笔者认为，定窑创烧时间的最终确定，还有待于新的考古资料的发现。虽然在定窑创烧时间这一问题上专家学者们的意见存在较大分歧，但对于晚唐以后定窑的发展脉络，专家学者们的意见尚比较一致，即：晚唐至五代时期定窑获得较快发展，北宋和金代是其繁荣时期，元代后期以后，定窑较大规模的瓷器生产已告竣，并逐渐停烧。

五　定窑的烧造品种及艺术特色

体现唐代白瓷最高水平的是河北省内丘县邢窑烧造的“类银”、“类雪”的白瓷。除了邢窑以外，唐代定窑、巩县窑、密县窑、耀州窑等均烧造白瓷，但产品质量总体上均略逊于邢窑。唯有定窑白瓷中质量精美者不亚于邢窑白瓷。五代时期的定窑瓷器胎体变得轻薄，造型多模仿当时的金银器，颇显俊秀。清光绪《重修曲阳县志》（卷十一）“王子山院和尚舍利塔记碑”载：“……使押衙银青光禄大夫检校太子宾客兼殿中侍御使充龙泉镇使钤辖瓷窑商税务使冯翱。”[4] 碑石立于大周显德四年（957 年）二月。说明五代时期定窑瓷器产量很大，以至于朝廷派瓷窑商税务使冯翱在当地收取瓷器税。到了宋代，定窑白瓷无论在产量还是质量方面，均比唐代有所提高，产品行销海内外。因此，定窑堪称 10 世纪下半叶至 13 世纪我国乃至世界上最著名的白瓷窑。

北宋定窑以烧造白瓷为主，除此之外，还兼烧白釉黑彩、黑釉、酱釉和低温铅绿釉、

1　河北省文化局文物工作队：《河北曲阳县涧磁村定窑遗址调查与试掘》，《考古》1965 年第 8 期。

2　穆青：《早期定瓷初探》，安徽省文物考古研究所、中国古陶瓷研究会：《文物研究》第 10 期，黄山书社，1995 年。

3　韩立森等：《定窑遗址考古发掘取得重要成果》，《中国文物报》2010 年 1 月 22 日。

4　（清光绪）周斯亿、温亮珠修，董涛纂：《重修曲阳县志》（二十卷），光绪三十年（1904 年）刊本。

铅黄釉瓷及低温铅黄、绿两色釉瓷。黑釉、芝麻酱色釉瓷即文献所称的“黑定”和“紫定”。成书于明代洪武二十一年（1388 年）曹昭撰《格古要论》之“古定器”条曰：“……有紫定色紫，有墨定色黑如漆，土俱白，其价高于白定。俱出定州。”[1] 定窑低温铅绿釉瓷既不见于文献记载，亦不见于传世品。1957 年 3 月故宫博物院派人调查定窑遗址时，在窑址发现了绿釉刻花云龙纹盘残片，证实了这一品种的存在[2]。1969 年河北省定县北宋静志寺塔基出土的绿釉净瓶和绿釉弦纹瓶，进一步证明了定窑产品中这一品种的存在。而静志寺塔基出土的低温铅黄釉鹦鹉执壶和盖罐，则证明北宋时期定窑确曾烧造以氧化铅作主要熔剂的低温黄釉瓷[3]。北宋至金代，定窑产品以民间用瓷为大宗，但由于瓷质精良和纹饰优美，故曾一度奉命向宫廷提供用瓷。

北宋至金代，定窑白瓷的工艺水平很高，鉴于制胎所用原料经过精心加工，致使产品烧成后胎质细腻洁白。由于当地釉料中氧化钛（TiO_2）含量较高，加之用氧化焰烧成，故釉色多白中泛黄，呈现象牙般质感，给人以柔和悦目、温润恬静之美感。金末至蒙古国初年刘祁（1203 ~ 1250 年）撰《归潜志》（卷八）曰：“联句亦诗中难事，盖座中立书，不暇深思也。南京龙德宫赵闲闲、李屏山、王正之联句，王云：棘猴未穷巧，穴蚁已失王。人多称之。余先子亦留意，主长葛簿时，与屏山、张仲杰会饮，坐中有定磁酒瓯，因为联句。先子首唱曰：定州花瓷瓯，颜色天下白。诸公称之。屏山则曰：轻浮妾玻璃，顽钝奴琥珀。”[4] 说明当时定窑白瓷畅销海内外，深受人们喜爱。

北宋定窑瓷器的造型很丰富，主要为日常生活用具，如碗、盘、杯、碟、盏、盏托、渣斗、净瓶、海螺、龟、盒、洗、壶、罐、瓶、枕、炉、俑、玩具等。1969 年，考古工作者在河北省定县净众院、静志寺两座北宋塔基中发现 150 多件定窑瓷器，引起专家学者们的极大关注。这批瓷器较为全面地反映了北宋定窑瓷器的烧造水平[5]。

为了适应大量生产、节约燃料、降低成本的需要，北宋定窑工匠发明了先进的支圈窑具“覆烧”工艺，即将碗、盘之类器物倒置，口部朝下，放在内壁呈锯齿状的耐火匣钵内，层层相叠。覆烧的优点是可以充分利用窑内空间，因为一器放入一匣装烧的仰烧法，造成

---

1 （明）曹昭著：《格古要论》，辑入《景印文渊阁四库全书》第 871 册，台北商务印书馆，1985 年。
2 冯先铭：《瓷器浅说》（续），《文物》1959 年第 7 期。
3 定县博物馆：《河北定县发现两座宋代塔基》，《文物》1972 年第 8 期。
4 （金末蒙古国初年）刘祁著、崔文印点校：《归潜志》，中华书局，1983 年。
5 定县博物馆：《河北定县发现两座宋代塔基》，《文物》1972 年第 8 期。

匣钵占据很大空间，采用支圈覆烧工艺既可节省大量空间、使产量成倍增长，又能充分利用热效、节约燃料，降低成本。另外，支圈覆烧工艺还有其他优点，一是由于覆烧时器物口部紧贴垫圈，瓷坯支撑范围大，重心稳，收缩均匀，致使产品不易变形。另外，器物外底因满釉而变得光滑。但覆烧也有缺点，即为防止器口与垫圈粘连，口部不能有釉，必须刮掉一圈釉，露出胎骨，这样就形成毛口，俗称“芒口”。为了弥补芒口的缺陷，人们往往以金、银、铜等金属包镶在口沿上，形成所谓“金釦”、“银釦”、“铜釦”，这样做不但遮掩了器口毛涩之弊，而且金、银或铜釦与洁白的瓷釉形成对比，使器物更显豪华尊贵。

一般认为“定窑创用覆烧法的时间似在北宋的中期”[1]，也有人认为始于北宋早期[2]或北宋晚期[3]。主张定窑覆烧工艺始于北宋早期者依据的是《吴越备史》，该书（补遗）记载：“太平兴国五年九月十一日王进朝谢于崇德殿，复上金装定器二千事、水晶玛瑙宝装器皿二十事、珊瑚树一株。”[4]笔者认为，这里所说的“金装定器”是否是芒口或者是否因“覆烧”而形成芒口则需慎重考虑。因为晚唐五代瓷器中有不是芒口也包镶金属釦者；另外，覆烧与芒口之间没有必然联系，即芒口不一定非由覆烧造成[5]。1969 年河北省定县静志寺和净众院两座宋代塔基地宫共出土了 150 多件定窑瓷器，其中近 10 件有芒口但却没包镶金属釦。从地宫出土文物上的墨书或刻划题名及“重建静志寺真身舍利塔铭”的记载来看，这些瓷器是在太平兴国二年（977 年）到至道元年（995 年）由政界人物、僧侣、信徒施舍供奉于塔基地宫内。上述太平兴国二年（977 年）、太平兴国五年（980 年）均属于北宋早期，故有人因此认为定窑覆烧工艺至迟始于北宋早期。笔者认为，北宋早期定窑已使用“覆烧”法应不成问题，但有可能使用一仰、一覆对口烧或一覆、一仰对底（足）烧，而尚未使用支圈窑具覆烧。静志寺塔基地宫出土的一件定窑白釉洗不是芒口（圈足边无釉，使用仰烧法烧成）亦镶有金釦[6]。说明包镶金属釦与芒口之间也没有必然联系，即芒口不一定非得包镶金属釦，包镶金属釦者也不一定都是芒口瓷。瓷器口边包镶金属釦虽可遮蔽芒口，但主要目的还应是被用作装饰来提高器物的身价及保护口边免受磕损。

1 中国硅酸盐学会编：《中国陶瓷史》，文物出版社，1982 年。

2 河北省文化局文物工作队：《河北曲阳县涧磁村定窑遗址调查与试掘》，《考古》1965 年第 8 期。

3 李辉柄：《定窑的历史以及与邢窑的关系》，《故宫博物院院刊》1983 年第 3 期。

4 （宋）钱俨撰：《吴越备史》，辑入《景印文渊阁四库全书》第 464 册，第 497 页，台北商务印书馆，1984 年。

5 曹建文：《关于中国古代瓷器覆烧工艺的几个问题》，《1995 年古陶瓷科学技术国际讨论会论文集》，上海科技文献出版社，1997 年。

6 杜会平：《定窑白釉莲纹“官”款碗》，《文物春秋》2002 年第 4 期。

关于定窑瓷器“有芒”，曾有人认为系指“光芒”[1]。查《辞海》可知，“芒”字有多种解析，其本意为禾本科植物，别名“芭茅”，多年生草本，杆直立、粗壮。叶片线状披针形，边缘有细齿。故有“芒刺”一词，系指草木茎叶、果实上的针状物。《宋史》（志第一百二十六、食货上一、农田）载：“大中祥符四年……帝以江、淮、两浙稍旱即水田不登，遣使就福建取占城稻三万斛，分给三路为种，择民田高仰者莳之，盖旱稻也。内出种法，命转运使揭榜示民。后又种于玉宸殿，帝与近臣同观；毕刈，又遣内侍持于朝堂示百官。稻比中国者穗长而无芒，粒差小，不择地而生。”[2]显然，这里的“芒”是指麦芒，及麦穗上的针状物。当然，“芒”字也有“光芒”之意，但笔者认为“光芒”的“芒”属于引申含义，是指放射状的光线。因此，对于定窑瓷器来说，“芒”还应是指器物口部因无釉而导致的露胎，因而人们称其为“芒口”。

关于这个问题，我们还可从北宋文献中找到证据。北宋文学家苏轼撰《东坡志林》（卷十一）曰：“今世真玉至少，虽金铁不可近，须沙碾而后成者，以为真玉矣！然犹未也，特珉之精者。真玉须定州磁芒所不能伤者乃是，尝问后苑老玉工，亦莫知其信否？”[3]由此可见，苏轼认为，如果是真玉，即使用定窑瓷器的芒口去划它，也不会被划伤。我们总不能理解成如果是真玉即使用定窑瓷器的光芒去照射也不能射伤吧！这充分说明，人们传统认为定瓷芒口系指定窑瓷器因覆烧而造成口部一周无釉是正确的。对此问题，实在没必要再浪费时间争论了。

北宋定窑瓷器的装饰技法主要有塑贴、刻花、划花、印花、剔花和描金花等。从出土实物分析，北宋早期多采用刻花和划花装饰。印花装饰出现在北宋中期，成熟于晚期，流行于金代。

北宋早期定窑瓷器刻划花装饰构图简练，以莲瓣纹居多，另见有对蝶、缠枝菊、海水纹等。莲瓣虽从一层、两层到三层、四层不等，但均饱满、优美，具有浅浮雕感。1969 年，河北省定县北宋净众院塔基地宫出土的白釉刻花莲瓣纹龙首流净瓶，高达 60.9 厘米，通体刻花，肩部刻三重覆莲瓣纹，上腹部刻缠枝菊纹，腹中部以下刻有四重仰莲瓣，堪称北宋早期定窑瓷器的代表作[4]。

1 石方平：《“定瓷有芒”指光芒》，《中国文物报》2011 年 8 月 22 日。

2 （元）脱脱等：《宋史》，中华书局，1977 年。

3 （北宋）苏轼：《东坡志林》，辑入《景印文渊阁四库全书》第 863 册，台北商务印书馆，1985 年。

4 定县博物馆：《河北定县发现两座宋代塔基》，《文物》1972 年第 8 期。

北宋中晚期定窑瓷器刻花装饰亦精妙，图案布局富有变化，独具一格。此时采用刻花与篦划相结合的装饰方法，在盘、碗的里面或瓶、罐的外部肩、腹等部位刻出折枝或缠枝花卉轮廓线，再在轮廓线内以篦状工具划出筋脉。装饰纹样以两朵花卉为常见，或左右对称，或上下呼应。或两花朵绽放；或一朵盛开、一朵含苞待放。也有两枝荷花、荷叶交错并生者。定窑瓷器刻花装饰还常常在花果、莲鸭、禽鸟、游鱼、云龙等纹饰轮廓的外侧辅以划出的细线，既增强了纹饰的立体感，又突出了主题。台北故宫博物院收藏的定窑白釉刻花双凫纹盘，画面上以柔畅的线纹勾勒出双凫信游于水中的湖塘美景，充满诗情画意。定窑瓷器胎体较薄，虽不宜深刻花纹，但通体釉色仍随刻花线条的深浅改变而有所变化，刻刀深处，釉色略深，刻刀浅处，釉色略淡，与瓷釉本色形成对比，耐人寻味。

在定窑瓷器所使用的各种装饰技法中，以印花最受人称道。宋、金时期使用印花装饰的瓷窑很多，唯有定窑以高超的技艺独占鳌头，被推为印花之冠。定窑瓷器上的印花题材以花卉纹最为多见，云龙、走兽、禽鸟、水波、游鱼等也有一定数量，婴戏纹较少见。花卉纹以牡丹、莲花、萱草最为多见，菊花次之，表现形式除了写实以外，还采用折枝、缠枝等方法，布局讲究均衡对称。禽鸟纹有孔雀、凤凰、鹭鸶、雁、鸭等，多与花卉组合在一起。如所见传世印花花鸟图盘，内壁上的两孔雀之间以一枝牡丹相隔，盘心配以鸳鸯牡丹，整个图案宛如一幅布局严谨的织锦画。鹭鸶、鸳鸯则多与莲花组合在一起。印花龙纹标本在窑址里遗留较多，造型多数是盘，盘内壁满印云纹，内底印一条姿态矫健生动的三爪蟠龙，龙身弯曲，首尾相接。1948 年曲阳县涧磁村法兴寺遗址曾出土 10 件完整的定窑白釉印花云龙纹盘，外底均刻划“尚食局”三字，其中 6 件已流散到国外[1]。由纹饰及铭文可知，定窑白釉印花云龙纹盘是专门为北宋宫廷烧造的御用品。印花婴戏纹可分为婴戏莲花、婴戏牡丹、婴戏三果和童子赶鸭等。其中婴戏三果纹比较稀见，三婴、三果间隔排列，三果即寿桃、石榴、枇杷，三婴姿态各异，双手均拽树枝，一骑于枝上，一坐于枝上，一立于枝上，赤身裸体，体态丰腴可爱。此种纹饰布局为宋代其他瓷窑所不见。总之，定窑印花装饰具有构图严谨、图案繁缛、层次分明、纹样清晰、画面富丽雅致等特点。

描金花定器系指在白釉、黑釉或酱釉瓷器上描画金彩花纹。南宋周密撰《癸辛杂识·续集》（卷上“治物各有法”条）曰：“金花定碗，用大蒜汁调金描画，然后再入窑烧之，永

1　中国硅酸盐学会编：《中国陶瓷史》，文物出版社，1982 年。

不复脱。”[1] 这种描金花定窑瓷器在传世定窑瓷器中所占比例极少。从统计资料看，日本收藏有三件（分别为黑釉、酱釉、白釉描金碗）、故宫博物院收藏有三件金彩云龙纹白瓷盘、河南省巩县博物馆收藏有一件定窑白釉刻花金彩碗（残）、安徽省合肥市文物管理处收藏有一件定窑酱釉金彩荷莲纹瓶。这些描金花定器上的金彩都有不同程度的脱落，说明周密所谓“永不复脱”并不可信。宋代定窑工匠之所以用大蒜汁调和金粉描画瓷器，是因为金子磨成粉后需用一种有黏性的液体调和后方能描绘在瓷器上，定窑所在地河北省属于中国北方，年平均气温相对南方较低，因此必须选择一种既有黏性又不会因天冷而冻结的液体，才能适应需要，大蒜汁正好具备这两个条件。况且北方盛产大蒜，可以就地取材。时至今日，景德镇有的绘瓷艺人到了冬天仍以大蒜汁调金描画瓷器[2]。

六　定窑瓷器上的铭文

目前所见晚唐、五代、北宋、金时期定窑瓷器上题刻的铭文有几十种，其内容大多与宫廷和官府有关。其中的“官”、“新官”、“乔位”、“子温”、“尚食局”、“尚药局”、“食官局正七字”、“五王府”等题铭一般都是在烧窑前刻划于器物上。而“殿”、“坤”、“苑”、“婉”、“奉华”、“凤华”、“慈福”、“聚秀”、“禁苑”、“德寿”、“内苑”、“后苑”、“内司”、“承光”、“钟秀”、“苑天”、“贵戊”、“关位”、“陈位”、“嘉位”、“荣国”、“希哲”、“寿成殿”、“寿慈殿”、“德寿苑”、“后苑三”、“婉仪位”、“才人位”、“高平郡”、“陈押班”、“皇太后殿”、“□秋押班”、“婉仪位阁子库”、“供大官食合用”、“□贡君用十只”等[3]，皆系产品进入宫廷或官府后，被人刻划于器物外底。还有既见于烧窑前刻划也见于烧成后刻划的铭文，如“东宫”。在上述各种题铭中，以“官”字款最为多见。

“官”、“新官”款白瓷在我国陕西、河南、河北、辽宁、北京、山东、内蒙古、四川、湖南、浙江、江苏、广东等地及海外埃及福斯塔特遗址、韩国庆州黄龙寺遗址等都有出土。1987年谢明良先生曾统计定窑遗址以外出土和发现的唐代晚期至北宋早期“官”、“新官”款白

1 （南宋）周密著：《癸辛杂识·续集》，辑入《景印文渊阁四库全书》第1040册，第70页，台北商务印书馆，1985年。

2 陈文平：《中国古陶瓷鉴赏》，上海科学普及出版社，1990年。

3 胡云法、金志伟：《定窑白瓷铭文与南宋宫廷用瓷之我见》，上海博物馆编：《中国古代白瓷国际学术研讨会论文集》，上海书画出版社，2005年。

瓷计有150件，绝大多数署“官”款，署“新官”款者只有20余件[1]，1999年权奎山先生将新的考古发现计算在内，统计出定窑遗址以外出土和发现的唐代晚期至北宋早期“官”、“新官”款白瓷累计达169件，认为这些瓷器虽不能肯定全部是定窑所烧造，但绝大部分为定窑所生产应是没有问题[2]。若加上定窑遗址出土的署这两种款的瓷片标本，那么，目前总数已超过200件。造型有碗、盘、碟、洗、钵、瓶、枕、罐、托盏、水盂、水丞、注壶、温碗、执壶、净瓶、长颈瓶、盘口瓶、海棠式杯、高足杯、葫芦形执壶、盘口穿带壶、高足盘、高足盒等，造型多种多样。

一般认为“新官”是相对“官”而言，即“官”在前，“新官”在后。关于“官”字的涵义，目前说法不一，有人认为是指官窑。有人认为是官府机构光禄寺下属的“太官署”的简称。有人认为“官”、“新官”是“官样”、“新官样”的省写，均为收取实物税的标准实物样，北宋早期以后，“官”铭就消亡不见了。有人认为是指地方官窑，是地方官府“官搭民烧”或地方官府自营烧造的产品。有学者认为，要解开“官”、“新官”字款的内涵和烧造这种瓷器的窑场的性质，必须联系古代社会政治、经济等范畴的种种因素，以及金属器、漆器、砖瓦等其他门类文物上所署同类标识。笔者同意这种看法。正是基于这种看法，笔者认为“官”、“新官”款是标识，署有这类款的瓷器，应是官方认可的供官方征用瓷器参考的所应达到的基本质量标准。

20世纪60年代初，考古工作者在发掘涧磁村窑址时曾发现外底刻划“尚食局”铭文的白瓷盘残片[3]。20世纪50年代初，故宫博物院陈万里先生在调查东西燕川村遗址时，在当地居民家见到过刻划“尚食局”铭文的印花云龙纹盘残片[4]。上述1948年涧磁村法兴寺遗址曾出土10件完整的外底刻划“尚食局”铭文的印花云龙纹盘。此外，瑞典的斯德哥尔摩远东古物博物馆收藏一件在口沿下刻划“尚药局”铭文的定窑白釉缸[5]。《宋史》载:“殿中省、监、少监。监、丞各一人，监掌供奉天子玉食、医药、服御、幄帟、舆辇、舍次之政令，少监为之，贰丞参领之。凡总六局:曰尚食，掌膳羞之事;曰尚药，掌和剂诊候之事……

1　谢明良:《有关“官”和“新官”款白瓷官字涵义的几个问题》,《故宫学术季刊》1987年第5卷第2期。

2　权奎山:《关于唐宋瓷器上的“官”和“新官”字款问题》,《中国古陶瓷研究》第5辑，紫禁城出版社，1999年。

3　河北省文化局文物工作队:《河北曲阳县涧磁村定窑遗址调查与试掘》,《考古》1965年第8期。

4　陈万里:《调查平原、河北二省古代窑址报告》,《文物参考资料》1952年第1期。

5　陈万里:《我对于辽墓出土几件瓷器的意见》,《文物参考资料》1956年第11期。

又尚食有膳工，尚药有医师……”[1]又载：“司农寺……政和六年……水磨务，掌水硙磨麦，以供尚食及内外之用。”[2]南宋孟元老撰《东京梦华录》更是明确指出尚食局和尚药局皆在皇宫内，其卷一“内诸司”条曰：“内诸司皆在禁中，如学士院、皇城司……殿中省六尚局（尚药、尚食、尚辇、尚醖、尚舍、尚衣）……”[3]由此可知，刻有“尚食局”、“尚药局”铭款的定窑白瓷乃专门为供奉宫廷御膳和用药而烧造。

七　定窑系诸窑

北宋、金、元时期定窑烧造的刻花、印花白瓷，以其精湛的工艺和优美的装饰，鹤立于诸窑，名扬天下。在其影响下，许多瓷窑竞相仿效，形成了产品风格相似的瓷窑体系。其影响所及除河北省的井陉窑，北京市的龙泉务窑，山西省的平定、阳城、介休、盂县窑等一些北方窑场外，还影响到远在四川的彭县窑、江西的景德镇窑及吉州窑等，甚至还影响到高丽瓷器。

这些瓷窑所烧造的白釉印花、刻花婴戏、花鸟、双鱼、莲花、牡丹、萱草纹碗、盘、盒等，都受到定窑瓷器的影响，与定窑白釉刻、印花瓷器的工艺、装饰风格相似，从而形成庞大的定窑体系。

1 （元）脱脱等修撰：《宋史》卷一百六十四“志第一百一十七职官四”，中华书局，1977年。
2 （元）脱脱等修撰：《宋史》卷一百六十五“志第一百一十八职官五”，中华书局，1977年。
3 （南宋）孟元老著、邓之诚注：《东京梦华录》，中华书局，1982年。

关于定窑研究的几个问题

韩立森　河北省文物研究所

内容提要：定窑是宋代五大名窑之一，是中国历史上贡御时间最长、文献记载最多、白瓷窑址中最具代表性的窑场之一。迄今已进行过三次考古发掘，取得了重要的考古成果，但仍有一些问题需要解决。本文提出定窑的创烧问题、元以后瓷器的烧造情况以及邢、井陉、定窑三个不同窑口瓷器的界定标准为目前定窑研究中仍需解决的三个问题，认为定窑研究工作的深入尚需对定窑窑址进行进一步的考古调查及发掘。

关键词：定窑　创烧　元以后　烧造情况　邢窑　井陉窑　界定标准

定窑遗址位于河北省曲阳县涧磁、北镇村及野北、燕川村一带，其中涧磁、北镇窑区保存最好、规模最大，总面积约 117 万平方米。1934 年叶麟趾先生首次指出定窑窑址位于河北省曲阳县剪子村（即涧磁村），从而为定窑的实地调查指明了方向[1]。1951 年、1957 年故宫博物院两次对窑址进行现场调查，在确认该地区确为定窑窑址的同时，通过采集标本对定窑的瓷器种类及烧瓷历史进行了探索[2]。1960 ~ 1962 年，河北省文物工作队对定窑窑址进行了调查和小规模试掘，对定窑进行了初步分期[3]。1985 ~ 1987 年，河北省文物研

1　叶麟趾（锡嘏）：《古今中外陶磁汇编》第 9-12 页，文奎堂书庄，1934 年。

2　陈万里：《邢越二窑及定窑》，《文物参考资料》1953 年第 9 期；冯先铭：《瓷器浅说》（续），《文物》1959 年第 7 期。

3　河北省文化局文物工作队（林洪）：《河北曲阳县涧磁村定窑遗址调查与试掘》，《考古》1965 年第 8 期。

究所对定窑进行过一次大规模发掘，发掘总面积1859平方米，出土了一批能代表定窑不同时期产品特征及烧造水平的遗存[1]。2009 ~ 2010年，河北省文物研究所与北京大学联合考古队对定窑遗址进行了再次发掘，发掘总面积776平方米，清理窑炉、灰坑、作坊、灶等各类遗迹94处，发现带有“官”、“尚药局”、“尚食局”和“东宫”等款识的器物残片多件，另有大量各时期的瓷器和窑具。此次发掘在涧磁、北镇区发掘面积696平方米，清理了多处自金上推至晚唐的连续叠压地层，基本解决了定窑的始烧时间、发展、繁荣的阶段性特征、五代至金的贡御情况、五代至金各期窑炉的结构及特征等问题；燕川区发掘面积80平方米，出土了大量不同于涧磁、北镇区的宋金元时期瓷器及窑具等，为我们了解定窑燕川区的瓷器烧造历史及特征，尤其是元代定窑瓷器的烧造情况提供了实物资料[2]。目前定窑窑址的发掘报告正在整理之中，在窑址的发掘和报告整理过程中，我们产生了一些对定窑研究工作的思考，在此提出，希望同行们指正。

一　定窑的创烧问题

关于此问题，已有多位学者进行过论述，但由于窑址资料的缺乏，对该问题的研究多依据出土的纪年墓材料，基本观点有初唐[3]、中唐[4]、晚唐[5]三类，从2009年定窑窑址最新的考古成果判断：“我们在不同发掘地点的8、9个探方中发现了晚唐、五代到宋初的地层，其下即为生土，并出土有中唐时期特征的碗、执壶等，这些地层中出土的器物既有粗厚的青黄釉瓷器，也有精细的白釉瓷器。这种反复出现的事实使我们基本可以确定，定窑的创烧时代在中晚唐时期，早不过中唐。”因此，从目前的考古资料看，有考古证据的定窑创烧时间为中晚唐时期[6]。

目前所见与定窑相关的最早文字记载为现藏于曲阳北岳庙的《唐恒岳故禅师影堂纪德

1　刘世枢：《曲阳县唐、宋定窑遗址》，《中国考古学年鉴》第90-91页，1986年；刘世枢：《曲阳县定窑遗址发掘》，《中国考古学年鉴》第106-107页，1987年；刘世枢：《曲阳县定窑遗址》，《中国考古学年鉴》第126页，1988年。

2　韩立森、秦大树、黄信：《定窑遗址考古发掘取得重要成果》，《中国文物报》2010年1月22日，总第1796期。

3　冯先铭：《定窑》，《中国陶瓷·定窑》，上海美术出版社，1983年；谢明良：《定窑白瓷概说》，《定窑白瓷特展图录》，1987年；李辉柄、毕南海：《论定窑烧瓷工艺的发展与历史分期》，《考古》1987年第12期；穆青：《定瓷艺术》第36-37页，河北教育出版社，2002年。

4　张金茹：《定窑瓷器分期初探》，《文物春秋》1995年第3期。

5　河北省文物局文物工作队：《河北曲阳涧磁村定窑遗址调查与试掘》，《考古》1965年第8期；权奎山：《唐五代时期定窑初探》，《故宫博物院院刊》2008年第4期。

6　韩立森、秦大树、黄信：《定窑遗址考古发掘取得重要成果》，《中国文物报》2010年1月22日，总第1796期。

之碑》[1]，该碑"永贞元年（805年）岁次乙酉十二月景申朔八月癸卯建"，在碑阴记载的当年捐建影堂的功德主官衔中有"冶将"、"三冶节度总管"、"冶副将"、"都知瓷窑"、"窑冶百将"等与瓷窑管理有关的官职名称，由此可知在805年时，曲阳已存在规模可观的制瓷业。

1957年，故宫博物院冯先铭先生对定窑遗址进行了复查，在涧磁村西南的红土埝地区采集到高足盘、平底碗等青釉瓷片30余件[2]。在2009年的考古发掘中，定窑考古队亦多次对该区域进行过考古调查，采集到青釉尖唇深曲腹饼足碗残片、青釉高足盘底残片、青釉平底钵底部残片等，从器物的特征分析，时代应为隋代。

通过文献记载可知，在公元9世纪初定窑已有相当的规模，有负责管理窑冶的官员，考古发现亦采集到部分早于中唐的遗物，定窑创烧问题的解决需要进一步的考古工作。

二　元以后的定窑瓷器

定窑窑业堆积集中分布于涧磁岭、北镇和燕川、野北两个区域，从目前的考古调查和发掘资料看，涧磁岭、北镇区的堆积主要为定窑创烧至金代的窑业堆积，燕川、野北区为北宋、金、元时期的窑业堆积。2009年的考古发掘发现并清理了从中晚唐到元代各时期的地层，出土了一批能代表定窑不同时期特征的遗存，但对于元代以后定窑的遗存状况未有涉及。而据文献记载，明清时期曲阳县仍大量烧造瓷器。

明代李东阳等撰《大明会典》载："宣德年间题准光禄寺每年所需酒缸、瓶、坛分派河南市政司，除均、磁二州外，真定府曲阳县酒缸一一七只，十瓶坛四二七四个，七瓶坛六一〇〇个，五瓶坛六二四〇个，酒瓶一〇三四一个，每年烧造解寺应用。又嘉靖三十二年题准，曲阳县缸瓶共一七七六五件，该银一九九两八钱八分，外增脚价银一八五两九钱九分三，总该银一一四〇两六钱五分八，通行解部。召商代买，如遇缺乏，止行磁州、真定烧造，免派均州……"[3]

明代《真定府志》载："……砂器煤炭出井陉，磁器坛、瓶、缸、缶、解钜砂出曲阳，乃特产也。"[4]

1　王丽敏、田韶品：《曲阳发现〈唐恒岳故禅师影堂纪德之碑〉》，《文物春秋》2009年第6期。

2　冯先铭：《略谈北方青瓷》，《故宫博物院院刊》1958年第1期。

3　（明）李东阳等撰，申时行等重修，明万历十五年本。

4　（明）唐臣修，嘉靖二十八年本。

清代《乾隆府厅州县志》载："直隶定州土贡瓷器，曲阳。"[1]

清代《大清一统志》载："直隶定州土产瓷器，寰宇记定州土产，州志窑器珍于天下，江南好事者往往蓄之，索诸定蔑如也。"[2]

从文献记载可知，明清时期曲阳仍大量烧造瓷器，只是其产品与我们所谓的定窑瓷器的品种和质量都相差甚远。对于明清时期曲阳烧造瓷器的地点是否在元代定窑烧造的燕川、野北区，通过考古调查，我们在该区域亦发现了部分明代的产品，但未见明清时期大量的窑业堆积。1951年陈万里先生对定窑窑址复查时，认为灵山镇东约1.5千米的岗北村可能为明代定窑烧瓷产地[3]，关于明清时期曲阳烧造瓷器的地点及特征需要进一步的考古工作来解决。

三　定、邢、井陉窑的瓷器界定

定窑、邢窑、磁州窑并称河北三大名窑，1989年10月发现于井陉县绵曼、甘陶二水系附近区域的井陉窑址，因分布区域广、窑址密集、烧瓷历史悠久而被称为"河北省第四大窑"。在四大窑中，定窑、邢窑、井陉窑不仅在地域上相近，而且在烧瓷历史的某一个时期内亦有非常相近的产品，对于该类产品的界定应引起学界的重视。

邢窑遗址自1980年8月发现以来，主要进行过以下几次考古工作：1987年~1991年的邢窑窑址调查和试掘[4]、1997年9月的邢台市顺德路隋代邢窑窑址考古发掘[5]、2003年的内丘县城关窑址考古发掘[6]。2012年5月至今，河北省文物研究所正在对内丘城关窑址进行考古发掘，目前已发现北朝至唐代的窑炉10座，另有大量灰坑、井、墓葬等遗迹，其中多座结构保存基本完整的窑炉是此次发掘的最重要收获，为我们了解早期邢窑窑炉的建造方法、结构、烧造特征等提供了重要的考古资料。通过目前的考古工作，我们基本可将邢窑烧瓷历史分为北朝后期、隋、初唐、中唐、晚唐、五代六期，其中北朝后期为邢窑的初创期，产品以厚胎、厚釉的青瓷器为主，隋代仍以粗瓷为主。但出现了精细白瓷、薄胎瓷、低温釉彩器等一些新品种。尤其是精细白瓷，达到半脱胎，可透光。初唐以粗瓷为主，黄

1　（清）洪亮吉撰，光绪五年本。

2　（清）《嘉庆一统志》卷二十九、卷五十六。

3　陈万里：《邢越二窑及定窑》，《文物参考资料》1953年第9期。

4　河北省文物研究所等：《邢窑遗址调查、试掘报告》，《考古学集刊》第14集，第191-237页，2004年。

5　河北省邢台市文物管理处：《邢台隋代邢窑》，科学出版社，2006年。

6　王会民、樊书海：《邢窑遗址考古发掘有重要发现》，《中国文物报》2003年10月29日。

釉、黑釉瓷所占比重较大，白釉、青釉器比重下降，总体质量比隋代下降，产品种类亦有减少。中唐是邢窑的鼎盛时期，细白瓷成为主要产品，质量和数量激增，其他粗白瓷、黑釉瓷等亦得到大的发展。晚唐时期，产品种类明显减少，多为白瓷和黑瓷，细白瓷数量很少，黄釉瓷和青瓷亦少见。五代时期产品绝大多数为粗瓷，成为普通的民用产品。

井陉窑于 1989 年 10 月被发现，迄今已进行过多次考古发掘，基本搞清了窑址的分布范围、烧造历史及各时期的产品特征等。井陉窑创烧于隋，主要产品有白瓷尖唇深腹碗、尖唇浅腹平底盘、高足盘等，与隋代的邢瓷相近。中唐的遗物有实足的碗、盏托、鍑炉、盆等，多胎白釉润。晚唐五代的标本很多，有白釉碗、盏托、盘、碟、钵、注子、瓶等，另有黑釉、青黄釉及三彩器。北宋时期的遗物较少，主要有碗、盘、瓶、罐、执壶、枕等。金代是井陉窑的鼎盛时期，釉色以白釉为主，黑釉、酱釉、黄釉、绿釉等数量亦非常多，刻花、划花、印花、剔花、点彩等装饰方法运用非常普遍，尤其是戳印褐彩装饰及颜色釉类瓷器，很有特点。元代仍以烧造白釉瓷为主，但黑釉、褐釉数量明显增多，明清时期产品多为粗胎黑褐釉缸、坛、瓶等粗瓷类器物[1]。

井陉窑是河北四大窑中最晚被发现的窑址，亦是目前四大窑中最不为外界所知的一处重要窑址，其在中国陶瓷史中占有重要地位。尤其是金代井陉窑的卓越成就可与定窑相媲美，目前井陉窑窑址的发掘报告正在整理中，相信不久各位学者就可以一睹该窑陶瓷的风采。

关于定窑、邢窑、井陉窑产品的比较研究已有多位学者做过工作，如冯先铭先生对邢窑与定窑唐代玉璧底碗、平底碗、金代印花白瓷等的异同研究[2]，叶喆民先生对邢定二窑在主要产品特征、种类及工艺方面的异同研究[3]，李辉柄先生对邢定二窑玉璧底碗的异同研究[4]，毕南海先生对邢定二窑各自的产品特征、相互关系及影响的研究[5]等。另有从科技考古方面进行比较研究的，如对邢窑、定窑白瓷显微结构的对比分析研究[6]，邢窑、定窑、井陉窑遗址的胎釉原料微量元素分析研究[7]等。目前定窑、邢窑、井陉窑均已进行过多次考古

1 孟繁峰等：《河北陶瓷考古的几个问题》，《1999 年西陵国际学术研讨会论文集》，科学出版社，2000 年。转引自张志忠等：《邢窑研究》第 559-572 页，文物出版社，2007 年。

2 冯先铭：《谈邢窑有关诸问题》，《故宫博物院院刊》1981 年第 4 期。

3 叶喆民：《近卅年来邢定二窑研究记略》，《文物春秋》1997 年增刊。

4 李辉柄：《定窑的历史以及与邢窑的关系》，《故宫博物院院刊》1983 年第 3 期。

5 毕南海：《邢定二窑的关系及制品考》，《文物春秋》1997 年增刊。

6 凌雪等：《邢窑、定窑和巩窑白瓷显微结构的对比分析》，《电子显微学报》2004 年第 2 期。

7 冯向前等：《河北三大白瓷名窑精细白瓷的 SRXRF 无损分析及界定标准的初步研究》，《核技术》，2002 年第 10 期。

发掘，各窑的考古发掘报告都正在整理之中，对三窑之间的产品界定、相互交流、互相影响等的研究亦在同时进行之中，像晚唐五代定窑与邢窑产品界定、金代定窑与井陉窑产品的界定窑、邢窑、井陉窑“官”字款器的界定等均在研究之列。相信该三窑的共同研究对解决中国白瓷的起源、早期白瓷的特征、北方白瓷的发展轨迹等问题均具有重要意义。

1969年定县两座塔基的发现与发掘掀起了定窑研究的第一次高潮，一批定窑研究的著作、论文、图录等问世，研究的主要内容集中在定窑的创烧、分期及一些具体问题上，如关于定窑创烧时间研究的初唐说、晚唐说，对定窑分期进行研究的有林洪、冯先铭、李辉柄、谢明良、张金茹、穆青等多位学者，另有权奎山先生对唐五代时期定窑产品的研究、彭善国先生对10世纪初至12世纪初辽国境内出土定窑瓷器的分期研究[1]、刘淼对金代定窑瓷器的研究[2]等，具体问题的研究上主要有“官”、“新官”款瓷器的产地、含义、时代研究[3]，“尚食局”、“尚药局”、“易定”等款的时代研究[4]，覆烧工艺的研究[5]，定窑装烧方法的研究[6]，定窑与磁州窑、邢窑的关系研究[7]及文献记载的“定州花瓷琢红玉”[8]、“定窑红瓷”[9]、“定州白瓷器，有芒不堪用”[10]等。2009年的定窑考古发掘掀起了定窑研究的第二次高潮，随着故宫博物院、北京艺术博物馆定窑专题展览及学术研讨会的举办和召开，《2009～2010年定窑窑址发掘报告》、《中国定窑》等学术报告的出版，2012年必将成为定窑研究发展史上具有里程碑意义的一年，我们可以称之为“中国定窑年”。

1　彭善国：《定窑瓷器分期初探——以辽墓、辽塔出土资料为中心》，《内蒙古文物考古》2008年第2期。

2　刘淼：《考古发现的金代定窑瓷器初步探讨》，《考古》2008年第9期。

3　冯先铭：《有关临安钱宽墓出土“官”、“新官”款白瓷问题》，《文物》1979年第12期；冯永谦：《“官”和“新官”字款瓷器之研究》，《中国古代窑址调查发掘报告集》，文物出版社，1984年；孙新民：《宋陵出土的定窑贡瓷器试析》，《文物春秋》1994年第3期；权奎山：《关于唐宋瓷上“官”和“新官”字款问题》，《中国古陶瓷研究》第五辑，紫禁城出版社，1999年。

4　刘涛：《“尚食局”、“尚药局”铭定瓷年代的再认识》，《宋辽金纪年瓷器》，文物出版社，2004年。

5　李辉柄：《定窑的历史以及与邢窑的关系》，《故宫博物院院刊》1983年第3期；刘新园：《景德镇宋元芒口瓷器与覆烧工艺初步研究》，《考古》1974年第6期；孙新民：《宋陵出土的定窑贡瓷器试析》，《文物春秋》1994年第3期。

6　李辉柄、毕南海：《论定窑烧瓷工艺的发展与历史分期》，《考古》1987年第12期；毕南海：《邢定二窑的关系及制品考》，《文物春秋》1997年增刊。

7　秦大树：《论磁州窑与定窑的联系和相互影响》，《故宫博物院院刊》1999年第4期。

8　冯先铭：《定窑》，《中国陶瓷·定窑》，上海美术出版社，1983年；刘毅：《定州花瓷琢红玉辨》，《收藏家》1995年第2期；谢明良：《“定州花瓷琢红玉”非定窑红瓷辨》，《陶瓷手记——陶瓷史思索和操作的轨迹》第143-149页，石头出版社，2008年。

9　申献友：《谈定州红瓷》，《文物春秋》2000年第4期；彭善国：《定州红瓷浅议》，《文物春秋》2001年第1期。

10　蔡玫芬：《论“定州白瓷器，有芒不堪用”句的真实性及十二世纪官方瓷器之诸问题》，《故宫学术季刊》15卷第2期，1997年。

纪念定窑窑址发现者——叶麟趾先生

刘伟 故宫博物院

内容提要：本文从叶麟趾先生如何发现定窑窑址的过程谈起，介绍这位被后人称为我国“陶瓷学界之泰斗”，是如何从陶瓷实业救国之路，到提倡设置陶瓷专科学校，为国家培养一代陶瓷专业人才的卓越贡献。叶先生在古陶瓷研究领域建树颇多,其最早提出了“窑址考察”与“古代文献研究”相结合，以及“历史地理”与“陶瓷科技研究”相结合的学术思想，并撰写了《古今中外陶瓷汇编》。

关键词：定窑　叶麟趾　窑址

今年是定窑窑址发现 78 周年，也是我的外祖父叶麟趾先生《古今中外陶瓷汇编》一书发表 78 周年。本文拟从叶麟趾先生如何发现定窑窑址的过程谈起，介绍这位被后人称为我国“陶瓷学界之泰斗”，是如何从陶瓷实业救国之路，到提倡设置陶瓷专科学校，为国家培养一代陶瓷专业人才的卓越贡献，以及在古陶瓷研究领域最早提出了“窑址考察”与“古代文献研究”相结合、“历史地理”与“陶瓷科技研究”相结合的学术思想。

一　践行陶瓷工业救国之路

叶麟趾先生的一生可谓见证了近代中国陶瓷工业艰难的发展历程（图 1）。清光绪十四年（1888 年）外祖父诞生在满族叶赫那拉·德庆府中，家中兄弟五人他排行第三，曾外祖父名叶赫那拉·忠群。出生于没落书香门第之家的外祖父，自幼聪慧，勤奋好学，少年时代就读于京师大学堂（北京大学前身），1904 年考取官费留学生，年仅 16 岁就到日本东京帝国大学工学院学习，后因该校没有“窑业科”，一年后转去东京高等工业学堂（后改名东京工业大学），学习水泥、陶瓷、玻璃等硅酸盐工业技术。

留日五年期间，时值戊戌变法之后，为响应光绪皇帝工业救国主张，1909 年他毅然回国就任湖北一家水泥厂厂长。辛亥革命后为抵抗外国洋瓷对中国市场的大量倾销，也为重振民族制瓷工业，各地窑业公司纷纷成立。1923 年叶麟趾先生和他学机械的胞弟叶麟祥在北京房山县杏黄村一带发现瓷土矿，集资成立了“北京瓷业公司”，倡导以新的科学技术生产日用陶瓷。关于北京瓷业公司当时生产的产品，虽然目前市场上很难见到，但叶麟趾先生的长子叶喆民先生家至今还保存了几件，主要是日用瓷器，其中陈设观赏瓷的精美细致程度，不亚于当年景德镇“江西瓷业公司”的制品（图 2），可以参见叶喆民《中国陶瓷史》内“北京瓷业公司款粉彩仕女图瓶”（图 3）和叶喆民《饮流斋说瓷译注》内“汲古堂款洒蓝釉粉彩开光花卉纹瓶”（图 4）。

民国时期由于军阀混战，社会环境动荡不安，对外国关税不平等，北京瓷业公司在当

图 1. 20 世纪 30 年代外祖父叶麟趾先生在叶氏上陶室工作照

图 2. 江西瓷业公司粉彩人物图瓶

图 3. 北京瓷业公司粉彩仕女图瓶

图 4. 北京瓷业公司洒蓝釉粉彩开光花卉纹瓶

时只能是惨淡经营，入不敷出。虽然在原料和技术上都不成问题，但还是难逃厄运，不久就关闭了。然而，但我外祖父作为现代陶瓷工业的重要创建者，北京瓷业公司作为新兴民族工业的代表之一，在现代陶瓷工业发展史上仍具有重要意义。

二　倡导陶瓷教学之路

在陶瓷教育界曾有“南张北叶”的说法。关于这句话我因不解其意，曾向叶麟趾先生的长子即我的舅父叶喆民先生请教。叶先生说所谓“南张北叶”的说法，“南张”就是指张浩先生，“北叶”是指你的外祖父叶麟趾先生。张浩先生是外祖父当年共同留日的同学，回国后他在江西景德镇开办了陶瓷学堂，就是现在景德镇陶瓷学院前身，培养新一代制瓷人才。

叶麟趾先生在公司关闭后就去北平大学工学院讲授《应用陶瓷》。他觉得那时的社会环境下，没有办工厂的条件，也谈不上工业救国，唯有将精力用在培养人才上。1933 年他在该院《化学季刊》上发表《扩充窑业教育之意见》一文，列举了当时我国陶瓷业日渐凋敝的根本原因。如陶瓷业的墨守旧法，粗制滥造，教育和实业两界均未充分注意，以及当局的置之不理，或理而不专等弊端。同时对于陶瓷专业教育不能独立成专业，乃至缺乏课时和必要设备之状况，外祖父也有不同见解。他说 :“至于高等教育，如昔之高等工业学校或工业专门学校，则制度上之窑业科亦少有设立者，大都并入应用化学科内，以为专修课程，而适当之设备亦并无之。此项专门教育既已如是不振，事业前途自无良好之希望。且自工业专门学校改为大学以来，关于此项学科之设施亦自等闲视之，尤为遗憾。以高级之窑业专门学术附属于化学科内，仅专修于一学年，而又缺乏适当设备，则其程度薄弱、难济于实用不言可知。亟宜详审利害得失之点，仿照东西各国有效之成规，另设窑业科而为扩充之举，方可培养此项学术之基础，以图斯业之进展也。”他还在同一篇文章中指出当时高等教育忽视窑业教育之种种弊端说:“考吾国古来之工艺，曾以陶瓷为世界之冠。并为各国取法之源，以其发明最早，制造甚精。故迄今西洋各国犹以支那（China）为瓷器之代名词，则昔日之盛况可想而知矣……乃自前清中世以降，陶瓷技术渐次衰退，以迄今日。其间虽有希望改良而为学术上之研究者,然于实际上殊乏圆满之成绩。以故输出递减，输入渐增，国内每年产额日渐其少。虽不失为大宗国产，然较外国陶瓷产额之有三倍乃至八倍于此者，其相差程度颇形悬殊。究其所以然，盖以我国陶瓷技术率皆墨守旧法，且有粗制滥造之弊，实为衰退最大原因。从而制品每况愈下，美术制品既不如前代之精良，而实用之物又不如外国之完整。甚且以外国之由科学上已经公开之制法，今犹恃为无上之秘传，亦足见其程度上之幼稚。非以专门的高级教育打破此等秘密，而为公开的学术化，则吾国古来擅长之陶业恐此后无发扬之一日也……惜乎国内教育、实业两界对此尚未十分注意，岂竟仅恃古代精良之陶瓷以夸张于现代而已耶……自今观之，吾为陶瓷先进国，反落后数十年矣。急起直追已嫌其晚，况乎置之不理，或理而不专？恐国内如是名产渐次消失，任外国喧宾夺主？以为长足之进步，而吾国工业上可耻可惜之事将莫甚于此矣……要之，窑业进展之要图虽有种种，而其专门教育之发达实有最大之权威，固不待言也。”

图 5. 清华大学校庆展板，右站立者为舅父叶喆民教授

叶麟趾先生一生倡导陶瓷专业应独立于其他专业，他的主张与陶瓷教育实践，首开我国高校陶瓷专业教育的先河。然而直到 1937 年他才能在北平艺术专科学校实现了自己单设陶瓷专业的愿望，有了一个“教育制度上之窑业科”，从事陶瓷专门人才的培养工作。

抗战胜利后徐悲鸿先生接任国立艺专校长，仍请叶麟趾做主任教授，建国后改名为中央美术学院。1956 年又把原国立艺专陶瓷科的师资抽出，成立中央工艺美术学院陶瓷系。在外祖父诞辰百年之后，中央工艺美术学院与清华大学合并了，当年国立艺专一个小小的陶瓷科，如今成为国家最高学府的一个系，先后为国家培养出大批陶瓷工艺人才。例如台湾著名陶艺家吴让农教授以及曾在中央工艺美院陶瓷系任教的蔡德春先生等，均是外祖父的得意学生。据蔡德春先生回忆说：“当初叶麟趾老师就以《古今中外陶瓷汇编》为教材，曾谈及所以要进行这种以科学精神和方法为本的陶瓷教育，就是要克服以前思想保守的一面，倡导一种无偿的、科学的思想境界。”

2006 年 11 月 1 日，为庆祝建校 50 周年，清华大学美术学院还展出了一个专版，专门纪念叶麟趾先生在提倡和建立陶瓷教育方面的工作业绩（图 5）。

三　开创陶瓷科学研究之路

陶瓷界还有所谓“南陈北叶”之说，是指陈万里先生和叶麟趾先生二人。因为他们都早在 20 世纪二三十年代就从事于陶瓷窑址的考察和科学研究工作。如陈万里先生对南方地区越窑、龙泉窑等方面的研究，叶麟趾先生对北方地区磁州窑，特别是对定窑的研究，均为中外陶瓷考古界所熟知，在这里不作详述。

（一）注重历史文献与窑址调查及科学化验相结合

数百年来鉴赏家对古陶瓷只以欣赏和收藏为乐趣，很少有人关心并了解其确切产地，多注意它的经济或历史价值。20 世纪初期的中国陶瓷界对于古陶瓷的研究，也仅限于古玩行中口传心授、不肯轻易告人的认识，缺少科学研究与实地考察方法。

叶麟趾先生对古陶瓷的研究，首先关注的是历史文献中记载的已经消失了的古代窑址——例如定窑。定窑是宋代五大名窑之一，也是当时烧制贡瓷供奉宋室的窑场，自古以来中外陶瓷学者多认为河北定州（后为定县、定州市）是定窑遗址所在，然而一直未能找到窑址。叶麟趾先生为改进我国现代瓷器生产，常常带领弟子们去京郊一带的辽金遗址捡拾古瓷片，并曾跑遍北方地区很多古窑址寻找标本作参考。在多次去河北曲阳县涧磁村（曾被误作剪子村）调查后，发现此地就是已消失近千年的宋代五大名窑之一的定窑遗址所在。他将拾到的标本带回实验室化验研究后，结合历史文献进一步确认这些瓷片就是定窑产品。消息传出后曲阳县吸引了世界关注的目光，许多中外古陶瓷学者纷至沓来，这一重要发现也奠定了他在陶瓷考古界的学术地位。

叶麟趾先生对定窑的研究是以历史文献研究为依据，因为定州就是今天的定县包括正定一带，而曲阳县与定县毗邻，古代的行政区划随时代变迁而有所更改，这个遗址当时在定县，后来又划到曲阳县，根据这种历史地理变革与出土实物，他断定定窑遗址应该在曲阳。叶麟趾先生灵活运用历史文献与窑址出土瓷片相结合的研究方法，实际上是为陶瓷考古与科学研究提供了一个正确思路，指明了一个研究方向。在他的这种研究方法启发下，后来邢窑遗址首先在河北临城被发现，汝窑遗址在河南宝丰被发现的史实也都得到了有力证明。

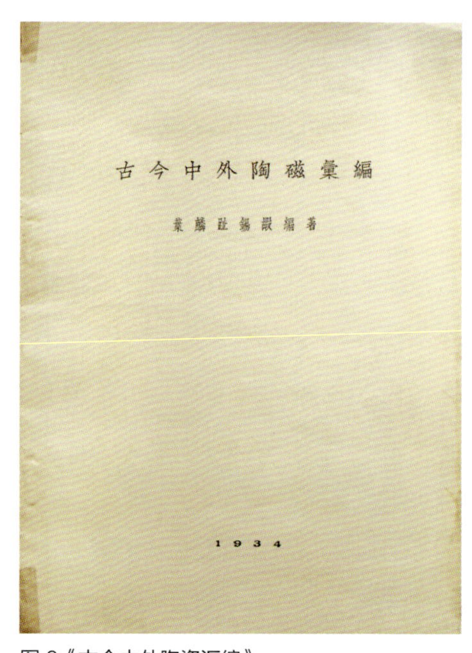

图 6.《古今中外陶瓷汇编》

（二）撰写《古今中外陶瓷汇编》

1934 年叶麟趾先生出版了《古今中外陶瓷汇编》一书（图 6），填补了当时陶瓷学术研究领域的空白，其体例也开启了中国陶瓷史编写的先河。这本书中不仅记载的国内古今窑址最多（从唐朝到民国时期各地 120 多处），同时对当时国外陶瓷生产现状，中外陶瓷特征、现状对比，以及对陶瓷系统及派别、胎釉及色彩等也叙述周详，这本书迄今仍被陶瓷学者广泛引用。其中关于定窑的发现，就收录在此书中，其曰："定州窑在今河北曲阳县……其地域较为广大，即保定、正定、平定等处，亦皆包括在内，故凡由此等地方所出窑器均称为定窑云……偶于当地之剪子村（即涧磁村）发现古窑遗迹，并拾得白磁破片，绝类定窑，据土人云昔之定窑即在此处。"

由于定窑的名声驰誉南北，因此当时及后世都有仿品混充其间，从而不断出现了一些似是而非的新名称，对此叶麟趾先生在书中有专门解释：

土定——有瓦胎、陶胎二种，瓦胎为淡赤色之土质，陶胎为白土质而略黄，质皆松，其体较厚，亦有薄者。釉色白中闪黄、或闪赤，容易剥落，或有大开片，是为定窑本态，即其原始之物也。

白定或粉定——乃土定之进步者，有陶胎、瓷胎（亦白土质）之别，胎质致密而体薄，其色白而略黄，或略灰，釉色有纯白如牛乳者（或称干白色），或带淡赤色（釉中往往有刷纹，或谓竹丝刷纹）。陶胎或瓦胎之器多有开片者，大抵为柳叶纹、或牛毛纹，而釉面有凝聚如泪痕者。瓷胎之定器无之。

南定——宋南渡以后，在景德镇所仿定器，谓之南定……南定胎质尤细，釉色亦白而带淡青色（俗称宋白瓷）。形式与北定相同，惟无北定之雅趣。

这本书没有公开售卖过，只是由学生集资印了二百本作为讲义，在一个叫文奎堂的书店寄售。20 世纪 40 年代，日本著名陶瓷学者小山富士夫在北京无意中买到了这本书，依据书中所讲的线索，他也到定窑遗址去考察。小山富士夫在其论文中称，"第一次看到叶麟趾《古今中外陶瓷汇编》中有关定窑遗址的论述，犹如晴天霹雳一般"。蔡元培先生也看到了这本书，在其日记里作了很详细的记载，并给予高度评价。新中国成立后，故宫博物院与轻工业出版社都有自刻的手写油印本，至今尚有保存，但始终未见正式再版铅印本发行，只有辗转相抄难得全面参考，未免令人感到遗憾。

（三）进行陶瓷科学研究

早在 20 世纪 30 年代，叶麟趾先生就曾到河北省工业试验所（天津）对陶瓷进行研发工作，在此期间他与当初留学国外的同学刘杲卿（名雨辰，20 世纪 50 年代后任中央建材

图 7. 叶麟趾先生与夫人及子女叶喆民、叶广成、叶广蓉合家照

部顾问），共同研制出了在陶瓷坯料中加入微量氧化钴，使瓷器表面泛青白色的工艺方法，改良了中国传统陶瓷工艺，这种方法至今仍被北方瓷区广泛使用。50 年代初退休后受聘于重工业部，与胞弟叶麟祥同去河北彭城改进磁州窑白瓷生产，也使用这种配方制成细白瓷。

关于他晚年的一些著作，轻工业出版社曾计划编印《叶麟趾先生论文集》，包括《古今中外陶瓷汇编》、《陶瓷烧窑法》、《电用瓷器》及《陶瓷工业》等五部专著，但因人事变更机构调整，未能出版，现在该社已然改弦易辙，别有他图。而前两种图书曾在 50 年代出版过单行本，在我国陶瓷工业界享有盛誉，广受欢迎，在现代陶瓷生产方面起过很大作用。《陶瓷工艺》一书是他在临终前总结毕生经验整理出的巨著，他不顾肺心病喘息不止的病痛折磨，俯身在小坐凳上写成，可谓呕心沥血之作。他一贯主张“活到老，学到老，愈老愈虚心”，这句话曾被轻工业部特意突出印在“全国陶瓷会议”的发言专集内，其目的是为了启发后学。

1963 年叶麟趾先生因肺心病不幸逝世，享年 76 岁，当年轻工业部曾组织治丧委员会登报公祭，故宫博物院吴仲超院长亲率陶瓷组全体人员来家奠祭。值得欣慰的是在他老人家的影响教育下，我的母亲叶广蓉及两个舅父叶喆民先生、叶广成先生也终身致力于古陶瓷研究、现代陶瓷工业生产，且卓有成就（图 7）。作为叶家第三代传人，1989 年我调入故宫博物院陶瓷组工作至今将近二十年时间，在陶瓷研究领域内为将父辈、祖辈从事的事业继承下去，我自知任重而道远，一定要虚心学习，不断努力，绝不辜负外祖父的遗志和对我的期望，为祖国的陶瓷考古事业，做出应有的成绩。

纵观叶麟趾先生的一生，从他 16 岁开始学习陶瓷、制作陶瓷，到后来研究陶瓷、教授陶瓷、著述陶瓷，60 年如一日，矢志不移，可谓“鞠躬尽瘁，死而后已”。

曲阳定窑遗址与王子山院碑刻查考记略

刘世枢　河北省文物研究所
马会昌　河北省曲阳县定窑遗址文物保管所

内容提要：定窑衰落后，长期陷入沉寂，关于窑址的实际存在等诸多问题，因受到忽视而被人遗忘。清光绪三十年版《重修曲阳县志》，始有关于定窑遗址的重要记载。《县志·山川古迹考》与《土宜物产考》都记录了龙泉镇涧磁岭上有宋以上定瓷瓷窑废址。在龙泉镇的佛寺王子山院，两件五代碑刻上留下了关于定窑最直接、最原始的文字记录。这两件碑刻可以说是定窑遗存的组成部分。本文通过对定窑遗址、王子寺的调查与王子山院碑刻查考，向读者提供一份碑刻简介、录文，并就碑的“重镌”、著录、涉及的史实及断代意义，提出一些看法。

关键词：定窑遗址　王子山院　碑刻

一 《重修曲阳县志》的记载

定窑创烧于唐代，宋时极盛，到金元以后衰落。定窑衰落后长期陷入沉寂。过去的文人学者和瓷器的玩赏家，多是依据故有的典籍记载与传世的瓷器精品来评说瓷窑，关于窑址的实际存在等诸多问题，因受到忽视而被人遗忘。

明清以降盛行编修方志，各地都很重视当地的史迹掌故，关于定窑的史料，定州的方志自然要用功收罗。但在清末以前修纂的《定州志》上，却找不到定窑的踪迹。如道光二十九年刊本《定州志·历纪轶事》记曰：“今见本州所出窑器，粗拙仅足供家具。求之诸籍所载，不特绝无见者，亦绝无知者。即如缂丝，本亦定产，今皆江南所出，而定人见之，反如天孙云锦。”同书《风俗物产》亦谓：“《旧志》曰：‘定俗近古，无淫巧技作。’然在昔窑器珍于天下，江南好学之家往往蓄之。索诸定，蔑如也。‘维楚有璧，赵实宝之’。是之谓与？”定州无定窑，人们只有叹息。

不过，到了清末，在光绪三十年版的《重修曲阳县志》(以下简称《县志》)中，开始有了关于定窑遗址的重要记载。《县志》卷六《山川古迹考》有条目曰：“涧磁岭：采访册在县北六十里。上多煤井，下为涧磁村。宋以上有瓷窑，今废。”与此条相关的记载，在《县志》卷十《土宜物产考》“土性”有载：“山岭：县境三面皆山，土石相间，多不能种禾麦，尚宜树木。灵山一带惟出煤矿。龙泉镇则宜瓷器。”《土宜物产考》“土产”关于瓷器的条目曰：“黄瓷：盆瓮之属，出恒水左右。”“白瓷：龙泉镇出，昔人所谓定瓷是也……宋以前瓷窑尚多，后以兵燹废。”《县志·山川古迹考》所记涧磁岭上有宋以上瓷窑废址与《县志·土宜物产考》中所记龙泉镇宋以前定瓷瓷窑废址是同地一事，涧磁岭者，龙泉镇之涧磁岭也。涧磁村东与龙泉镇北镇里相邻，涧磁岭在北镇里和涧磁村北，从北镇望岭，较涧磁村望之略为偏西而已。

关于曲阳县龙泉镇的瓷业，《县志》卷九《礼仪风俗考》载：“曲阳龙泉镇唐宋以来旧有瓷窑，五代后周尚有磁务税使，宋时有瓷器商人(见王子山院碑)，今废。”这条记载不仅提及曲阳龙泉镇唐宋以来旧有瓷窑，还提及五代后周时有磁务税使，宋时有瓷器商人，他们都在“王子山院碑”上留有记载。这里所谓“王子山院碑”是指两件五代碑刻：一件是后周显德四年《定州曲阳县龙泉镇王子山院长老和尚舍利塔记》碑，或称《王子山院和尚舍利塔碑》或《塔记碑》，碑上刻有几位龙泉镇官员题名，其中有一位是当时“充龙泉镇使钤辖瓷窑商税务使冯翱”。又一件是后唐天成元年为义武军节度使王都重修王子山院所立、乡贡进士马夔撰文的《修王子山院记》碑，又称《王都重修王子山院记碑》或《马夔碑》，在碑上刻有北宋宣和二年“中山府贩瓷器客赵仙”重镌此碑的一则题记。

关于王子山院和山院的这两件碑刻，《县志》上有更为详细的记载。王子山，《县志·山川古迹考》载：“王子山：一名王子洞……山在涧磁岭之西北，下有王子山院，为一邑名胜之区。相传箕子避纣于此，故名王子山。”王子山院，《山川古迹考》“古寺观”载：“王子山院：俗名王子寺。在县北王子山下。五代《马夔碑》置院久矣……天复年中，僧敬晖增新堂宇；后唐称天祐十三年定州节度使王处直施免税地；天成元年节度使王都重修(俱见《马夔碑》)。宋时有磁商修补夔碑，知寺犹在，后毁于兵。”

这条记载所称“宋时有磁商修补”的五代《马夔碑》，建于后唐天成元年，收录在《县志》卷十一《金石录上》中，收录时题目名《王都重修王子山院记碑》[1]。登录碑文的前后有关于原碑题款及内容的提要和考证，未涉及在原碑上续刻的宋人题记。宋时有瓷商修补碑事源于宣和二年中山府贩瓷器客赵仙在原碑碑文后续刻的一则题记，《县志》把这则题记单独立题目为《贩瓷器客赵仙重修马夔碑记》，另收录在《县志》卷十二《金石录中》宋代碑刻中。

王子山院另一件五代碑刻，即后周显德四年刻有瓷务税使题名的《定州曲阳县龙泉镇王子山院长老和尚舍利塔记》碑，收录在《王都重修王子山院记碑》之后，其条目名为《王子山院和尚舍利塔记》碑。碑文末后提行署有六位龙泉镇官员名，其中一位署名“□使押衙银青光禄大夫检校太子宾客兼殿中侍御史充龙泉镇使钤辖瓷窑商税务使冯翱”。

根据《县志》记载，定窑窑址地点明确，在旧时定州管领的曲阳县龙泉镇。在龙泉镇北的涧磁岭上，至今还保存着定窑的遗迹。尤为可贵的是，在龙泉镇涧磁岭之北，有龙泉镇的佛寺王子山院，山院的两件五代碑刻上留下了关于定窑的文字记录：一件上刻有五代后周时龙泉镇使钤辖“瓷窑商税务使”的姓名；一件上刻有北宋宣和二年“中山府贩瓷器客”的题记。这两件碑刻极为重要，是定窑最原始最直接的文献记录。也可以说，它们是定窑遗存的重要组成部分，应引起高度关注。

今人应该感谢《县志》的修纂者，它们在20世纪初年维新思潮中，吸取前人优秀志书的成功经验，敢于破除陈规，深入实地做调查研究，广收博采，终给后人留下了关于定窑遗址和有关碑刻的重要史料。

二　近人的考察和研究

虽然志已有载，可能因为曲阳地处偏僻，《县志》刊行量少，流布不广，影响较小，致使其关于定窑遗址的记载并未很快引起学术界关注。

20世纪初，河北发现了北宋末年被洪水淹没的巨鹿故城，出土了大量定窑瓷器等物品。20世纪20年代，中国现代考古学诞生。这些事件促进了中国古陶瓷研究者去寻找已被遗忘的定窑遗址。到20世纪30年代，叶麟趾先生在所著《古今中外陶瓷汇编》中，才又提

1　按：碑名中“记”字原刻为“碑”字，“碑碑”不通，显然是“记碑”之误，故改正之。

出"定州窑在今河北曲阳县"。叶先生在记述自己调查定窑的经历时说:"曩者闻说曲阳产磁,偶于当地之剪子村发现古窑遗迹,并拾得白磁破片,绝类定器。据土人云：昔之定窑即在此处。又附近之仰泉村,亦为定器出产地,然已无窑迹矣!此说诚有相信之价值。"文中未提到《县志》,地名涧磁村用"剪子村"、燕川村作"仰泉村",与《县志》不合,可见他到定窑遗址调查,并未直接受到《县志》引导。不过,叶先生调查定窑遗址,确实有首倡之功。此后,曲阳涧磁村成为寻找已被遗忘的定窑遗址的目的地。

1941年,日本人小山富士夫曾往涧磁村,挖掘了很多瓷片,后在《东洋陶瓷》上发表了报道。

1951年和1957年,故宫博物院陈万里、冯先铭先生等先后两次调查定窑遗址。陈万里先生在《调查平原、河北二省古代窑址报告》和《邢越二窑及定窑》文中报道了1951年调查情况。他在后一篇文章中说:"我于一九五一年间去该县调查,目的是采集些碎片,并确定是否定窑遗址。"他显然达到了目的,得出了肯定的结论,报告中多处引用到《县志》有关定窑遗址和王子山院两件碑刻的记载资料。冯先铭先生对于1957年的调查在《瓷器浅说》定窑专文中有所报道,后在上海人民美术出版社发行的《定窑》一书中总结了那次调查的收获:"着重解决定窑烧瓷历史与品种问题,采集到近二千件标本,初步判明唐代开始烧白瓷,五代时期有较大发展,宋代为极盛时间。"在书后《附录一·历代文献著录》中,列举了《县志》中有关定窑遗址和王子山院两件碑刻的记载。故宫博物院陈万里、冯先铭先生直接深入定窑遗址调查,精心检阅有关定窑的文献记录,特别是首先应用《县志》关于定窑遗址和王子山院碑刻的记载,在定窑研究中取得了重要成果,推进了定窑研究向前发展。

三　定窑遗址与王子寺概况

1956年,河北省人民政府将定窑遗址公布为重点文物保护单位。文物部门和当地政府在定窑遗址做了大量保护工作。1984年,在定窑遗址重点保护区域发生违章建住房、打煤井事件,曲阳县人民政府采取果断措施制止了文物破坏。其后,1985 ~ 1987年,文物部门在定窑遗址进行了一次考古发掘。笔者参加了这项考古工作,期间对定窑遗址和王子山院做了多次调查。

定窑遗址(图1)位于曲阳县城北约30千米太行山麓,窑址区主要分布在灵山区的灵山乡和南镇乡境内，东起恒水（又名通天河）西岸，西至燕川村西，其间南、北镇村、涧磁村、岗北村、灵山镇、杏子沟、野北村和东、西燕川村，都有瓷窑遗存，窑址总面积约 20 平方千米。窑址区依山傍水，太行山余脉横亘在其西北，恒水、三会河流过其东南。此区河流源出西北山中，有的源远流长，但大多数为小溪、冲沟之类，与河流交汇后再流入东边的唐河。由于此区雨量较少，这里的溪沟、小河一般平时无水，只有夏秋雨后水量才较大而湍急。在遗址中心区，涧磁村和北镇村东南，有一水泉，常年涌流，注入三会河，再由三会河流入恒水，这就是《县志》记载的龙泉河，当地俗称“水磨槽”。南、北镇依傍龙泉，故旧时地名龙泉镇。定窑遗址的中心，就分布在太行山麓的龙泉镇附近沟壑之间、河流之边（图 2）。

定窑遗址大体分为东西两大区块。东区可称为涧磁区，包括涧磁村东的南、北镇，村北的涧磁岭和涧磁村西的窑址区。西区可称为燕川区，包括灵山、杏子沟、野北村的窑址和东、西燕川村的窑址区。涧磁区就在过去的龙泉镇及其近郊，遗址的内涵最为丰富，窑址保存得也较好。涧磁岭存有上百万平方米堆积很厚的窑址群废墟，俗称为“瓷片堆”，貌存旧观，非常难得。燕川区的瓷窑内涵较为单纯，多为金元时期遗存，窑址保存欠佳，遗址多被现代建筑物占压，难得见到地面以上的丰富堆积。

王子寺（图 3）位于王子山下。王子山属太行山脉群山之一，山势巍峨，远望非常壮观。由南北镇村和涧磁村到王子寺，相距约 4 千米，其间要经过涧磁岭。涧磁岭的东西两

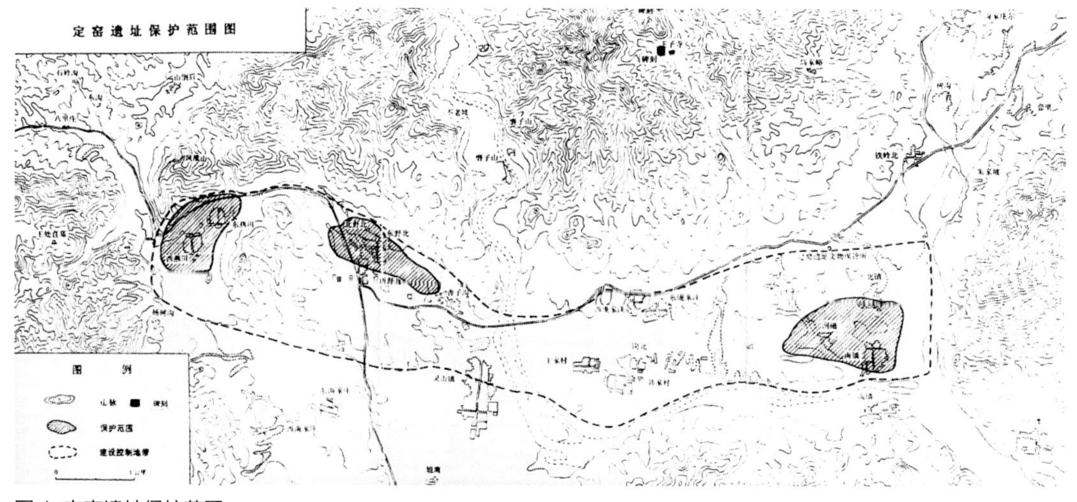

图 1. 定窑遗址保护范围

侧分别有源自王子山下来的冲沟，夏秋大雨之后，山洪下泻，即由冲沟排入恒水、三会河，汇流入唐河。由此可见，王子寺与南北镇（旧时的龙泉镇）、涧磁村，乃是一衣带水相邻，因此王子寺早年很自然的是龙泉镇属寺院。在冲沟的边沿，有小路把村镇与山寺连接起来，但沟谷边的道路十分坎坷，直到20世纪80年代，涧磁岭北，越过今保（定）阜（平）公路线以后，尚无车路通到山里。愈近山边，小路愈加崎岖不平，只能沿沟谷小路步行上山。穿过山间谷道后，迎面有一片相对平缓的坡地，王子寺就建在坡前。

王子寺有坐北朝南的正殿三间，殿前有一间山门和两间东西配房。20世纪80年代王子寺很残破，院落中存有金代石幢一段，原幢其他构件散落在寺内地面。此外还有清乾隆十三年、四十一年及民国二十年等重修王子寺的碑刻数通。庞家洼村是王子寺南最近的一个村庄，位于涧磁岭西北，保阜公路穿过该村。今王子寺隶属庞家洼村管辖，清代以来重修王子寺的碑刻，多为庞家洼村民所立。

王子寺西侧面对冲沟有一片梯地，地名西沟。梯地地埂用石块垒砌。石块中有一些是塔幢类文物雕刻的构件。我们向村民询问当地有无古塔和碑刻，村民说，此地原来确有一座古塔，已于“文革”中被人炸毁；还有一块《和尚塔碑》，也被人推倒，埋在此处地下。我们判断，这里被毁的古塔和碑刻，就是王子山院长老和尚舍利塔和塔记碑。1996年，定窑遗址文物保管所经过铲探找到碑石埋藏位置，果将《王子山院长老和尚舍利塔记》碑

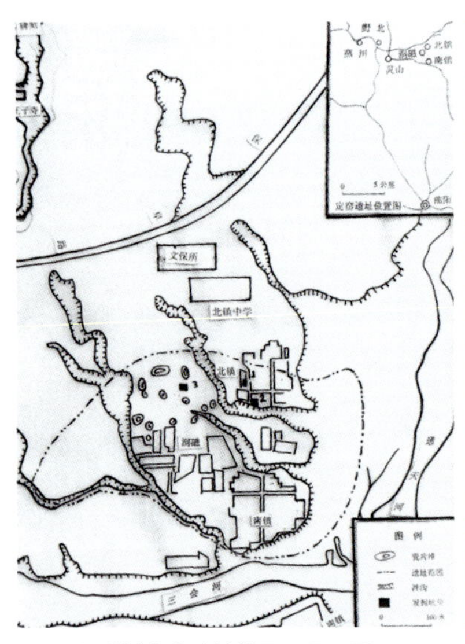

图2. 涧磁村定窑遗址位置、平面图

图3. 曲阳王子寺

从地下挖掘出土。同时挖出的还有一件金代经幢。文保所将碑、幢重新立于地旁。1998 年，定窑遗址文物保管所请示上级批准，将《塔碑》移运至保管所内保存，今建有保护碑房展出，供人观赏、研究。

图 4. 王子山院遗存柱础

王子山院的另一件五代碑刻《修王子山院记》碑（《马夔碑》），一直屹立在王子寺后坡，那里地名叫北沟，是王子山院的旧址所在地点。由今王子寺到寺后坡北沟，需沿来王子寺的谷道继续向上北行，转过一道山湾，约行 1 千米许，走到沟头。到那里，再也无路前行，谷地变得十分狭窄，周围峰峦陡峭壁立。谷地中央有一片平地，是一处废墟，地面上可以捡到唐宋时期的瓷片，凹坑的断壁上能见到同一时期的堆积层。这处废墟就是唐宋时期的王子山院遗址。天成元年《修王子山院记》碑即《马夔碑》曾长期屹立这里。在这片遗址的东侧，有山谷的行洪沟槽。槽中垒砌有一道石坝，村民说是 1958 年建，目的是为了挡水，减轻山洪暴发时对下游王子寺土地的冲刷。在垒坝的石材中，有一件残碑，汉白玉质，刻字中有“修王子……功德碑”及王子山院主僧“敬晖”的名字。垒坝石料中还有一件雕工精致的汉白玉覆莲柱础（图 4），极可能是王子山院佛殿基址的建筑构件。在面对谷地的山崖，也就是山院背靠的山崖，离地十余米高处的山腰上，开凿了一条凹进山体的“栈道”，长约数十米，仅可容一人在道上左右行走。《夔碑》上谓“锯解崖之半腹，跳起石龛”，大概指此。王子山院废弃后，王子寺北沟成为了“无人区”，近年很少有人到此。据说只是偶有猎人到此枪打野兔，采药人到此捕捉蝎子。为文物安全计，定窑遗址文物保管所经请示上级批准，于 1998 年将王子山院遗址这通《修王子山院记》碑与王子寺西沟的《王子山院长老和尚舍利塔记》碑一起移运到所内保存。今两碑同时在定窑遗址文物保管所内保护碑房中展出，供人们观赏、研究。

四　王子山院两件五代碑刻简介

《修王子山院记》碑，五代后唐天成元年（926 年）立。碑原位于曲阳县灵山乡庞家洼村东北 2.5 千米王子寺北沟王子山院遗址，1998 年移存于曲阳县定窑遗址文物保管所内。青灰石质，圆首方座，通高 2.76 米、宽 1 米、厚 0.26 米。额内篆书“奉为国令公修王子山院之记”。碑阳行书 23 行,满行约 50 字。首行上题“修王子山院记”,题下署“乡贡进士马夔撰”。碑文记述了王子山院主僧敬晖修建山院事迹及其经历的故、今两代“府主”（即定州义武军节度使王处直和王都）来访山院并给予赏赐、举行祭祀活动等情况。碑文云“合院徒众及在镇官员、内外缘人、往来善友，凡诸方号，并挂碑阴”。但今碑阴已无此内容铭刻，唯见有元祐四年（1089 年）官员游此寺院的题记一则。碑文末行年款“时唐天成元年太岁丙戌八月十五日记”、下署“使院王进思书丹并镌”。碑阳正文后有北宋宣和二年（1120 年）续刻题记 2 行，记中山府贩瓷器客赵仙因碑文亏残，捐资请匠重镌事。

《王子山院长老和尚舍利塔记》碑，五代后周显德四年（957 年）立。碑原位于曲阳县灵山乡庞家洼村东北 2.5 千米王子寺西沟，1998 年移存于曲阳县定窑遗址文物保管所内。青灰石质，龙首方座，通高 2.9 米、宽 1.25 米、厚 0.22 米。碑额篆题“大周王子山禅院长老和尚舍利塔之记”，碑文正书 30 行，满行约 50 字。首行题“定州曲阳县龙泉镇王子山院长老和尚舍利塔记”。文末载建碑年月及书丹人名“时大周显德四年岁次丁巳二月己未朔十五日建”、“定州开元寺叶百法轮大德赐紫守諲书”。碑文记述了王子山院长老和尚的生平事迹及其殁后信众为其建塔立碑以资供养等情况。长老经历的重要事件特别提到“大唐天祐中时府主先令公”即义武军节度使王处直来访山寺并给予褒奖事。碑文末后提行署有几位龙泉镇官员名，其中一位是“充龙泉镇使钤辖瓷窑商税务使冯翱”。

五　王子山院两件五代碑刻录文

其一（图 5）

额题：奉为国令公修王子山院之记

正文：修王子山院记　乡贡进士马夔撰

昔太古未分，混成元气。及太极初泮，歹立规风。起是清气上腾，高罗圆盖。浊气下降，厚布方舆。或散作江河，聚为丘岳。兹山突兀，自彼于今。询以嘉名，咸因有故。虽未见于史册，而备听于乡人。洎乎汤君诸王内，唯箕子避纣残虐，来此潜居，遂以王子为名。置院久矣。星连赵郡，地接恒阳。压大茂之巽官，镇少容之乾位。蟠桃下觑，蟾桂平攀。迥占幽奇，独标胜概。散漫而藤萝蓊郁，纵横而忼石巉巘。则有偃仰如屏，低垂若盖。或蹲踞而类虎，或盘屈以成龙。奇状生狞，异形恐悚。溪头枯枿，疑排密迹金刚。洞口巅峰，似涌多宝佛塔。纡回巇崿，错杂峥嵘。耸碧嶂以千般，豁青溪而十里。名花软草，石崇锦步障开。乔木芳林，王凯珊瑚树启。穿云崄嶝，何殊三道宝塔。喷玉乱泉，岂让八功德水。灵禽异鸟重闻，出龢雅音各响。山鹰又听传诸妙法，实谓住持者乐道，巡礼者忘忧。四时之物象皆别，十洞之烟花罕疋。

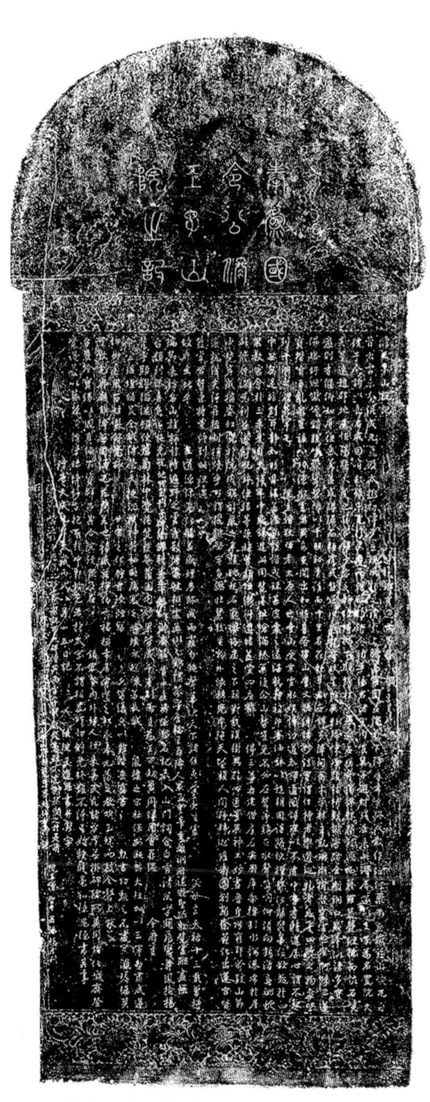
图 5. 王子山院天成元年碑

院主僧敬晖者，太原人也。台山受业，云水娱情。访道参禅，通彻悟理。以不有中有有，精进居心。谓不无中无无，是非到耳。静如皎月，湛若澄泉。护惜戒珠，甚皮囊之过海。执持祖印，赛油钵以趋朝。固得摄伏檀那，化缘徒第。位欲超于四果，教密会于三叶。爰自天复年中，飞锡游此。周览基址，怆满榛芜。复念山势崔嵬，不必在鹫峰鸡足。水声呜咽，何须向鹤渚凫洲。衹此修行，深为利益。遂解瓶钵，便结茅茨。旋葺颓垣，渐修遗堵。盖堂四座，妆佛三尊。右建增房，左安厨库。架槽引水，泻瀑布于屋中。甃岸成桥，蹙虹霓于院内。锯解岩之半腹，跳起石龛。璎珞崖之下头，对栽琪树。兴于心匠，岂异神工。妙尽鲁斤，巧穷郢斧。致山节藻棁备矣，得丹楹刻角焕乎。可谓凤髓坚牢，鱼胶壮丽。较量物外，依稀兜率陀天比类人间，髣髴迦维卫国创新禁苑。化出莲宫，皆蓝宰苦行，匡持葺修到此。

伏遇　故府主北平王，道德弥高，化条益盛。烟尘弥灭，雨露匀施。声华伏天下诸侯，惠爱真生灵父母。去天祐十三载，曾持瑞节来访名山。旌旗行时，遍野之云霞散漫。櫜鞬排处，盈川之锦绣芬芳。金轮王再降人寰，玉皇帝重离洞府。追游圣迹，敷览灵踪。尽惬台颜，别添喜色。遂施免税地，四至刊于碑阴。俸料米五十斛，以助斋庄，贵申虔祷。兼留石记，表入山门。词含白雪清风，字閗飞鸾舞凤。揄扬梵宇，显耀缁瑠。顿使薝蔔林中，觉花竞发。庵罗园内，妙果皆成。千生欲为主为王，万劫冀同缘同会。

再遇　今府主令公，瑶坛绪美，金钺传荣。天授沉机，神符秘略。鹰塞之烽埃不起，俨若长城。凤楼之宗社保安，凝然大柱。加以三军整肃，咸遵细柳之风。百姓苏舒，觉咏甘棠之化。伫看凌烟，写貌写仪，貌以难偕垂露。书勋书功，勋之不尽寰瀛。瞻瞩莫可效尤。廊庙钦降，无因俦疋。兹篮若也福感，兹禅伯也福招。幸居有道之邦，永奉无为之教。吹玉螺而敲金磬，上献台严。吟宝偈以讽真经，下资群品。其合院徒众，及在　镇官员，内外缘人，往来善友，凡诸方号，并挂碑阴。所冀共诣化域，齐登觉道。

夔以艺疏黄绢，学昧绛纱。方抱耻于中郎，怡苞羞于太守。不谓相尤所忉，解免终难。不得已始授笺毫，私悚愧径书其事。

时唐天成元年太岁丙戌八月十五日记。

使院王进思书并镌字

文后题记：愚尝谓此山乃境中绝胜之所也，然有记事之碑，经其雨雪，字体亏残。愚虽不达，恻然悯之，于是请匠以重镌之，庶后观者得以□鉴焉。时宋宣和二年庚子八月十五日中山府贩瓷器客赵仙重修记。

院主僧智弁　岳阳杨彦刊

碑阴题记：内殿崇班真定府定州路走马承受刘程、右班殿直曲阳县尉宋若愚同游。元祐四年七月二十四日题。

碑侧题记：刘程游记。

其二（图6）

额题：大周王子山禅院长老和尚舍利塔之记

正文：定州曲阳县龙泉镇王子山院长老和尚舍利塔记

许乎！苍苍称大，侧竹管以犹知。杲杲虽明，聚土圭而可验。则知四时代谢，五灵无以出其□。□□□□，□□不能逃其性焉。夫我佛三祇练行，六度化缘。斋空色而混圆通，断烦恼而登正觉。一叶调御中天，共号□□□，□□居尊三界，独称其上士。因满果满，智圆福圆。骋威力以无边，得神通而自在。称域中之大，彼分为三。尽天下之能，我居其一。洎乎象轮托荫，宝树化生。神光上贯于紫微，周星隐耀。圣教聿来于中夏，汉梦先征。其后贝文翻译，宝偈喧腾，飞锡争驰，白莲竞结。僧会东下，吴帝从风。罗什西来，秦人大化。佛图澄扬名河冀，陆居士混迹荆蛮。盛事芳纵，不可备载。

图 6. 王子山院显德四年碑

今有 王子山院长老者，法宇栋梁，空门瑚琏。持戒珠而月满，淬惠剑以霜明。桂质清贞，根自生于高岳。莲心芳洁，叶不染于飞尘。五蕴皆空，诸漏已尽。等杉松而并操，异兰菊以同英。搜妙道于他方，情非有待。达慈舟于彼岸，理在无言。何须玉出荆山，偏推惠静。不必珠生汉水，独比道汪。夫大小佛乘，二三禅定，皆波涛于口海，咸驰骤于心田。洋洋焉，赫赫焉，不可得而论也。至于咒石飞泉，化龙行雨，莲生钵内，虎伏庵前，乃是寻常之事，抑盖东土之菩萨也。

长老自言，代州人也。生而有异，弱而能言。忽谓父母，□身如石火风灯，电光露彩，不可得久也，惟愿弥勒可能兑矣。聚尘之岁，五台佛光寺出家，侍塔院长老为师。既而因辞师游河东，假以听学数年。将行，谓其僧侣曰：□诸经□法王□筌蹄□□其旨唯法华经大乘经□□如来解脱之门。遂入天井山，长诵法华经一部。猿供山果，且不异于世瑜。鱼听江船，而何殊于淨范。时缘头李筠闻长老之名，纠诸檀越，请长老来住此山院。其山也，林泉势异，峰峦秀绝，撑燕擘赵，碍日凌天。洞乳凝华光连碧落，巌崖结气瑞接青城。若非忽生忘形者，不可得而蹭也。长老于是忘机内境，楼虑玄关。拟高阁于天台，状重楼于勾曲。莲宫化出，长廊四合以环周；宝座飞来，正殿中央而岳立。龙泉漱玉，罄韵敲金。架飞屺以长悬，梢云门而下檄。雨翻石□，□□□璎珞之巌。花圻松庵，□香惹瑠璃之地。凡斯异迹，不可殚论。盖菩萨之洞天，神仙之福地也。

长老自天井山来住此，五十余年而不下山，开惠远之匡庐……影无出矣。宾头庐之化，寺人莫知。前后所度门人，亦五十余人，皆方道人心中弟子咸连桂字，取其高高绝尘之义也。

大唐天祐中，时府主先令公来祭岳，侍从甚盛。献罢，因游山寺，观斯胜境。树贞石复田税，兼赐米一百硕。方惠约于褚渊，靡间减俸同竺。潜于王导，不立丰碑。比夫长老，远有惭德。

至汉朝乾祐之元年也，忽振锡往飞狐。彼之戍守张公，久闻长老德行，又盖院因留之，举家归敬。日月不从，春秋已矣，忽逢灰劫，遽奄泥洹。以显德元年秋九月二日迁化于彼院，季年八十也。张公悲恸，举阖城盛威仪，寻荼毗于郭之外，三日而收其舍利。

初，长老□终谓张公曰：吾本院在定州曲阳县，有门人焉。吾归空之后，幸□□□□为召之。及殁，张公如其言。门人桂严等寻亦遥知之，令同学桂隐、桂贞二人往彼，取而归之。其在镇□□□□□□□□□□□□□□自有来而致果，由无取以相欢。遂各舍家财，共□□□于院之东南一里多宝山前永为供养。天长地久，□□□□之容。日月来往，感荷因缘之福。起□□同范泰律谢张融。过去中贤劫佛虽知已矣。未来世，龙华三会，当愿逢之。敢同诣郡之功曹，幸作山阴之都讲。

时大周显德四年岁次丁巳二月巳未朔十五日建立　定州开元寺叶百法轮大德赐紫守諲书

文后题名：银青光禄大夫检校太子宾客监察御史大夫前龙泉镇使索君进银

青光禄大夫检校太子宾客兼殿中侍御史云骑尉前副镇霍廷翰　随使军将前镇都虞侯董福感

□使押衙银青光禄大夫检校太子宾客兼殿中侍御史充龙泉镇使钤辖瓷窑商税务使冯翱　随使讨击副使充龙泉副镇冯全礼　随使讨击副使充龙泉镇都虞侯王行□

六　关于王子山院碑刻的几个问题

通过近距离对王子山院碑刻查考，笔者认识到王子山院碑刻有些问题需要探讨，今就几个问题提出自己的看法，希就正于方家。

（一）碑的“重镌”问题

天成元年《修王子山院记》碑上续刻的宣和二年中山府贩瓷器客赵仙题记明言：“愚尝谓此山乃境中绝胜之所也，然有记事之碑，经其雨雪，字体亏残。愚虽不达，恻然悯之，于是请匠以重镌之，庶后观者得以□鉴焉。”但《县志》著者却质疑题记关于碑文经过“重镌”之说。《县志》卷十二《金石录中》《贩瓷器客赵仙重修马夔碑记》的案语中曰：“据此记（按：指赵仙题记），似《马夔碑》为仙重镌。然仙记夹边线内外，若重镌，何不留余地自刻其记？且刻法亦不类。或夔碑亏残，仙取原拓补之，贾人不达，遂以为重镌与？”《县志》著者显然不认同碑经重镌说，提出了碑文未曾重镌的主要理由，就是赵仙题记挤出了碑文的边线之外一部分，不解为何重镌时未给自己刻记留够版面。因此，《县志》著者臆测：可能是原碑有残，赵仙用碑文原拓对碑文残部作过修补，赵仙是个商人，不通晓碑行专业，误把这种修补当成“重镌”了。

按常理讲，赵仙题记铭碑，不能妄言，修补不能说是“重镌”。《县志》质疑虽然提出了理由，仍嫌不够确实、充分。文物鉴定戏称“眼学”，有时难免引起争议，相信随着科技进步，鉴碑也有妙法，终将会解决“重镌”、“修补”之疑。

由此也想到山院另一件碑刻，就是后周显德四年《王子山院长老和尚舍利塔记碑》。碑面右侧，亦如在《夔碑》上刻赵仙题记的位置，碑文末了，分两行（赵仙题记也是两行）署了六位龙泉镇官员题名。一行三位是：前龙泉镇镇使、副镇、镇都虞侯。又一行三位是：充龙泉镇镇使、副镇、镇都虞侯。充龙泉镇使钤辖“瓷窑商税务使”职。这两行题名，每行约刻有 65 字，还不算人名间有空格位。这个字数大大超过了碑文满行约 50 字左右水平。官员题名与碑的关系，《县志》未说。清同、光时期著名古文献学家陆心源曾为《全唐文》作《拾遗》、《续拾》。在《唐文续拾》中收录了王子山院这件碑文，但未录入官员题名，必是以为题名续刻文后，非碑之文，遂删弃了。上海人民美术出版社发行、冯先铭先生编撰的《定窑》一书后《附录一·历代文献著录》中，列有《县志》收录的《王子山院和尚舍利塔记碑》。文曰："碑阴有'使押衙银青光禄大夫检校太子宾客兼殿中侍御史充龙泉镇使钤辖瓷窑商税务使冯翱'。碑石立于大周显德四年二月。"著录之文并非《县志》原文，且把刻在碑阳面上的题名，说成"碑阴有"，不知何据。难道是先生疑题名为后来续刻，把碑阴文搬到阳面了？陈万里先生在《邢越二窑及定窑》文中，把碑上题名的官员称为"立碑人"，这个称谓含义比较宽泛。总之，这块碑的题名似亦有"刻法不类"之处，也需要继续探讨。

（二）碑的著录问题

《县志·金石录》所收碑刻，凡他书未载者，都写明"诸家俱未著录"。《修王子山院记》碑即属此类。在《修王子山院记》碑首行题下，署"乡贡进士马夔撰"，故《修王子山院记》碑又称《马夔碑》。在《县志·贡举表》可查到马夔，其文曰："马夔：后唐天成间乡贡进士。《旧志》讹'夔'为'？'，直不成字。又误为进士，辨见《金石录》。今据夔撰王子山院碑更正。"由此条记载，反又透露出，早在康熙初年或更早，《修王子山院记》碑（即《马夔碑》）就有人关注，有可能已被著录了。因为《县志》所称《旧志》，就是康熙十一年曲阳县知县刘师峻修纂的《曲阳县新志》。该志上既然已有"马？（《县志》上作"马夔"）的名字，按理说就应该注意到《修王子山院记》碑。查《曲阳县新志》，在该书卷七《选举志》上有载："进士　后唐　马？明宗天成间进士"。"马？"的名字只可能来自后唐明宗天成元年《修王子山院记》碑。但在《曲阳县新志》中，除了《选举志》上这条记载以外，却未见到关于天成元年"马？"撰文的《修王子山院记》碑的任何讯息。人在碑无，这是为什么，《曲阳县新志》没有交代，颇为遗憾。

《王子山院长老和尚舍利塔记》碑，《县志》未写"诸家俱未著录"，也未述他书著录情况。现知早于《县志》著录此碑的著者是陆心源。陆心源是清同光时期的著名古文献学家。他曾为嘉庆年间根据内府资料编成的《全唐文》作《拾遗》、《续拾》。陆心源在光绪十四年付梓的《唐文续拾》卷十中收录了一件《定州曲阳县龙泉镇□□山院长老和尚舍利塔记》石刻，就是后周显德四年《定州曲阳县龙泉镇王子山院长老和尚舍利塔记》碑。陆心源书未释出碑名中“王子”二字，可能是因为所见的拓本不精，又未见到别的参考资料。陆书登录了《塔碑》碑文，未录入文后的龙泉镇官员题名。陆心源《唐文续拾》较《县志》早出十多年，《县志》收录的《塔碑》较《唐文续拾》更加完善。

（三）相关史实问题

王子山院五代时期的两件碑刻，被称为“记事之碑”，它们把当时定州的一些重要历史人物、历史事件、历史地名、职官、当地的山川、寺院及主要产业等，都联系了起来。碑上还刻有宋人题记，特别重要的是有“中山府贩瓷器客”的题记。所有这些都具有很高的史料价值。碑刻涉及的史实较广，本文不能尽述。仅举几点，略加说明。

关于称谓。《修王子山院记》碑额篆题“奉为国令公修王子山院之记”，《县志》释“奉”下一字为“象”，云：“‘奉象国’三字不知何解。”案“奉”下一字实应释“为”，“奉为国令公修”就如“奉为理公和尚敬造”（见《县志·金石录》卷十三《理公和尚塔佛偈幢》），句法是一样的。“国令公”就是中书令，指王都。王都在后唐得庄宗宠，《旧五代史·王都传》曰：“天祐十八年十二月，庄宗亲征镇州，败契丹于沙河。明年正月，乘胜追敌，过定州，都马前奉迎。庄宗幸其府第曲宴。都有爱女，十余岁，庄宗与之论婚，许为皇子继岌妻之。自此恩宠特异，奏请无不从。”同光四年四月庄宗死，明宗即位，改元天成，王都得“加中书令”（参《资治通鉴》、《旧五代史》）。《修王子山院记》碑末题“时天成元年太岁丙戌八月十五日记”，可见此碑立时，上距王都得“中书令”衔只有三个多月。碑文记到了故、今两代“府主”，即两代定州义武军节度使王处直与王都。王都在碑文中称“今府主令公”。王处直在（天祐）六年（梁太祖开平三年），“加开府仪同三司、检校太师、兼中书令，进封北平王”（《王处直墓志》）。《修王子山院记》碑立时处直已死，碑文中称“故府主北平王”。在后周显德四年《王子山院长老和尚舍利塔记》碑中，追溯到天祐中王处直来游山寺，称其为“时府主先令公”。

二王关系。王都是王处直的养子，史载他于天祐十八年“执处直囚之西宅，自为留后。凡王氏子孙及处直将校，杀戮殆尽”（《新五代史》）。关于处直之死，史书虽有不同说法，但系王都迫害所致，绝无异议。马夔在为王都撰写《修王子山院记》碑文时，王都虽然得加了“中书令”，但靠山已失，庄宗死了，皇嫡长子魏王继岌也被逼自杀，新皇明宗对王都夺踞父位深心恶之（参《资治通鉴》、《旧五代史》）。面对险恶处境，王都需要稳固阵角，改善自己的形象。正是为了满足这种需要，《夔碑》对王都颂扬有加，充满溢美之词。碑文特别记载："吹玉螺而敲金磬，上献台严。吟宝偈以讽真经，下资群品。其合院徒众，及在镇官员，内外缘人，往来善友，凡诸方号，并挂碑阴。"大肆宣扬王都在王子山院隆重祭祀他的父亲（台严，就是被他篡弑的养父王处直），极力笼络人心。这显然是一种军阀政客掩人耳目的虚伪伎俩，碑文蓄意为其文过饰非，昭然若揭。《塔碑》晚《夔碑》近三十年立，当时王氏已失势，碑文讲了处直，王都只字未提。

关于铭碑。马夔《修王子山院记》碑谓，王处直"天祐十三载，曾持瑞节来访名山……追游圣迹，敷览灵踪。尽惬台颜，别添喜色。遂施免税地，四至刊于碑阴。奉料米五十斛，以助斋庄，贵申虔祷。兼留石记，表入山门"。据此文云，处直在院，似曾刻碑、留记。《县志》纂者周斯忆对此确信不疑，因此在《县志·金石录》中列编了一条《王处直王子山院记碑》，并三次派人到王子寺要拓是碑，都未获结果。斯忆"最后属友人偕儿子谌元绕道唐县境（原注：由县治至王子山院车不能行）亲至其地访之，始知此碑已佚矣"（《县志·金石录上》）。不过，《塔记碑》对王处直到山院访问的记载略有不同："大唐天祐中，时府主先令公来祭岳，侍从甚盛。献罢，因游山寺，观斯胜景。树贞石复田税，兼赐米一百硕。方惠约于褚渊，靡间减奉同竺。潜于王道，不立丰碑。比夫长老，远有惭德。"根据这一记载，明确说了王处直在山院"不立丰碑"，那么复田税、奉料米所树贞石、所留石记当与树立"丰碑"有别。

关于地名。史书不详龙泉置镇。《县志》曰："龙泉镇，今俗称南北镇里，旧有镇使、副、瓷窑税使等官。见《五代史》及《王子山院和尚舍利塔碑》。"查《新五代史》卷三九《王处直传》附《王都传》，记有一段关于龙泉镇将的事迹：后唐天成三年（928年）王都以定州叛，明宗遣王晏球讨之，"都复与王郁招契丹为援，契丹遣秃馁，将万骑救都。都遣指挥使郑季璘、龙泉镇将杜弘寿以二千人迎契丹，为晏球所败，季璘、弘寿被执。晏球责曰：'吾尝使人招汝，何故不降？'弘寿对曰：'受恩中山两世矣，不敢有二心。'遂见杀。弘寿将刑，神色自若"。这段记载透露，龙泉镇在定州义武军中的地位非常重要，镇将历来以节度使的心腹爪牙充任。

《王子山院和尚舍利塔碑》碑文首行题名全称《定州曲阳县龙泉镇王子山院长老和尚舍利塔记》，龙泉镇名及州、县、镇、院地属关系十分明确。碑文末行年款"时大周显德四年岁次丁巳二月已未朔十五日建立"。文末之后，刻有龙泉镇前任和现任两套主要官员（镇使、副镇、镇都虞候）题名，现充龙泉镇使"钤辖瓷窑商税务使"职。在碑阳文后刻官员题名，且有两套班子成员，刻法有些唐突不类。前任官员任职何时？为何刻在本碑之上，也颇为费解。王子山院另一件后唐天成元年马夔撰文的《修王子山院记》碑，碑文有“在镇官员……并挂碑阴”等语。这“在镇官员”，当就是龙泉镇官员，但现存碑阴却并无有这些官员等的题名，想必是在碑文“重镌”时丢失了。

据王子山院碑刻，定窑有明确的“瓷窑商税务使”管理收税，最迟是在五代后周时期，那时龙泉镇的瓷业当然是很繁盛了。更早的文献记载，还见于《辽史》之中。《辽史·本纪》：太祖天赞二年（923 年），“秋七月，前北府宰相萧阿古只及王郁徇地燕、赵”。《辽史·萧敌鲁传》附弟《阿古只传》记曰：“天赞初，与王郁略地燕、赵，破磁窑镇。”同书《王郁传》记曰：“天赞二年秋，郁及阿古只略地燕、赵，攻下磁窑务。”两传记到的“磁窑镇”或“磁窑务”，应即定州曲阳县的龙泉镇。龙泉镇因盛产瓷器，商业繁荣而闻名遐迩，故称为“磁窑镇”、“磁窑务”，有点像现代我们称景德镇为“瓷都”。也正因为龙泉镇有这样重要的商业地位，定州义武军节度使才更加重视龙泉镇的防务和镇使、镇将的配置。辽太祖神册六年（921 年），也就是晋唐所称的天祐十八年，王处直恐晋灭镇州张文礼而自身不保，故通过当时还是晋新州防御使的王郁（也是王处直之子）与辽勾通，企图引契丹入塞以制晋。当时辽国气盛，觊觎中原，不时兵略燕、赵之地。王处直亲辽疏晋的策略在定州义武军内引起动乱，王处直的养子节度副使王都借机夺踞父位，自称留后，将王处直囚之西宅，王氏子孙及处直将校杀戮殆尽。定州的政变招致辽国持续的打击，王郁成为辽攻定州的急先锋。王处直被囚不久死亡，死后葬于龙泉镇西约 10 千米的“敦信乡仰盘山之内”（《王处直墓志》）。仰盘山今名焚山，与王子山一脉相连。萧古只与王郁攻下磁窑镇（即龙泉镇）正是王处直死后被埋葬仰盘山中之年。

（四）碑刻的断代意义

王子山院与龙泉镇关系极为密切，定窑是龙泉镇的重要产业。王子山院历史悠久，文物丰富，除了二碑之外还有金代经幢等石刻，均有史料价值。它们从一个侧面反映了定窑的兴衰。山院的两件碑上刻有关于定窑的最原始、最直接的记载。定窑的产品在王子山院、王处直墓等遗址墓葬中都有出现。如王处直墓出土了“新官”款瓷罐，五代碑上出现有瓷窑税使题名，晚宋时有瓷商在山院镌碑，金代石幢上记录了宋金之际寺院兴衰、地名改变，等。这些都隐约透露出时代信息，与定窑瓷业应有一定关系，故可考虑它们是否有断代意义。从多方面加以探索、特别是与文献结合起来研究定窑，希望能有新的收获。此事兹大，需要慎重行之，目前尚不成熟，本文主要是把王子山院碑刻推荐给大家，它们与定窑关系密切，需要深入研究。所提意见，只是开头，冀有抛砖引玉之效。

（本文写作得到曲阳县文物局王丽敏同志、曲阳县定窑遗址文物保管所杨敬好同志等许多帮助，谨致谢忱。本文插图由马会昌制作，照片由张慧等拍摄。）

唐定窑瓷生产规模佐证

王丽敏　张建锁　河北省曲阳县文物保管所

内容提要：近期发现的唐永贞元年（805年）《唐恒岳故禅师影堂纪德之碑》的文字记载足以说明，唐代中期曲阳定窑的制瓷业已经具有相当大的规模，而且已具备专业化生产能力。形成燃料、制瓷原料、烧制三个分工较明确的行业定瓷并非创烧于唐，而是在唐代中期已经有了相当大的规模，并初步兴盛，且不乏精细之作，从而为北宋定瓷生产的进一步繁荣打下了坚实的基础。

关键词：定窑　唐代　碑

定窑——即定州窑陶瓷，产地在今河北省曲阳县，因曲阳县古属定州故世称其为定瓷。曲阳县定窑遗址，规模宏大，世所奇观。它东起涧磁村（古龙泉镇）通天河畔（古恒水），西止燕川山下，方圆20华里，总面积达150多万平方米。现在学术界普遍认为定瓷烧制始于唐、兴于北宋、衰败于元，是我国北方大地上繁衍几代而影响深远的一个窑系。与当时汝、钧、官、哥窑一起号称我国宋代五大名窑，它作为中华民族文化的精粹，给人们留下了宝贵的物质财富和文化启迪。

之所以将定瓷烧制时代定为“始于唐、兴于北宋、衰败于元”是依据历史文献资料和近代考古发现而确认的。人们普遍认为唐代的定瓷烧制没有历史文献记载。虽已发现唐代窑址，但发现的唐代瓷器都很粗笨，胎质颗粒大，色黑灰，厚重，加工工艺较简单，一般施半截釉，纯白色釉者少见，大都显得灰暗。在五代后周显德四年（957年）龙泉镇一带的《大周王子山禅院长老和尚舍利塔之记》（图 1）碑中记有“□□使押衙银青光禄大夫检校太子宾客兼殿中侍御史充龙泉镇使钤辖瓷窑商税务使冯翱”，由此认为五代时朝廷在龙泉设镇，并派专门税务官纳税，说明五代时期定窑已具相当规模，从而为北宋时定瓷的兴盛打下了基础。但从我们近期发现的唐永贞元年（805 年）《唐恒岳故禅师影堂纪德之碑》（图 2）的文字记载看，定瓷并非创烧于唐，而是在唐代中期已经具有相当大的规模，并初步兴盛，且不乏精细之作，为北宋定瓷的进一步兴盛打下了基础。因我们才疏学浅，此观点如有误，还请专家学者不吝赐教。

《唐恒岳故禅师影堂纪德之碑》原在定窑遗址燕川区域的边沿山脚下的慧炬寺，寺创建于北齐天保年间（550 ~ 559 年），后被毁，在唐代（750 年左右）由智力禅师重建。此碑现存曲阳北岳庙。碑文记载：“禅师讳智力，俗姓冯，长安人也。祖考季父，皆从容爵位，鸣玉拖绅。姐为邠王妃，实与玄宗近属。”他初出家时住西明寺，在开元八年（720 年）远离长安到海岛为僧近 20 年，后又到百丈山，晚年来到曲阳县燕川村南创建寺院。当时成德军节度使李宝臣“聆而邀之，伟其盛行。禅师亟辞耄病，愿讫林泉”，后唐代宗李豫敕寺名曰“慧炬”并御书匾额。他在大历九年（774 年）圆寂，享年 86 岁，出家 57 年。此碑碑阴刻记助钱造影堂众功德主姓名，其中有“义武军节度随军摄恒阳县令卢悦—曲阳县在隋开皇七年（587 年）至唐元和十五年（820 年）称恒阳县。丞李。□□窑等三冶节度总管骠骑大将军试殿中监李庭珪，（瓷窑等三）冶副将试太常卿李仙期，都知瓷窑等三冶判官李成璘，□□□□将试殿中监张遇□，（瓷窑）冶将试殿中监翟弘济，瓷窑冶虞侯□□□副将王从利，散副将郭伯诚，□

图 1.《大周王子山禅院长老和尚舍利塔之记》碑拓片

使官贾进、张璘。寺东零山村广大、武休烈。白土冶判官蔡荣进、虞侯李□□、副将窦□。（瓷）窑冶百将韩重光、王希朝，押官刘□□。（骑）曹祖晏谌，骑曹张韶。都司赵恒清，押官侯自聿。勾当管内普通使庄俨。恒山冶副将云麾将军守金吾卫大将军试太常卿邱始臻。□□瓷窑勾当供使细茶器云麾将军守左金吾卫大将军试太常卿杨春，同勾当茶器杨良捷”等人职务及姓名。云麾将军、金吾卫大将军、骠骑大将军都是将军名号；太常卿是掌管庙、乐、祭祀的官员；殿中监掌管皇帝供奉等事。虞侯、押官、判官都是唐藩镇节度的僚属，佐理政事；骑曹为掌管马匹供给的人员；勾当即为办理；寺东零山村可能为当今的灵山村。至于文中“冶”的含义，据《新唐书·百官志》载：“掌冶署，掌范熔金银铜铁及涂饰琉璃玉作。”由此可知古代的“冶”不单是现今冶炼金属的含义，在此处应与挖掘瓷土、煤炭、

图 2-1.《唐恒岳故禅师影堂纪德之碑》

图 2-2.《唐恒岳故禅师影堂纪德之碑》拓片

烧制陶瓷有关。

《辞源》中释白土寨——又名白土镇，现属安徽萧县，以产白土而得名。唐代晚期，因寿州窑缺乏胎土原料，作坊迁移至此，烧造白瓷。故此碑文中之“白土冶”即可理解为“白土业”,也就是挖掘白瓷土的行业;“瓷窑冶”即为烧制瓷器的行业。碑文中多处出现“瓷窑等三冶”字样，那另一“冶”可能为煤炭挖掘业，其理由有二,一是在历史上曲阳定窑遗址一带除制瓷挖煤原没有其他矿产开采加工行业,“瓷窑等三冶”又以瓷窑为首,那另“二冶”可能是与制瓷相关的行业。二是据清光绪《曲阳县志》载：“龙泉镇以北，西去十里，上多煤井。”白煤、烟煤蕴藏量丰富。在古代挖煤主要是供瓷窑使用。20 世纪 60 年代初，为避水灾，北镇旧址搬迁，全村 200 余户大部分人家抹房顶所用的炉灰即从古窑场掘得。再者曲阳西北部阜平深山处的炭灰铺在唐代就有煤挖掘，曲阳在唐代有煤炭采掘业也毫不奇怪。

尽管因历经久远，碑文部分已风化，有的字已无法辨认，但综上所述，足以说明，在唐代中期曲阳定窑一带的制瓷业已经具有相当大的规模，已具备专业化生产能力。形成了燃料、制瓷原料、烧制三个分工较明确的行业，不言而喻，只有规模大，从业人员多，生产量大，财税有贡献，朝廷和地方才会设置这么多官员来进行管理。当时不但有生产方面管理机构和官员，还设置了诸如“瓷窑勾当供使细茶器云麾将军守左金吾卫大将军试太常卿杨春”这样的官办商人。说明唐中期定瓷已远非自产自用的小手工作坊生产，已形成陶瓷商品生产基地，还能生产像“细茶器”一类的高档次的日用白瓷，供官宦和朝廷使用。唐代中后期，定州是义武军节度使驻地。四面通衢，客商云集，为该地区的政治经济文化中心，也是定瓷贸易的往来集散地。

上面的观点给我们提出了新的课题和工作，定瓷到底创烧于何时需要进一步探索，唐代烧制瓷器以何为主要燃料、主要瓷器品类要进一步研究，也可能涉及对原来认定的结论要重新审定等问题。

井陉窑“官”字款、窑冶官及相关问题

刘成文　井陉县文物保护管理所
吴　喆　河北省文物保护中心
孟繁峰　河北省文物研究所

内容提要： 20世纪末至21世纪初在井陉窑的2处窑址发现了4片“官”字款白瓷片。在此前后，发掘者又在其窑址区的同期墓葬及井陉唐护国院寺庙遗址内发现了窑冶官——“天长镇遏使兼知冶、驿务事”、“知冶侍御”、“冶判”、“专知官”、“盘龙冶炉前押官”等的石刻系列冶官题名。结合文献及定、邢等窑址的相关发现，作者对这批资料做了长期反复的调查考证，认为“官”字款白瓷是唐代后期至五代方镇割据时期的产物，即“官”字款，包括“新官”款瓷器是唐方镇地方割据政权的官瓷，生产这种官瓷的瓷窑即是方镇官窑。在明确它存在时段和性质的同时，进一步指出，由于各地割据政权结束的时间不一致，无论河北的定、邢、井陉诸窑，还是耀州、越窑等不同的“官”字款窑口，“官”字款瓷消失的时间也并不完全一致，认为方镇割据的结束即是“官”字款瓷器下限。本文对于“官”字款瓷器在中国陶瓷发展史上所发挥的积极作用给予了肯定，提出它的存在为宋代皇家官窑的出现起了先导作用。

关键词： 井陉窑　“官”字款白瓷片　天长镇遏使兼知冶驿务事　知冶侍御　冶判　盘龙冶炉前押官　方镇官窑　方镇官瓷　促进与先导

晚唐五代瓷器中的“官”、“新官”字款问题是20个世纪50年代以来中国陶瓷研究中的一个热点问题。其中的产地、时代以及性质三方面的不同见解较为引人关注。随着发现的日丰，讨论日益深入，有些问题看似已得到解决。然而，仍是这些“老”问题，令人颇

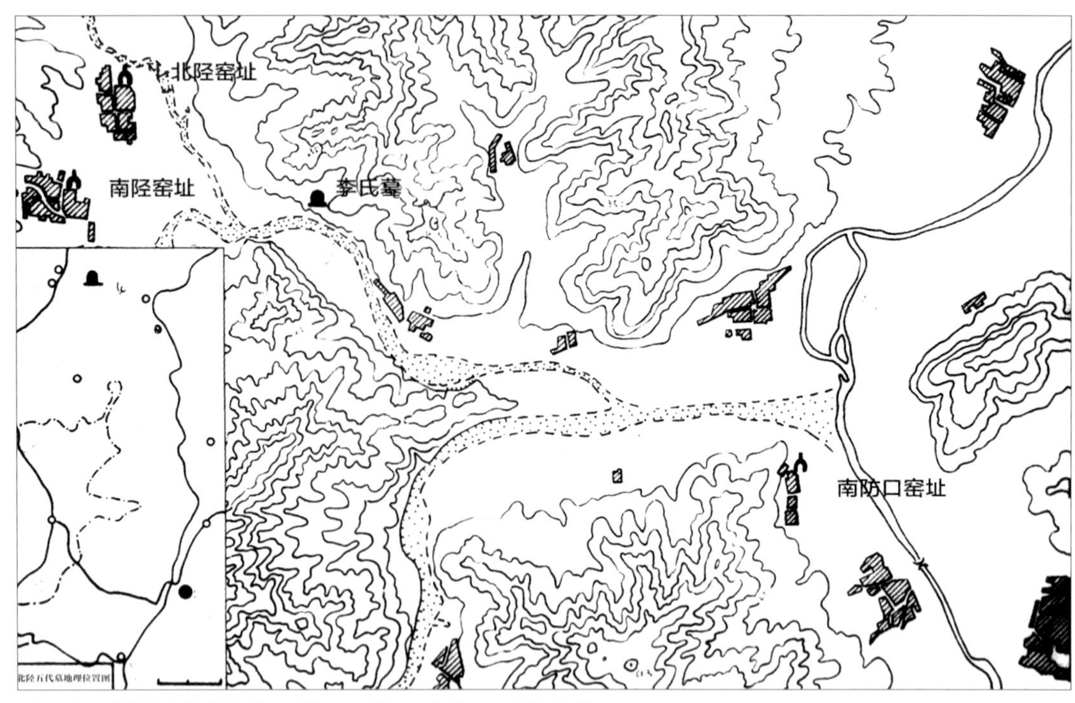

图 1. 李氏墓的地理位置及其与南防口、北陉、南陉三窑址的关系

感兴趣的是随着某些新资料的发现，似乎又有别解。本文分三个部分就井陉窑的相关发现，提出一些自己的认识，以助于问题的深入探讨。

一　井陉窑“官”字款白瓷的发现

井陉窑自 1989 年被发现，至今在井陉县地域内已知遗存有唐、五代阶段的窑址达到 6 处。1993 年首次在井陉县旧城（天长镇）城内开启的抢救发掘，发掘面积虽仅 90 平方米，但使这处原本只知道分布于城外东关的窑场，通过这次发掘发现其中心区实际被覆盖在城内的城址期（元代及其之后）层位之下。在这里的晚唐五代层发现了 1 片精细白瓷印花碟片，底部清晰地刻有行楷体的“官”字，这是井陉窑始见的第 1 片晚唐五代期的“官”字款白瓷瓷片[1]。2005 年初夏，在同一城内与之相距不过百十米的第 2 处发掘地点，

1　1993 年井陉窑考古队配合井陉县邮电局天长支局工作楼基建工程，发掘出土之白瓷“官”字款碟片，质洁白、细腻，釉色莹润，发掘完成后出土器物装箱入单位库房。没有进行整理，后随着发掘器物增加和长时间不能进行整理，集中堆积在库房内，故此片一时无法取出拍照和传拓，只得暂缺。

图 2. 井陉窑南防口窑址晚唐“官”字款白瓷片

图 3. 左是楷体“官”字款碗底拓片，右是行楷体“官”字款罐底拓片

图 4. 1993 年天长镇窑址出土宋天威军官瓶

图 5. 井陉窑酱釉“官”字款梅瓶

再次在相同层位发掘出又一片细白瓷盂（或罐）片，外底心刻有同一体的“官”字款[1]。几乎与之相同的时间，驻该县 6410 工厂青工，陶瓷爱好者康辉同志，在北距城关 30 千米的井陉县南防口窑址（图 1）采集到 2 片细白瓷“官”字款瓷片，并以之赠与笔者（图 2、图 3）。

这四片刻“官”款白瓷片，胎体除精细程度稍有差别外，其釉色、胎质均同当窑所产看不出有什么区别，并且也已不是孤例。然而，由于出自不同窑点，又均为残瓷片，且同定窑已公布者，除字体有些差别外，其他还不能找出可区分二者的确切依据。因之断定为井陉窑所自产似乎证据还不够充分。另一方面，1993 年的发掘在晚唐五代层上面覆盖着的宋代层中还出土了多件刻有“天威军官瓶”款的粗瓷酱釉大酒瓶（亦被称作梅瓶，图 4）。时隔不长，在相邻的获鹿县又发现了相同质地、釉色、尺寸、形制的单刻行书体“官”字款的官瓶（图 5）。由至今仍立置在当地的元丰八年（1085 年）《大宋成德军天威军石桥记》

1　见第 70 页注释 1 内容。

碑[1]，并参考《宋史》等为证，井陉唐代的天长军、宋代一直改称为天威军，窑址出土的这种刻铭酒瓶显为井陉窑所产，但此“官”字款同之前的白瓷“官”字款，同样的一个“官”字，除作为载体的釉色、胎质不同外，两者产地究否一致，性质有无关联或区别？这个问题亦一时不能得出明确的解答，加之整理工作的长期停顿，故未即时予以公布。

二 井陉窑窑官刻名的发现

井陉县文物保管所因与该县苍岩山管理处为同一单位，自建所即同管理处共同设置于南距县城 40 千米的苍岩山。1986 年夏，笔者驻山整理该县岩峰村出土的窖藏钱币。期间于公主祠内看到放置有五代《唐汝南郡周公故夫人陇西郡李氏墓志铭》一盒。按志文所载，志主李氏夫人之夫“身任盘龙冶炉前押官，周公名承遂”；夫妇二人“只有一子，名神旺，亦当务炉前押官”，即周氏父子二人同一时间、同一地点在同一冶务——盘龙冶任同一职事“炉前押官”。这是该时期手工业方面的重要资料，当即引起注意。经询问经手人刘成文所长得知，此件 1978 年出自本县的南陉乡，系学大寨平整土地时挖出，经公社（乡）送到县上转来（图 6）。此墓的坐落地点，墓志有所交代：“天祐十五年（918 年）十月十四日葬于井陉县阴泉乡盘龙冶北一十里。买得陉里村东李行同地，周家将充葬地。”[2]

阴泉乡、盘龙冶二地名久已失传，即便陉里村如今也已无此村名。看来，只要找到此墓的确切位置，按志文所记墓地距盘龙冶的里距、方位加以调查，或可收事半功倍之效。那么盘龙冶是冶炼冶，还是瓷窑冶？由于志文对此无只字交代，问题也只好萦系心中。1989 年秋冬之际笔者率队负责井陉县的文物复查，在该县北陉村访得 1978 年平整土地的数名当事人，从而获知出土李氏墓志的地点：北陉村东 1.5 千米的尹家湾。经查看，原坡地已彻底改造为宽展平坦的农田，地表已无丝毫痕迹。就志载相关范围内细查古矿

---

1 宋天威军石桥又名通济桥，现仍在井陉县天长镇北 2.5 千米的石桥头村北七里涧上，形制同于赵州大石桥，只是形体未及其半。宋元丰八年（1085 年）的建桥碑，目前仍保存于桥南的天齐庙院内，由碑文可知，桥为辽阳石匠张安造于 1083 ～ 1085 年。石桥原为省保单位，现同碑共同为第六批全国重点文物保护单位，井陉古驿道的附属文物。通济建桥碑由进士马宜之撰文，《清一统志》、《清畿辅通志》、《清正定府志》、《清雍正井陉县志》均有著录，创建石桥碑碑文见于民国二十三年《井陉县志料》第十四编《金石》。

2 《唐汝南郡周公故夫人陇西郡李氏墓志铭》一盒，方形，盝顶式志盖，志青石质，现存井陉县文物保管所。详见刘成文、孟繁峰《一组五代井陉窑陶瓷器的释读——记井陉窑炉前押官周承遂妻李氏墓的瓷器·三彩器及墓志》（待发）。

图 6. 天祐十五年（918 年）周公妻李氏墓志拓片

冶、窑冶竟一无收获。1996 年、1997 年笔者带井陉文保所杜鲜明、康金喜二人所做补查，终于在南陉、北陉及南防口三村村中各发现唐、五代时期的井陉窑窑址。这是三处以烧制细白瓷为主的窑场，其中南、北陉两处窑址各西距尹家湾墓地不超过 2 千米，显与盘龙冶无关。而南防口窑址确距尹家湾墓地约有 5 千米，只是不在其正南，而是在其东南。那么南距墓地一十里的盘龙冶是否是南防口窑址呢？方位上的一字之多，加之尹家湾处是否确有李氏之墓尚须核实，因而对于这一墓地仍不能加以最后的确定。2002 年秋冬之季，为进一步划定各窑址的保护范围，预备选点发掘，我队对尹家湾墓地进行了考古钻探，结果在近湾顶的中区探明有并列的南向圆形砖室墓两座，铲头带上来的青砖块背饰绳纹，特征与这一带唐、五代时期墓砖完全一致。加之附近同时探明其余散布的都是开口层位不等的土坑墓，故可印证当年平墓者所指地点不错。只可惜墓室残毁过甚，已无进一步工作的价值。确认了李氏墓的具体座落，由此再复查李氏墓正南10华里左右的东高家庄、窟窿峰一带，仍无矿冶、古瓷窑冶的踪迹。复核与李氏墓相同时期的南防口瓷窑址，二者恰恰如墓志所载相距近10华里，其方向虽非正南北，而是东南、西北，但在不使用罗盘较正的情况下，将之笼统地归于南北也是生活中的常有现象。如此，前文提及2005年于南防口窑址发现的看似简单的两件“官”字款晚唐白瓷片，同李氏墓志的所有者，周氏“炉前押官”的身份联系起来，问题终于朝着“盘龙冶”是瓷窑冶的方向迈出了关键的一步。

2007年井陉旧城关河东坡再次发生大规模破坏瓷窑址事件。这一地点，因有窑炉、作坊、瓷片层的多点丰富出露，故成为1989年首批被发现的窑址之一。经努力，笔者于当年秋率队进驻抢救劫余的窑址零落遗存。发掘停顿期间，2008年4月下旬，笔者在考古队绘图员刘伟的陪同下前往百里之外的该县西北边界深山中的护国寺遗址，去核查2003 ~ 2004年间主编《井陉历史文化·文物古迹卷》时收入作者许力扬报来的晚唐经幢录文中存在“天长镇过使兼知治驿务事”、“治判”等“治”字之疑。该幢先有民国《井陉县志料·金石》著录，未登照片、拓片，立幢相关官员题名也仅录“天长镇过使兼知治驿务事”一例。许氏对幢文的隶定显是受到民国志的影响，但他随报了拓片的照片，并节录了题记的内容。经笔者将录文与照片相对核只将“过”字更正为“遏”字，“治”字因拓、照不清，虽疑心为“冶”，但无把握，只得来文照登[1]。然而，一睹实物之欲，愈益不忘。此次亲睹幢石，不仅除去心中一大疑团，还可谓一字之釐清，则获得我国唐、五代时期手工业管理制度上的一个前此未知的重要实证，其价值不言而喻。遂亲手捶拓、拍摄、记录，并再三嘱咐仙台山管理处对之加以认真地保护。

为研究的需要，现将后四面的有关内容完整过录如下（图7）。

（首面上段分三行首题）佛顶尊胜陀罗尼真言（余略，幢石共八面，前四面真言文省略）

1 仙台山护国院经幢，原著录于民国二十三年《井陉县志料·金石》，并未过录原文，仅提及幢身有“天长镇过使兼知治驿务事与押衙承天军使充东山县都知兵马使李弘范等字样”，因幢石第八面大片空缺处加刻有宋治平二年捐地文，故被其认为“建寺在唐代，而建幢在宋代或宋代以后”。许力扬：《护国寺唐陀罗尼经幢》一文有较详细的说明，参见《井陉历史文化·文物古迹卷》第一篇·三《井陉县重点文物保护单位·护国寺陀罗尼经幢》（第119页），新华出版社，2005年。

图 7. 井陉仙台山护国院经幢拓片

五面： 仙台山掌 院主僧敬思奉敕修。门人守坚、惠朗、守信。供养主守谨、守进、守德、全智守志、守定。节度押衙充故关商税、驿务王丰。天长镇遏使兼知冶、驿务事张惠能，知冶侍御秘公迥，判官王固权，专知官侯重泝。中山知冶务侍御李珂。

六面： 押衙承天军使充东山四县都知兵马使李弘范。南防口村施主田著，冶判齐守规，妻李氏，名宝意，男唐珣，次男美郎。女弟子李氏，女二娘，子在使、在弘□。专知刘第，弘章。小作修释迦牟尼佛浮公美，公亮，公政。山下檀那周建、周操、孙返福、刘晟。

七面： 宋、李三、程晟、刘元德、张端、杨信、王丰、王莘、胡进、高闰武、马莘、马安、马荣、郭立、马山成王端、张亮、张成、韩敬。云水僧迥休。五翁山进翁岩。

晋王勅赐护国院 天祐元 年御书两道，奉皇帝恩赐建造铭记。手□一道。

八面： 建造石幢一所[1]。

上述立幢题记中，先后有四人职衔带有误判的“治”字。其第四人齐守规三字前，原本刻为“冶判”，清楚无误。第三人，李珂名前，实刻为“中山知冶务侍御”，也并非是“知治务侍御”，毫不含糊。第二人秘公迵之前，“知冶侍御”之冶，偏旁上部一点，书写中斜拉过长，被误判为“治”，今与同石同刻同衔的李珂相比照，自可定秘公迵职衔是“知冶侍御”。排列其一的张惠能职称“天长镇遏使兼知冶驿务事”，冶字旁两点被信手一笔带过，结果被误判为“治”。其实只要细读原件，不难明白只有定为“冶”，即“天长镇遏使兼知冶、驿务事”才符合原文。首先，张惠能的本职是“天长镇遏使”，其时这是成德军节度使派出的驻天长镇的军事主官。按天长镇的地理位置，其西 17.5 千米为娘子关（即唐承天军），两者之间沿绵河有可供驮载通行的山路互达；其西南 20 千米为故关，两者各设有驿站，有驿路相连。其时的天长镇，正是藩镇成德军控制的河北与河东（太原）往来的两处所必经的重要关隘承天军与故关的支撑点。由天长镇遏使兼知相对极为重要的驿务，是势所必然，故由这位镇遏使兼负驿务之责。再看，其驻地天长镇其时正是井陉窑的巨大中心窑场，这里的“知冶侍御”，“冶判”等都是他手下专职冶务的官员。从上下相统的体系来看，下有知冶、冶判，上必有统管的首领。因此，正“治”为“冶”是顺合体统的。有此两点，可知“天长镇遏使兼知冶、驿务事”的隶定，完全成立。

兼知冶务、知冶、冶判、专知等职，题名中无一显示其冶为瓷窑务，如何判定这里所兼、所知、所判冶务是瓷窑冶呢？这就需要对题名原文做进一步分析。题名的排列是有一定顺序节次可以认知的。见于前录，官员题名集中排列在相关立幢的僧人之后，列在首位的是带节度押衙衔的故关官员王丰。占第二名的是天长镇遏使张惠能，紧接其后的秘公迵、王固权、侯重汴，三人有职事而未署明单位。相接的是客官（外地官员），李珂、李弘范。紧接着的是白丁南防口村施主田著，与之相接的是冶判齐守规及其眷属，以及专知官刘第、弘章；再后则是另一单位小作的僧众等。如此，可以认为知冶侍御秘公迵、判官王固权，专知官侯重汴三人，均是直属于张惠能的天长镇官吏，南防口村田著特殊地置于官员之间，而无官职，

1　其下顺行小字不满行，皆毁抹不辨。又：第八面最后一行前原大幅空白处添刻宋治平二年（1065 年）善众施香火地及其四致文字三行半，因同本文无关故略。

或是对立幢佛事有着重大贡献，更可能同护国院及南防口官事有着特殊关系之人，不署单位名称而列于田著之后的冶判齐守规、专知官刘第，其职守则均同南防口地方直接相关联。换句话说，张惠能兼知的冶务、秘公逈知冶侍御当直接总管天长镇所辖的全部冶务。齐守规，刘第等拖家带口，其冶判、专知官之职掌，在很大程度上应和南防口窑冶有直接的关系。

前述考古调查，在天长镇、河东坡、南防口、南、北陉、里八沟等地已发现了 6 处唐、五代窑址，其中天长镇（即旧城关）窑址，创烧时间早，延烧时间长，分布面积广，当年又处在这位“镇遏使兼知冶务”的脚下，在这里及南防口也的确发现了“官”字款白瓷片，以及这一阶段井陉窑址多烧精细白瓷的情况，充分证实了当时井陉境内曾经出现的瓷窑业盛况，已足称得上是境内第一等的手工业。加之不仅不见于文献记载，长期反复考古调查（包括最近的全国第三次文物大普查）在这里始终没有其他同期矿冶业的发现，故可以认定，护国院经幢所刻的天长镇“镇遏使兼知冶务”、“知冶侍御”、“冶判”、“专知官”等官员皆属瓷窑业的窑冶官。再结合李氏墓志中所刻“炉前押官”及“官”字款白瓷在井陉窑窑址的出土，三者合证，中晚唐、五代时期的井陉窑，确曾由河北三镇之一的成德镇设官管理（或直接收归成德镇所有）。先后三次于井陉窑址出土的“官”字款白瓷片，确属这一时期井陉窑的产品。

三　相关问题的讨论

（一）关于时代问题

历经半个世纪之久的发现与讨论，“官”、“新官”字款的时代问题已由最初多以为宋、辽代 [1]，渐趋同于晚唐五代北宋前期 [2]。井陉城关窑址的“官”字款白瓷片皆出土自晚唐五代层；属于现场采集于南防口窑址的两片，因南防口窑址是一处唐五代时期的窑址，

1　金毓黻：《略论近期出土的辽国历史文物》，《考古通讯》1956 年第 4 期；陈万里：《我对辽墓出土几件瓷器的意见》，《文物参考资料》1956 年第 11 期；定州博物馆：《河北定县发现两座宋代塔基》，《文物》1972 年第 8 期；洲杰：《赤峰缸瓦窑村辽代瓷窑调查记》，《考古》1973 年第 4 期；冯永谦《“官”和“新官”字款瓷器之研究》，《中国古代窑址调查发掘报告集》，文物出版社，1984 年；李辉柄：《关于“官”、“新官”款白瓷产地问题的探讨》，《文物》1984 年第 11 期；谢明良：《有关“官”和“新官”款白瓷官字涵义的几个问题》，《故宫学术季刊》第 5 卷 2 期，1987 年。

2　冯永谦：《“官”和“新官”字款瓷器》，《辽宁省博物馆藏宝录》第 106 页，上海文艺出版社 / 三联书店（香港）有限公司联合出版，1994 年；权奎山：《关于唐宋瓷器上的“官”和“新官”字款问题》，《中国古陶瓷研究》第 5 辑，第 222 页，紫禁城出版社，1999 年；刘涛：《宋辽金纪年瓷器》，文物出版社，2004 年。

在反复调查中迄今未发现有早于中唐或晚于五代的遗物，时代较为单纯，瓷片的特点亦相同于城关窑址所出者，故其时代的认定同于城关自属无误。依此，就“官”、“新官”字款器时代问题来说，井陉窑的发现在很大程度上有力地印证了这个问题认知上的近年进展。

辨明了井陉窑址所出的白瓷“官”字款瓷片的时代和产地，现在再看前文所提及鹿泉市（获鹿县）出土了“官”字款酱釉粗瓷大酒瓶，将其同相邻的井陉城关窑址所出“天威军官瓶”相比对，不仅可实证其为井陉窑的宋代产品，且后者的五字题款还直接为这一“官”字的确切含义，做着明白而准确的说明：即此瓶是天威军的专用酒瓶。联系《大宋成德军天威军石桥记》的碑题可知，五代后晋改为“天威军”，至北宋中后期，不仅天威军建置仍存在，其上属的成德镇军号也同时被保留着，尽管时至北宋，如唐时的那种独立王国式的藩镇已被取消，然而其名号作为地方军队厢（乡）兵的多级单位依然在延续使用。由宋代井陉窑烧制并题刻有“官”字款的官瓶来看，这种酒瓶首先满足的是自供并供其上级成德军的官兵之需，当是不成问题。北宋一朝，这种既非贡品，也不是皇家定烧而是为自身官烧官用而题刻“官”字款的现象，就井陉窑的发现，看似孤例，但究竟与唐五代时期多地生产白瓷、青瓷“官”字款器的做法有无连带关系？由井陉窑的这一发现来看，近年将“官”字款瓷的下限划定在北宋前期的结论是否可靠？

（二）晚唐五代之际的井陉窑管理结构

唐天祐元年（904 年）《仙台山护国院陀罗尼真言幢》及唐天祐十五年（918 年）《周公（承遂）妻李氏墓志》二者均有明确的纪年，这就为讨论问题给出了准确的时间界定。这一时段管辖井陉县的是河朔三镇之一的成德军节度使、赵王王镕。相比同是与朝廷分庭抗礼的另两镇，成德镇的王氏军政之权保有、传续的最为稳固，自其高祖王廷凑至镕世袭节职已历六叶，长达百年。井陉窑在这一阶段，相对而言有着一个比较稳定的生产环境和管理体制。这由幢、志题刻中对冶务设官管理的情状可见一斑，经整理可以大致将之列出如右页的井陉窑冶管理结构。

上述六级中位居最高的镇遏使之职见于《新唐书·百官四》：镇将、镇副、戍主、戍副，掌捍防守御。附注“每镇又有使一人，副一人”重是可知为武职。但此处不称镇将，也非镇使，而别做镇遏使，或是镇使的别称，或属藩镇参照彼时官制和天长镇特别重要的军事地位而特别的命名。从其本、兼职事看，其为天长辖区握有实权的最高长官应不成问题，并由此可知，当时的井陉窑被纳入了军事管制。处于第二级的知冶侍御，

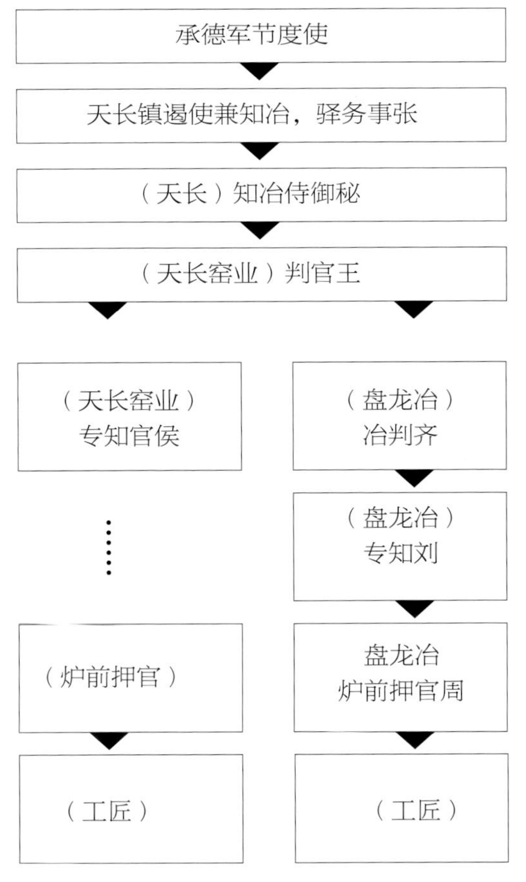

由排列次序仅次于镇遏使、且挂有相当于从六品的侍御史衔[1]来看，窑冶业在天长镇辖区内其时排列在关乎“血脉流通”的驿务之前，具有举足轻重的地位。从而可以推知其所知之冶不可能是至今查无文献记载亦无丝毫遗迹的唐五代矿冶业，亦绝非只是如盘龙冶那样的某一窑场，而是具有多窑集群天长镇（井陉窑）的冶界总管。处于第三级的判官王，位次亦不低，被排在了知冶侍御之后，应是知冶的佐理。相连的专知官侯，或是专理总冶的某方面职事，或是专知其中重要窑场，如位于绵河两岸最大窑场天长镇（城关）窑。这种推测还有一个依据，因为他在题名中被排在了客官中山知冶侍御李之前，亦可见其本身地位的非同一般。冶判齐在题名中被安排在了官员之中唯一插入的布衣（或身份不明）“南防口施主田著”之后，一方面可想施主田氏在护国院的相当地位，另一方面也预示了田、齐二者之间或者有着某方面的连带关系。现在已知，南防口其时正有窑冶生产，并且还烧制“官”字款白瓷，按李氏墓志所载盘龙冶前文分析，也正是南防口窑址。将齐氏置于南防口田氏之后，很大可能这一冶判所判窑场即是南防口处的盘龙冶。专知刘也应属于这一单位，故其名列冶判齐的眷属之后。处于窑冶众官最末位的当是李氏墓志中所载的盘龙冶炉前押官周。押官之职不见于唐书官志，然以《新唐书·百官二》“以（中书舍人）六员分押尚书六曹，佐宰相判案”的押曹实例比照，炉前押官即是押炉，当是督率，掌管窑炉生产的一线窑官，这其实是成德军窑冶管理体系中最底层的管理者——掌控生产的窑头。目前在无进一步资料说明其身份的情况下，从为其妻以砖砌墓，并以相当数量的精美白瓷和三彩器

1 参见《新唐书·百官一》。

随葬[1]，可知其财力非普通窑工可比，再从其远在窑场十里之外选购上佳墓地以备长期使用的情况看，周氏既非土著，也非“流官”，很有可能是拔之于烧制技艺出众的匠师之中。无论其何种出身、身份，他们父子即具体掌握、指挥成型、装饰、挂釉、烧成等炉前各工序的生产，同时也必受当冶冶判、专知官的管领是无疑的。

上述经幢题名以及志主身份的载记，虽还不能说已全部复原了当年井陉窑窑冶的运作系统，但如本段文字所勾勒，从上至下已大体可见它的基本管理架构，如再在天长镇遏使兼知冶驿务事之上加上他的最高上司成德军节度使；另在炉前押官之下再补充上实际从事生产各工序的窑师、窑工，那就已经可以算作是一幅十分难得、距今千年以前的晚唐五代阶段井陉窑的窑冶生产管理结构图了。

（三）“官”字款性质直解——方镇官瓷

定窑以两塔基所出精细白瓷为代表的“官”字款产品，不仅冠绝一代，还称得上是名烁古今，以至一段时间内凡发现“官”字款细白瓷器几乎都视之为定器。随着定窑之外其他窑口“官”字款白瓷的逐渐被发现，“官”字款白瓷确非定窑一个窑口所出，这一点现已没有疑义。但“官”字款性质究是皇家定烧的御品？还是“官府定烧”的贡品？如是官府定烧是那一家官府？还是无一定指向，凡官府都包括在内？如再引伸一步，烧“官”字款的窑口究竟是官窑，还是民窑等，这些问题即便时至今日，深究起来，恐怕也并不完全清晰。现由井陉窑的上述发现，据之可以对“官”字款瓷器的性质问题，加以进一步的探讨。

经以上对天祐年间井陉窑管理结构的复原分析，我们已不难得出以下认识：

唐后期至五代，井陉窑是藩镇成德派员直接管理，并为之建立起了一整套管理机构，即时隶属于成德军。由于多层设官并一竿子插到底，官管至最底层的炉前来看，此时的井陉窑虽限于材料目前还不能下已整体收归成德军的结论，但已完全被成德军掌握是显而易见的。这一点还可以从官员题名中列于首位的是“节度押衙充故关商税、驿务”，而紧随其后的天长镇遏使兼知冶、驿务事而不挂商税之职，并且相关官员中也无一名窑冶商税官。需知其时的井陉窑窑点分布达方园二三十千米的范围，总和六处窑场，生产规模并不小于其时的定窑。如若对其专设税官，其地位自然显重于一般的冶判、专知，

1 《唐汝南郡周公故夫人陇西郡李氏墓志铭》一盒，方形，盝顶式志盖，志青石质，现存井陉县文物保管所。详见刘成文、孟繁峰《一组五代井陉窑陶瓷器的释读——记井陉窑炉前押官周承遂妻李氏墓的瓷器·三彩器及墓志》（待发）。

本境佛界如此善事，窑冶官参与其中，而窑税官完全被遗漏的可能性不大。这一点我们还可以从近年发现于定窑窑址附近同属一个时段的《唐恒岳故禅师影堂记德之碑》碑阴题名同样群集了义武军节度使派管定窑的都知瓷窑三冶冶将、副将、十将、百将、虞侯、冶判、押官等更为齐全，但也一无税官出现其间作参考[1]。至此，不妨再看邢窑所处的昭义军节度以及邺、相窑相邻的魏博镇情况，略举其例，就更有利于对问题的理解。唐大和八年（834 年）《昭义军节度作坊副将张公（少华）墓志》记志主早著声望，白身“于（节度使）辕门受作坊副将，累著勋绩”可知其手工业作坊同于成德、义武是归于方镇管办的[2]。咸通九年（868 年）《唐故魏博节度使天雄军司马南阳郡宗府君（庠）墓志》“方伯知（庠）贤，起家受奉议郎，试左武卫长史、判献奉作坊事”，可知方镇魏博在武库、百器之外还专设有直属生产贡品的献奉作坊[3]。元和十一年（816 年）《唐故彭城刘府君（其云）、太原王夫人合祔墓志》记刘氏先后担任贝州作坊判官，天雄军（魏博）作坊副将。在贝州“使人以器，百工有成”，在魏博“纲纠匠人，军实充于武库，国用惟足”[4]，足证魏博也不例外。无论军中，还是地方，作坊一律都成了“官”作坊，如何还会自作自税！自唐中期以迄五代间，河朔形成了半独立的军阀（节镇）割据区，即使表面上敷衍，实际上朝廷已失去对之有效的控制。此外，作为一种制度，包括黄堡窑在内的都城长安地区，州府之上也加节镇，不过其节度等使听于中央任免，且多由文官担任。故而自安史之乱后，全唐地方普遍实施了方镇制，其后的发展直接导致了五代十国分裂局面的出现。唐代的河北是闻名天下的白瓷产区，河北方镇完全掌握在安史降将之手，他们互不相统，各自为政，也就各自占有了所辖地域的窑冶，强力投入管制生产。故此，一时之间，邢、井陉、定都在生产“官”字款白瓷等精美瓷器，争奇斗艳，出现了“天下无贵贱通用之”的繁荣

1 王丽敏、张建锁：《唐定窑生产规模佐证》，《中国文物报》2006 年 12 月 6 日；王丽敏、田韶品：《曲阳发现唐恒岳故禅师影堂纪德之碑》，《文物春秋》2009 年第 6 期；孙继民、王丽敏：《唐后期手工业管理重要史料的发现及其意义〈唐恒岳禅师影堂纪德之碑〉碑阴题记试析》，《中国经济史研究》2011 年第 3 期。

2 《唐故昭义军节度作坊副将明威将军上柱国试殿中监清河郡张府君（少华）墓志铭》、《唐故魏博节度使天雄军司马南阳郡宗府君（庠）墓志铭》，《唐故彭城刘府君（其云）太原王夫人合祔墓志》，分别见《新中国出土墓志·河北壹》，之第 110 志，文物出版社，2004 年。

3 《唐故昭义军节度作坊副将明威将军上柱国试殿中监清河郡张府君（少华）墓志铭》、《唐故魏博节度使天雄军司马南阳郡宗府君（庠）墓志铭》、《唐故彭城刘府君（其云）太原王夫人合祔墓志》，分别见《新中国出土墓志·河北壹》，之第 129 志，文物出版社，2004 年。

4 《唐故昭义军节度作坊副将明威将军上柱国试殿中监清河郡张府君（少华）墓志铭》、《唐故魏博节度使天雄军司马南阳郡宗府君（庠）墓志铭》、《唐故彭城刘府君（其云）太原王夫人合祔墓志》，分别见《新中国出土墓志·河北壹》，之第 103 志，文物出版社，2004 年。

景象。在此，笔者大胆地推测，白瓷“官”字款应起自于中唐后的河北藩镇。定瓷中发现的“易定”款就是说明这个问题的最好例证，藩镇“义武”只是军号，它的实占区是易、定两州，故又被称作易定观察、节度使，“易定”款其实就是易定节度的缩写。史实上河北节度使的交替多父子相袭，也不乏武力攘夺，“新官”字款就是随着新旧节度的变更而出现在瓷器上的反映。无怪乎有瓷器专家研究后指出，“官”与“新官”瓷器二者的产生时间没有多长的间隔。由于“官”字款产品的精美，自出现之后，在割据区风靡长达百年之久，其产品流布地域广泛，除满足本节镇统治者的需要，也用之“奉献”，即上供京师朝廷，拟或用之充作礼品、赏品之用。以故成为上自帝王，下至官宦豪富的珍爱之物，影响之下生产也超出了白瓷的范畴，如青瓷中也发现“官”字款，甚至窑具上也刻划上“官”与“新官”的字款，可见其时产地亦散布广泛。如此，我们再来看“官”、“新官”字款的性质，由河北的情况来看，笔者以为将之概括为“方镇官瓷”更为准确，这也就是说它是该时期节度使府所占有的当窑最优等的产品。

（四）“官”字款白瓷窑口判定问题

现存“官”字款白瓷，其出处一般无非存在以下几种情况：出土（含个别出水）的，以窑址、墓葬（含窖穴）中较多，有些遗址（城址）也有一些发现；流散在各地（含国外）的，以博物馆收藏为主，私家收藏亦有；见于市场上“官”、“新官”字款瓷器瓷片，真赝掺杂。因此，对于白瓷“官”字款瓷来说，鉴别窑口除是判定归属的需要外，在某种情况下还成为辨别真伪的依据之一。真伪问题非本文讨论的内容，此不涉及。以下仅就产地问题略述拙见。

凡瓷窑址及窑址区墓葬所出“官”字款瓷品，一般都会成为断定窑口的标本和依据，随着出“官”字款的窑口增加，这种依据自然还会有所加强。对于其他遗址（城址）、墓葬所出或流散的“官”字款白瓷，窑口的判定随着判定依据的增加，会提高判定的准确度，因此，加强交流、对比十分需要。特别是出自此类情况，而早先已宣布了窑口的藏件，随着新发现“官”字款窑口的不断增加，似乎也有必要审慎地加以对比复检。

再就河北目前而言，继定窑之后，邢、井陉皆发现了“官”字款白瓷，而这三窑的一些精细白瓷也确是达到了超出目鉴能力的限度，因此，脱离窑址而发现的“官”字款细白瓷就河北当地来说，应客观地承认往往还不能骤断其为何窑之物，更何况由于三窑均有各自的出境（出口）渠道，遑论在河北以外的地方，甚至境外、国外诸地的“官”字款白瓷，更不应囫囵归口，宁可搁置而不臆断。但一时的搁置，并不等于完全的消极等待，刘世枢、王会民与笔者同中科院高能物理所冯松林先生等合作，搞了一个河北三窑的白瓷指纹特征判定标准课题，微量元素已测试完毕，井陉窑白瓷的主量元素测定还在等待结果，故这个课题还没有给出最终结论。这个测试，我们要继续完成，这是借助高科技方法解决窑口问题的重要途径之一。

充分利用好文献资料。前辈陈万里、冯先铭等老先生已做出示范，冯先生 20 世纪 70 年代发表的《记志书中一批有待调查的瓷窑》就对古窑址的调查起着积极的参考作用。想此方面大家多有体会，勿用赘言。

总之“官”字款窑口问题至今或许仍是个不断需要进一步探讨的问题，盼有更多新材料发现。

（五）余论

《仙台山护国院陀罗尼真言幢》官员题名中还有另一个值得注意的信息。在题名的官员中所见“中山知冶侍御李珂”，这是该时定窑的主管官员。可见彼时，井陉、定二窑虽属不同的节镇，但管理官员的来往还是公开的、直接的。当然，这得受节镇之间的关系所制约。不过，由此可以为距离相同、即均不过百十千米、呈等腰犄角之态的邢、井陉、定三窑之间的来往（实际这种往来还应包括三窑工匠，以至更远的其他窑冶者）、技术、物品、人员等各方面的交流提供了一条可资参考的线索。以往那种只将定窑视为“官窑”、定窑以外其他窑口（特别是井陉窑）的精细瓷作都归入定窑、而将粗瓷不加区别一律都划到其他窑口（当然包括井陉窑）称之为“土定”的认识，随着发现的日多与史实的差距会越来越明显。

方镇官瓷的下限问题，就河北而言，前文已提及并不是都结束于“北宋早期”那么简单。半独立王国式的唐代河北方镇，进入五代先后结束。有的如邢窑所在的昭义军地区，早在唐末已陷入汴军（朱全忠）与晋军（李克用）的反复争夺之中。控制定窑的义武军晚至后唐明宗天成四年（929 年）被最后取缔。掌握井陉窑达百年之久的成德军王氏，唐亡后维持割据，继续使用“天祐”年号，至天祐十八年（921 年）死于内乱，翌年被平，亦归入后唐。整个五代时期节度使名号虽然依旧，但割据逐次消除，此后的节度使都已成为各自朝廷的命官，并频频更调，待到后周改革，混乱的局面更加趋于澄清，见于显德四年（957 年）《大周王子山禅院长老舍利塔之记》，立碑人“节度使押衙银青光禄大夫检校太子宾客兼殿中侍御史充龙泉镇钤辖瓷窑商税务使冯翱"[1]的职衔，可知，此时已对定窑作坊征税，反映出定窑在五代后期已由节镇军使作坊转变为民营作坊，由此可知，井陉窑的管理机构在失去强力的掌控后，也会发生这种转变。在河北，以白瓷"官"、"新官"字款为代表的单纯藩镇官窑、官瓷，史实上进入五代或五代后期随着藩镇割据的结束，已经率先失去按照原有模式继续生存的依附条件，全国随着方镇类地方割据政权的逐次被削平，那种方镇官窑、官款、官瓷亦同河北一样，因政权的归于一统而成为历史的陈迹。至于北宋前期定州塔基以及巩义李后陵所出"官"字款白瓷，从其只是入藏品的一小部分来看，未必就是当期的产品。而"天威军官瓶"及其"官"字款器物的出现，亦仅仅是地方专用品的搭烧或定制，这与整个窑口的性质或其产品尚优的质量要求没有干系，更与官窑、贡奉的御用生产毫不相干，不可同日而语。因此，是否可以断言唐五代方镇割据的结束即方镇官瓷的下限。

然而，作为中国陶瓷史上唐后期五代阶段瓷窑冶的一段特殊官控生产时段，为追求更高的质量，满足高品位的需求，不计生产成本支出，集中和满足了一定的人力物力的需要，客观上有力地提高了瓷艺水平。它的存在，既是中国陶瓷随中国历史发展的产物，必然在一定程度上促进了中国陶瓷、特别是白瓷生产的进一步繁荣。还应特别指出的是，它的窑冶官式管理结构为其后皇家官窑的出现提供了借鉴。总之，其存在有特殊的阶段性，并有着深刻的历史背景，其在中国陶瓷史上的意义，不容忽视。

刘成文（1928 ~ 2000.10）河北井陉东窑岭人，生前长期担任井陉县文物保护管理所所长，苍岩山风景文物管理处处长。副研究馆员。为苍岩山的恢复、保护、研究、开放殚精竭虑。在他的保护、规划、建设下，苍岩山同山海关、承德避暑山庄、外八庙等共同被评为首批国家 4A 级开放单位。生前他同破坏文物特别是破坏井陉窑的行为做了坚决地抵制和斗争，为井陉窑的保护积极奔走，对调查发掘始终给予热情的协助和支持。实践证明，这些都十分难能可贵。本文的发表将他列为第一作者，是表达对他的深切怀念和告慰。

1 《大周王子山禅院长老舍利塔之记》碑已移至曲阳县定窑文物保管所内收藏。

中国古代陶瓷窑址的三大类别

刘兰华　中国文化遗产研究院

内容提要：我国制瓷手工业的考古学研究可以分为窑址调查与窑址发掘两个阶段，为全面了解不同时期制瓷手工业的情况提供了极为有价值的材料。纵观我国古代陶瓷窑址，据其生产性质、使用对象以及流通方式的不同，可分为民窑、官窑和御窑三大类别，这是由历代封建政府对陶瓷生产的管理政策所造成的，它们的生产性质与当时社会的政治经济制度紧密相关，是一种非常复杂的社会现象。其中，民窑是贯穿封建社会始终确保民用瓷器生产的窑口，官窑则是由中央和各级地方政府所建立，而专门为宫廷服务的御窑是社会发展到一定历史阶段的产物，它的建立与发展是封建社会所固有的一种超经济的文化现象，是皇权专制的特殊产物。实际上，三种不同的窑口反映了封建社会手工业的三种不同经营模式，它们之间的关系就是封建社会中央政府、地方政府和民间企业三者之间的关系，是封建社会手工业政策的载体。

关键词：陶瓷　窑址　古代

古代陶瓷窑址是古代人类生产活动的遗存，也是古代陶瓷烧造的载体。陶瓷的烧造是在窑炉中进行的，窑炉的出现是社会发展到一定历史阶段的必然产物，也是生产力发展水平的标志。中国古代陶瓷从没有窑炉的裸烧发展到利用窑炉进行烧造，经历了一个漫长的发展过程。中国是瓷器生产的大国，瓷器烧造的历史有多久，瓷窑的历史就有多久。在漫长的中国古代陶瓷发展史中，随着社会生产力与科学技术水平的不断发展，瓷窑的形制也经历了不断的演变，因此，古代窑炉在某种程度上成了研究我国历史与技术史不可缺少的重要组成部分。这正如辛格在《技术史》第一卷前言中所指出："技术是历史的一个方面，特别是社会史的一个组成部分。"陶瓷考古中的陶瓷窑址及其所出土的陶瓷器物，是历代考古研究的对象之一，新中国成立以来，考古学家在这一方面倾注了巨大的努力，取得了极其重要的成果。

纵观我国制瓷手工业的考古学研究，可以分为窑址调查与窑址发掘两个阶段，1959年耀州窑正式发掘之前，主要停留在窑址调查阶段。1959年耀州窑正式发掘后，我国陶瓷考古进入到一个崭新的历史阶段。陶瓷考古从调查到发掘，为全面了解不同时期制瓷手工业的情况提供了极为有价值的材料，为研究中国古代陶瓷手工业的历史奠定了基础，也为研究古代陶瓷窑址的性质提供了大量的实物依据。

砖瓦窑冠以地名始见于六朝，1984年镇江市东晋晋陵罗城的调查和试掘中出土了一批署有窑名的六朝城砖，其中有"南郭门窑"、"花山窑"，这是我国陶器上所见比较早的窑名[1]。

瓷器窑口冠以地名始于唐代，陆羽《茶经》中曾这样记载："碗，越州上，鼎州次，婺州次，岳州次，寿州、洪州次……"这是文献所见最早的记载。20世纪80年代镇江市博物馆在对晋陵罗城的调查和试掘中出土了一部分唐、宋时期带有模印"润州官窑"及"官记"的城砖[2]。1991年安徽省的文物考古工作者在东西宽1.5千米、南北长3千米的窑址中发现了底部带有"宣州官窑"阴文印记的瓷器，1994年6月河南省巩义市的文物考古工作者在宋代皇陵附近的芝田镇发现了一处大型瓷窑遗址，发掘出一批印有"定陵官窑"、"官窑"字样的陶质大板瓦和透花水纹瓦、筒瓦等建筑构件及三彩、青瓷等文物。这些出土资料在证实文献记载可靠性的同时一次次的让世人目睹了官窑瓷器的真实面目。从此，人们在提到窑址时总是习惯的在它前面冠以地名，并一直沿用至今。

一　古代陶瓷窑址的三大类别

纵观我国古代陶瓷窑址，据其生产性质、使用对象以及流通方式的不同，可分为民窑、官窑和御窑三大类别。窑址的性质是由它自身的生产性质所决定的，不同的生产目的、

1 《考古》1986年第5期。

2 《考古》1986年第5期。

使用对象，决定了窑址的不同类别。

（一）民窑

1. 烧造历史

民窑的生产历史悠久，早在战国时期我国就已出现了大量私营的陶手工业作坊，这一点在考古材料中已经多次被证明。如河北武安午汲故城制陶作坊遗址出土的“文牛陶”、“栗疾己”、“孙□”、“史□”、“韩□”等铭文的陶器与陶片；齐国都城临淄出土的“□南里人”、“豆里”和秦都咸阳出土的“咸亭阳安”、“咸如邑顷”等铭文的陶器，就是当时陶窑作坊所在的地名及业主姓名的如实记载。其中咸阳的咸里是私营陶业作坊最为集中的地方，从战国晚期延续到西汉时期一直都在生产用于出售的日用陶器[1]，产品的使用对象为社会最下层的平民百姓。宋代以后随着生产力水平的提高和瓷器使用的普及，日用瓷器的生产与销售数量与日俱增，为了适应市场对瓷器需求量不断增长的需求，民窑如雨后春笋般遍及全国各地，并出现了一大批著名的瓷器窑口，如河北磁州窑、定窑，陕西耀州窑，广东西村窑，广西永福窑、容县窑、滕县窑，河南临汝窑、登丰窑、鹤壁窑、当阳峪窑、钧窑，福建建阳窑、遇林亭窑，浙江龙泉窑，山西介修窑、八义窑，湖北湖泗窑等，都是当时著名的民间窑口，大量生产社会所需要的商品瓷器，除源源不断地供应广大百姓的日常生活用瓷的需求之外，还积极参与国内外市场竞争，为国家创造了大量的财政收入。

2. 生产性质

民窑是民间自行建立、自行管理与经营的以盈利为生产目的的窑口，生产性质属于商品性生产，产品作为商品进入市场，国家对其收取一定的税金。民窑在我国古代陶瓷窑址中占有重要的历史地位，它具有出现时间早、窑口数量多、分布范围广、延续时间长、生产数量大、销售区域广、与人民生活密切相关等特点。

民窑主要以生产民间用瓷为主，生产性质属于商品性生产，使用对象主要为社会底层广大的普通百姓，产品远销国内外市场。唐宋以后，部分民窑在从事商品性生产的同时也担负着宫廷用瓷的烧造，其生产开始具有两重性质。这种烧造主要采用进贡与派造两种形式进行，这一点在古代文献中留有大量的资料，并不断被考古材料所证实。

---

1 《考古》1974 年第 1 期。

（1）巩县窑

《元和郡县志》卷五记载“河南道贡瓷赋，开元中河南贡白瓷，领登封、新安、巩县……三十县”。《新唐书·地理志》、《国史补》中也有巩县向长安宫廷进贡白瓷的记载。在西安唐长安城的西市遗址及大明宫遗址中均出土有巩县窑白瓷，河南巩县（现巩义市）唐墓出土的现藏于巩县文管所的唐代白瓷杯，胎体细腻洁白，釉面光洁润泽，造型规整，玲珑剔透，不要说在唐代，就是现在也算得上是瓷中的上乘之作，它的出土表明唐代白瓷的制作确已达到相当高的水平。

（2）邢窑

《新唐书》第四册“志二十九·地理三”记载：“邢州巨鹿郡，上。本襄国郡，天宝元年更名。土贡：丝布、磁器、刀、文石。”《大唐六典》卷三载：河北道贡“邢州瓷器”。李肇《唐国史补》曰：“内丘白瓷瓯，端溪紫石砚，天下无贵贱通用之。”从邢窑遗址发掘出土的精细白瓷看，确已达到相当高的水平。唐代大明宫遗址发掘出土的邢窑白瓷证实了文献记载的准确性。

（3）耀州窑

北方著名的青瓷窑口。遗址位于陕西省铜川市黄堡镇漆水河两岸。创烧于唐，终于元末明初。《铜官县志》记载：“北沿河十里，皆其陶冶之地，所谓十里窑场是也。”《宋史·地理志》记载：“崇宁户十一万二千六百六十七，口三十四万七千五百三十五，贡瓷器。”宋人王存《元丰九域志》卷三亦云：“耀州华原郡，土贡瓷器五十事。”明确记载了宋代耀州窑向宫廷进贡瓷器之事。1953年北京广安门外出土的300余件带有龙凤花纹的耀州窑青瓷残片，制作之规矩、釉色之纯正、花纹之精美均与窑址出土的底部刻有“龙”字的贡瓷完全一样，是当时耀州窑向宫廷贡奉瓷器的代表。

（4）汝窑

汝窑是北方又一著名的青瓷窑口，窑址位于河南省宝丰县清凉寺村。考古发掘材料表明，汝窑也是一处既烧宫廷用瓷又同时生产民用瓷的窑口，这两类产品因使用对象的不同在质量上有着明显的差别，前者胎体细腻，釉面光润，釉色以天青、天蓝和粉青为主，造型以陈设瓷居多，器物多裹足支烧，产品注重有如碧玉之感的釉面效果而不注重花纹装饰，造型古朴，工艺精湛。《坦斋笔衡》记载：“本朝以定州白瓷器有芒，不堪用，遂命汝州造青窑器。”陆游《老学庵笔记》亦载：“故都时，定器不入禁中，惟用汝器，以定器有芒也。”说明汝窑烧造宫廷用瓷的时间当在定窑之后。另《武林旧事》卷九记载了绍兴二十一年宋高宗幸清和郡王第，臣张俊进奉中有“汝窑瓶一对、洗一、香炉一、香盒一、香球一、盏四只、盂二、出香一对、大奁一、小奁一”的记载。宋人周辉《清波杂志》云：“汝窑宫中禁烧，内有玛瑙为釉，唯供御拣退，方许出卖。”明确记载了汝窑烧瓷的真实情况。

汝窑民用瓷的烧造则品种多样，白地黑花、白地绿彩、三彩、天目釉、窑变釉、珍珠地划花等器物在窑址中有大量出土，器物多注重表面的花纹装饰，刻、印、绘花器物大量出现，与宫廷所用存在着一定的差别。

（5）定窑

北方重要的白瓷产地之一。窑址位于河北省曲阳县涧磁村及东西燕川村一带，窑址分布范围大，瓷器烧造时间长，生产种类丰富。产品遍及国内外。为了适应商品市场的需要，当时专门有从事贸易的瓷器商人及贩瓷客往来于此。《曲阳县志》天成元年重修五子山院碑中曾这样记载：“愚尝谓此山乃境中绝胜之所也，然有记事之碑，经其雨雪，字体亏残，愚虽不达，恻然悯之。于是请匠重镌之，庶后观者得以□鉴焉，时宋宣和二年庚子八月十五日，中山府贩瓷器客赵仙重修记。”这是唯一留有瓷器商人真名实姓的记载，结合河北、山东、北京、江苏、内蒙、安徽、江西、湖北、黑龙江等地遗址与墓葬出土的定窑产品不难看出，它的销售范围之广及销售数量之大。

定窑在烧造民用瓷器的同时也兼烧贡瓷，《吴越备史》中有“太平兴国五年，王进朝谢于崇德殿，复上金装定器两千件”的记载[1]。宋代邵伯温《闻见录·定州红瓷》条云：“仁宗一日幸张贵妃阁，见定州红瓷……”1984年河南省巩义市的考古工作者在宋太宗元德李后陵发掘出土了能复原的定窑白瓷37件，胎薄质坚，釉色莹润，制作精巧，这些应是定窑当时向宫廷所进贡的优质瓷器。元德李后为宋太宗赵光义之妻，宋真宗赵恒之母，死于太平兴国二年即997年，初葬于普安院，咸平三年即1000年迁葬于宋太宗永熙陵的西北。陵墓中出土的白瓷表明，最迟在太平兴国年间定窑已向宫廷进贡瓷器。这些瓷器的出土使我们有幸亲眼目睹了当时进贡定窑瓷器的真实情况。

（6）钧窑

钧窑是宋代五大名窑之一，窑址位于河南禹县钧台，钧窑产品以其变幻莫测而又绚丽多彩的窑变釉闻名遐迩，宫廷中多有钧窑瓷器的收藏，这些器物以花盆、瓶、炉、洗等陈设品为主。钧窑遗址出土的产品中与部分传世品完全一样，证实钧窑当时也为宫廷烧造瓷器。

1　卷六，万历二十七年刻本。

（7）景德镇窑

《景德镇陶录》载："陶窑，唐初器也，土为白壤，体稍薄，色素润。镇中秀里人陶氏所烧造。"《邑志云》载："唐武德四年，诏新平（景德镇宋以前为新平）民霍仲初等，制器进御。"《江西通志》曰："宋景德中，置镇，始遣官之制瓷贡京师，应官府之需，命陶工书建年景德于器。"元代浮梁瓷局所辖景德镇窑的生产也具有两重性，从当时生产的质量较高的"枢府"瓷在韩国新安海底被打捞出水及元代墓葬中的出土来看，这种瓷器一方面满足官府定烧的需要，另一方面也作为商品销售于国内外市场。所谓"枢府瓷"是指一种带有"枢府"二字铭文的器物，是枢密院所定烧，枢密院是元代中央官署的名称，五代后梁时建立崇政院，后唐时改称枢密院，宋代延置，主要管理军事机密、边防及宫廷禁卫等事务，战争时设行枢密院，掌一方军政。《元史》卷八十六"百官二"云："枢密院，秩从一品，掌天下兵甲机密之务。凡宫禁宿卫、边庭军翼、征讨戍守、简阅差遣、举功转官、节制调度，无不由之。"

（8）建窑

建窑位于福建建阳。《宣和遗志》记载："政和二年……又以惠山泉建溪异豪盏烹新贡太平茶赐蔡京饮之。"1977 年及 1990 年考古发掘中出土的带有"供御"、"进盏"铭文的器物及垫饼说明在斗茶风靡的宋代，建窑曾经大量为宫廷烧造瓷器。这些带有铭文的器物多置放于窑室的最佳部位，说明这些专为宫廷烧造的瓷器为了确保其质量曾给予了各方面的优惠条件。由此可见重视程度的一斑。

（9）龙泉窑

窑址位于浙江省龙泉县。宋人庄绰《鸡肋编》载："处州龙泉县，又出青瓷器，谓之秘色，钱氏所贡，盖取于此。"[1] 表明龙泉窑历史上也曾贡瓷。

（10）越窑

越窑是我国南方著名的青瓷窑口，有着悠久的烧造历史，素有"秘色瓷"之称，从唐代开始就不断向宫廷进贡瓷器。唐末五代诗人徐寅在《贡余姚秘色茶盏》诗中云"捩翠融青瑞色新，陶成先得贡吾君"[2]，明确记载了越窑贡瓷一事。1987 年陕西扶风法门寺地宫出土的 14 件越窑青瓷，质地精良，造型规整，釉色纯正，使我们目睹了越窑贡瓷的真实面貌。

1 《鸡肋编》第 5 页，中华书局，1997 年。
2 《全唐诗》卷一〇。

这14件越窑青瓷是被唐懿宗作为供养品转送到法门寺供奉佛骨真身舍利随葬所用。法门寺地宫关闭的时间是咸通十五年即874年，因此，这14件越窑青瓷的供奉时间最晚不超过874年。五代时期，越窑瓷器的供奉数量远远超过了唐代，《吴越备史》卷四载："王自国初供奉之数，无复文案，今不得而书，惟太祖、太宗两朝入贡记之颇备，谓之贡奉录。今取其大者，如……金银饰陶器一十四万余事。"宋代，越窑仍继续为皇室烧造大量优质青瓷，《宋会要·食货志》卷四一载："开宝元年二月十二日……又进金棱秘色瓷器五百事。""开宝二年秋八月……是时王贡秘色瓷器于宋。"太平兴国"二年……叔进金釦越器二百事"。可见供奉数量之大。1986年河南省巩义市宋太宗元德李后陵出土的3件越窑青瓷，纹饰细腻，技艺娴熟，其中的龙纹盘口径35.8厘米，青瓷套盒一套4件，制作亦相当精致[1]，使我们有幸目睹了越窑贡瓷的真实面貌，这些瓷器应是当时宫廷的实用品。

越窑在烧造贡瓷的同时大量烧造用于出售的商品瓷器，从唐至宋从未间断，1974年浙江宁波唐代沉船附近发现的几百件越窑青瓷器，显然是准备作为商品运送到海外的。国内墓葬及国外的日本、巴基斯坦、埃及、印度、印度尼西亚、伊拉克等国出土的大量越窑青瓷说明，越窑瓷器已成为重要的商品在国内外市场占有重要的位置。

综观以上所述不难看出，唐宋以来宫廷用瓷的来源与烧造全部在民窑中进行。明代以后，随着景德镇御窑场的建立，宫廷用瓷有了专门的瓷场进行生产，结束了长期以来宫廷用瓷依赖于民窑的历史。

不是所有的民窑都可以从事宫廷用瓷的烧造，民窑必须具备两个条件才能从事贡瓷的生产：首先要具备较强的生产实力和较高的生产水平；其次还要被宫廷选中。二者缺一不可，只有同时具备这两个条件的民窑，才能担负起贡瓷的生产任务。否则的话就不会被选中，即使选中了也还会被淘汰出局。如北宋时期曾一度被宫廷看中的定窑，后来便因为产品的芒口问题而被淘汰，宋人叶寘在《坦斋笔衡》中所说："本朝因定州白瓷有芒不堪用，遂命汝州造青窑器。"记载的就是这一历史事实。

（二）官窑

1. 烧造历史

官窑是官办官烧的窑口，有地方与中央两级的区别，属于官营手工业之一，有着悠久

1 《华夏考古》1996年第3期。

的烧造历史。早在商代，国家就设置专门的机构对其进行管理，当时负责制造陶瓦的土工居于六工之首，从此不难看出国家的重视程度。西周时期，政府设有司工、陶正、车正等职，对手工业进行管理。战国、秦汉时期随着官营手工业的进一步发展，陶瓷生产中出现了中央和地方两级政府控制与管理的陶业作坊。在秦的都城咸阳、始皇陵及汉代长安等地的考古发掘中出土的带有“宗正”、“都司空”、“左司”、“右司”、“宫水”等官工印记铭文的砖瓦，显然是中央一级的陶业作坊所生产，而另一类带有“咸亭”、“陕亭”、“河亭”、“河市”等戳印铭文的陶器则是由地方官营的陶业作坊生产。至于河北武安、河南洛阳、山东邹县等地出土的带有“文牛陶”、“粟疾已”、“豆里寻”等铭文的产品，显然不是官府手工业的标记，应是私营手工业者的标记，而自身标明自己是官窑的瓷器则出现较晚，一直到1991 年宣州官窑的发现。

2. 发现概况

（1）宣州官窑

宣州官窑的窑址位于安徽省芜湖县花桥乡东门渡村。1991 年安徽省的文物考古工作者在东西宽 1.5 千米、南北长 3 千米的窑址中发现了底部带有“宣州官窑”阴文印记的酱黑釉四系罐。此后不久，又在合肥市阜阳路的施工中发现了十几件带有同样款识的同类产品。这是截至当时陶瓷考古发现唯一一处自身标明自己是官窑的窑址，至此，官窑瓷器的真实面貌大白于天下。宣州官窑烧造的瓷器品位较低，用发掘者的话来形容即：“釉色多样，色泽不纯，有蓝、灰、黄、酱色釉等。胎质分红色硬胎和砂胎，许多器物制作粗糙，形体不规整……从宣州官窑生产的瓷器造型不规整、质地粗糙、品种单调和多为双系、四系罐、砂缸以及釉色不纯等现象看，这种产品不仅难以作贡品，就是作为一般民用也是不合适的。”[1] 那种所谓“……官窑是专门为皇室而设”、“还有一种皇家直属的非商品生产性质的瓷窑，即专门为宫廷烧造瓷器的瓷窑，简称‘官窑’”、“‘官窑’瓷器烧成须经极严格挑选，精良者送进宫中，对落选者加以处理，以防流散”、“‘官窑’瓷器由于不经商业途径而直接送进宫中，故多为传世瓷器”的说法显然与考古材料不相符合，也是不攻自破。宣州官窑所生产的瓷器明显用于销售，官窑生产商品瓷器，说明当时官营手工业产品的商品化确已存在，器物的生产性质实属商品性生产无疑。

1 《中国文物报》1991 年 4 月 7 日。

（2）润州官窑

润州官窑的发现再一次证实了这一点。20 世纪 80 年代镇江市博物馆在对晋陵罗城的调查和试掘中在西墙 A 段出土了一部分唐宋时期带有模印“润州官窑”及“官记”的城砖，在 C 段的第四层及 D 段也出土了唐代印有“润州官窑”的城砖[1]。这些自身印有铭文的城砖显然是由当时的官营陶业作坊所生产，它们的大量出土以无可辩驳的事实说明唐代曾经在润州设有官窑。古代的润州是集军事、政治、商贸于一体的江南重镇，有着举足轻重的历史地位，历代封建政权都曾给予极大的重视，修城造路，开凿河道。据《海禄碎事》记载：“润州铁瓮城，孙权筑。”[2]《元和郡县志》卷二五记载：“城东有润浦口，（润州）因以为名。”《读史方舆纪要》卷二五亦曰“润浦，城东一里，亦曰东浦，北通大江，隋以此名州”。《新唐书·王王番传》曰“太和中王王番为浙西观察使凿润州外隍”。《资治通鉴》记载：“乾符中，周宝为镇海节度（治润州），筑罗城二十余里。”正是由于历代政府的开发，使得此地成为交通发达、商业繁荣、人丁兴旺的江南重镇。与“润州官窑”城砖同时出土的还有模印“府城砖”、“镇江府城”、“镇江水军”、“十里牌”、“大仁孝”、“丹”、“上丹”、“晋陵罗城孟盛”、“十里牌窑”、“丹而窑”、“旧窑”、“南郭门窑”、“嘉兴县窑户”、“口县户邓儒”、“官窑已”、“官窑”、“嘉兴县窑户”、“无锡李钦”等铭文的城砖，从这些带有不同铭文城砖的大量出土可以看出，在当时建城之际曾动用了大量的人力物力进行城砖的烧造，而这些窑在经营性质上显然是不一样的，其中即有属于官方开办的官窑如“润州官窑”，又有个体经营的民窑。

（3）定陵官窑

“定陵官窑”是继“宣州官窑”、“润州官窑”之后所发现的又一处自身标明自己是官窑的窑址，窑址位于河南省巩义市。1994 年 6 月河南省巩义市的文物考古工作者在宋代皇陵附近的芝田镇发现了一处大型瓷窑遗址，发掘面积近千平方米，清理宋代官窑 13 座，发掘出一批印有“定陵官窑”、“官窑”字样的陶质大板瓦和透花水纹瓦、筒瓦等建筑构件及三彩、青瓷等文物[3]。

有文字可查的“官窑”文献记载较少，宋人朱长文《吴郡图经续记》记载，平江盘门外三里有孙策墓[4]，重和元年（1118 年）被盗，郡守应安道“乃遣郡官数人往闭其穴”（宋

1 《考古》1986 年第 5 期。

2 《至顺镇江志》卷二转引《海禄碎事》。

3 《中国文物报》1994 年 11 月 20 日。

4 《吴郡图经续记》卷下《冢墓》，琳琅秘室丛书本。

张邦基《墨庄漫录》卷十，稗海本）。后来“郡置窑其旁，取土为砖埴，号官窑”（宋范成大《吴郡志》卷三九《冢墓》，宋山阁丛书本）。宋人楼钥《北行日录》也记载：乾道五年（1169年）十一月“……十一日癸亥，晴……午过崇德（浙江桐乡），苏彭年来迓。水宿舟胶，牵挽寸进，更初遇士颖第于官窑。十二日甲子，晴，饭时过永乐，行二十七里至秀州（嘉兴）……”[1]

截至目前的考古材料和文献材料都说明这些在当时归监甄官署管理的官营手工业窑口的主要任务是打石烧瓦，也就是说官窑的生产内容是制砖造瓦，为国家的大型建筑如城墙的修建、陵墓的建造等生产所需的建筑材料。秦汉时期官府控制的制陶作坊，多注重砖瓦等建筑用陶的烧造，秦都咸阳宫殿遗址等地出土的大量空心砖、板瓦及瓦当和福建崇安汉城遗址出土的大型空心砖等考古材料多次证实了这一点。“润州官窑”、“定陵官窑”的出土器物也说明了这一点。宋人李纲在《梁溪全集》卷九三《乞用瓦木盖置房札子》条对此也有明确的记述“置官窑以造砖瓦，下傍近州县以摘那工匠”，官窑的生产性质和生产内容在此已概括的再清楚不过，并多次被考古发现所证实。文献记载与考古材料的可靠性为我们研究官窑的生产性质及其烧造内容提供了最为科学的理论与实物依据。

3. 生产性质

可以看出，官窑的生产性质既有商品化生产的一面，也有非商品化生产的一面，前者的产品与民窑产品一样作为商品进入市场，如宣州官窑。后者的产品则专门为 满足政府某些部门的特殊需要，如“定陵官窑”、“润州官窑”，它们的产品则显然是专门为了修建陵墓或城墙而生产的。

4. 官窑与“官”字款瓷器

数十年以来，在河北、河南、辽宁、陕西、浙江、湖南、北京等地出土的数以万计的瓷器中有一批带有“官”字或“新官”款识的瓷器，其延续的时间从唐光化三年（900年）浙江临安钱宽墓直到最晚的辽代朝阳开泰九年（1020年）耿延毅墓，前后大约120年之久。这些瓷器以白瓷为主，也有少量青瓷和匣钵。白瓷以定窑白瓷为主，青瓷有陕西耀州窑窑址出土的五代青瓷碗、湖南岳州窑窑址出土的隋唐时期的陶瓷杯、浙江临安板桥五代墓出土的越窑青瓷双系罐、浙江新昌县出土的龙泉窑青瓷碗等。除此之外，各地也先后出土过一些与此相关的器物，如云南出土的南诏大理国时期的带有“官瓦”、“官

1 《攻愧集》卷一百十一，聚珍版丛书本。

作”、“十年官作”、“元年官瓦”等铭文的瓦[1]。河南洛阳隋唐都城遗址出土的“官工”、“官匠”等铭文的板瓦[2]。陕西临潼唐墓出土的“天七官砖”、“天七军制官砖”[3]铭文的砖瓦等，长期以来，在“官”字款瓷器与“官窑”的问题上一直存在着两种截然不同的观点，一种观点认为“官”字款瓷器必然出于官窑，另一种观点则认为“官”字款瓷器与官窑无关。从大量考古材料可以看出，后一种观点显然是正确的。这种瓷器充其量也只是为官府的某些部门所烧而已。

（三）御窑

什么是“御窑”？“御窑”有哪些特征？它与“官窑”的区别是什么？根据文献记载及窑址发掘的资料，综述如下。

1. 生产性质

所谓“御窑”，顾名思义是指专门生产御用瓷器的瓷窑，系在皇室直接控制下建立与生产，生产性质属于非商品性生产，产品以满足皇室需要为目的。在技术上可以不惜工本地去追求艺术上的至精至美。生产具有极端的垄断性，这种垄断主要体现在三个方面，首先是对制瓷原料的垄断，这一点在元代御土窑中就已经体现得极为清楚。其次是对产品及其技术的垄断。皇家对制瓷原料、技术及产品的垄断是构成御窑、民窑及官窑区别的三个最为明显的特征。御窑产品的使用对象仅限于皇室，哪怕是皇亲国戚也不能随便使用，即使是残次品也不准流于民间，更不准出售，只能就地销毁，否则就将绳之以法。《明宣宗实录》中记载了这样一件事，宣德二年（1427年）“癸亥，内官张善伏诛。善往饶州监造瓷器，贪黩酷虐，下人不堪。所造御用器，多以分馈其同列。事闻，上命斩于都市，枭首以狥”。景德镇龙珠阁明代御窑厂遗址出土的大批瓷器就是有意经人为敲击而被毁坏的残次品，与宋代“供御拣退方许出卖”的供奉制度存在着本质的区别。就陶政管理措施而言，御窑厂直接由皇家统一管理，其生产在清代则直接受到皇帝的干预并纳入清宫内务府的管辖之下，由内廷画家负责设计与出样，待皇帝批准后发往景德镇御窑厂进行烧造，这一切在清宫内务府档案记载中比比皆是。故此，至精至美之瓷莫不出于御窑厂。

1 《文物》1986年第7期。
2 《考古》1978年第6期。
3 《考古与文物》1983年第6期。

2. 烧造历史

御窑的发生与发展经过了一个相当长的历史过程，宋、元时期为其萌发期，北宋的“官窑”，南宋的“内窑”、“新窑”，元代的“御土窑”，从生产性质上已具备了御窑的特定功能。明代随着宫廷用瓷的大量增加，御窑厂正式建立，并烧造出了大批高质量的瓷器。清代御窑厂更是得以全面发展，无论生产品种之丰富还是制瓷技术之高超，均达到了封建社会登峰造极的顶点，近于鬼斧神工般的制瓷技巧在我国乃至世界陶瓷发展史上都占有光辉的篇章。正如宋应星在《天工开物》中所说：“合并数郡，不敌江西饶郡产……若夫中华四裔，驰名猎取者，皆饶郡浮梁景德镇之产也。”

（1）萌发期——宋、元

窑址的性质由它的生产性质所决定，根据生产性质可以看出，宋代的“官窑”、“内窑”、“新窑”已属于御窑的萌发阶段。“官窑”，窑址位于北宋首都汴京即现在的开封，南宋顾文荐《负暄杂录》中记载：“本朝以定州白瓷器有芒不堪用，遂命汝州造青窑器，故河北唐、邓、耀州悉有之，汝窑为魁。江南则处州龙泉县窑质颇粗厚。政和间，京师自置窑烧造，名曰官窑。”窑址至今没有找到。“内窑”，为南宋高宗南渡后所建，南宋人叶寘在《坦斋笔衡》中云：“中兴渡江，有邵成章提举后苑，号邵局，袭故京遗制，置窑于修内司，造青器名内窑。”南宋末顾文荐在《负暄杂录》中亦云：“中兴渡江，有邵局，袭故京遗制，置窑于修内司造青器，名内窑。澄泥为范，极其精致，油色莹澈，为世所珍。后郊坛下别立新窑，比旧窑大不侔矣。”这里说得很清楚，置窑于修内司烧造的窑名字叫做“内窑”，并非官窑，至于现在所说的“修内司官窑”实际上是后人叫出来的，其实当时并没有这个叫法。而“修内司”只是个官署，“置窑于修内司”说的只是由修内司管辖窑务而已。这种叫法上人为造成的混乱为我们的科学研究带来了极大的困难。内窑的窑址据记载在杭州凤凰山下，但至今一直没能找到。“新窑”，即上述文献中提到的后郊坛下别立新窑，窑址在杭州南郊八卦田附近的乌龟山，浙江的考古工作者在20世纪50年代和80年代对其进行了两次发掘。

尽管北宋时期的“官窑”曾为宫廷生产过瓷器，但是反过来讲为宫廷生产瓷器的窑并非全都叫官窑。

北宋汴京的“官窑”、南宋修内司的“内窑”及郊坛下的“新窑”是宋代专为宫廷生产瓷器的窑口，使用对象相同。尽管这三处窑各自的名称不同，但生产性质却完全一样，属于专门为宫廷所生产，与明清时期的景德镇御窑厂一样具有相同的生产性质，同属于御窑范畴，所不同的只是名称不同而已。

元代御土窑，窑址位于江西景德镇，元代孔齐在《至正直记》卷二《饶州御土》中云："饶州御土，其色白如粉垩，每岁差官监造器皿以贡，谓之御土窑，烧罢即封土，不敢私也。或有贡余，土作盘、盂、碗、碟、壶、注、杯、盏之类，白而莹，色可爱，底色未着釉处，犹如白粉，甚雅，薄难爱护，世亦难得佳者。今货者皆别土也，虽白而垩口耳。"同书卷四《窑器不足珍》条亦载："在家时，表兄沈子成自余干州归，携至旧御土窑器径尺肉碟两个，云是三十年前所造者，其质与色绝类定器之中等者。"从以上的记载中我们可以清楚地看到，元代的御土窑已专门为宫廷烧造瓷器，它有着固定的窑场，占用最优质的瓷土，烧完即封土，任何人不得私自动用，生产性质及其垄断性已完全具有御窑的特征。元代御土窑的窑址据学者推测应位于景德镇南河南岸的刘家坞一带，因为在这里曾出土过五爪龙纹高足杯，按照元朝政府多次下令不准民间制作与使用五爪龙纹的规定，这里应该是生产宫廷用瓷的御土窑所在，其结果是否属实还有待于今后的考古发掘。

（2）发展期——明代

元代以后，全国制瓷中心位移景德镇，代表整个时代水平的是瓷都景德镇，而代表景德镇瓷器制作水平的则是御窑厂。明代景德镇御窑厂于洪武时期正式建立，詹珊在《重建敕封万硕侯帅主佑陶碑记》中云："洪武之末，始建御器厂，督以中官。"王宗沐《江西省大志·陶书》中也说："洪武三十五年始开窑烧造……御厂一所。"御窑厂建立以后，大批量的烧造御用瓷器，《大明会典》卷一九四监造宣德八年（1433年）烧造各样瓷器四十四万三千五百件。《明英宗实录》监造天顺三年（1459年）"光禄寺奏请于江西饶州府烧造瓷器共十三万三千有余，工部以饶州民艰难，奏减八万，从之"。《江西省大志·陶书》记载嘉靖二十年烧造瓷器两万七千三百件、二十一年两千八百三十件、二十三年一万六千四百一十件、二十四年一千九百二十件、二十五年十万三千两百件、二十六年十二万两百六十件、二十七年九千两百件、二十九年一千件、三十年一万八百三十件、三十一年四万四千七百八十件、三十三年十万三十件，《大明会典》卷一九四记载，万历十年（1582年），传江西烧造各样瓷器九万六千六百二十四个、副、对、支、口、把。《明神宗实录》载，万历三十五年（1607年）"工部右侍郎刘元震……言……查江西烧造自万历十九年，内承运库派瓷器十五万九千余件，已经运完，所有续派八万余件，分为八运，除完七运外，只一万余件，所当不多，宜行停止，或令有司如数造完……"烧造数量之多，由此可见一斑。在品种的烧造方面，明代御窑厂可谓五彩斑斓，在元代青花瓷器烧造的基础上，明代的青花瓷器得以高度发展，尤其是永乐宣德时期的青花、青花红彩瓷器，成化的斗彩瓷器，嘉靖万历时期的五彩、回青釉瓷器，弘治的浇黄釉瓷器更是饮誉海外。其中成化斗彩瓷器开创了釉下青花和釉上多种彩色相结合的新工艺，在明代就已成为名贵的瓷器品种，“成窑酒杯，每对至博银百金”[1]是当时价格的如实记载。至于嘉靖万历时期的五彩则是“龙凤花草各肖形容，五彩玲珑务极华丽”[2]。明代的霁蓝、红釉、甜白、孔雀绿、黄釉等单色釉也取得了突出的成就。“永器鲜红最贵”[3]、“宣窑……霁红、霁青、甜白三种，尤为上品”，“法蓝、法翠二色，旧惟成窑有，翡翠最佳”[4]，这些都是对明代瓷器的如实评价。

景德镇窑由不烧造贡瓷到进贡瓷器进而发展成为御窑，经历了一个由唐及宋再及元的相当长的发展过程，景德镇宋以前称为新平，《邑志云》：“唐武德四年，诏新平民霍仲初等，制器进御。”《江西通志》载：“宋景德中，置镇，始遣官之制瓷贡京师，应官府之需，命陶工书建年景德于器。”

（3）成熟期——清代

中国瓷器生产到了清代达到了历史高峰，进入了瓷器生产的黄金时代。和明代一样，代表整个时代水平的仍然是瓷都景德镇。唐英在《陶冶图说》中记载了当时景德镇繁荣的情况：“景德镇袤亩延仅十余里……以陶来四方商贩，民窑二三百区，工匠人夫不下数十万，藉此食者甚众。”清初人士沈怀清也说：“昌南镇陶器行于九域，施及外洋，事陶之人动以数万计。”[5]清代景德镇瓷器的烧造与制作进入了高度发展与成熟时期，“我国的制瓷工艺，从技术的角度来看是以清初康熙（1662 ~ 1722 年）、雍正（1723 ~ 1735 年）、乾隆（1736 ~ 1795 年）三朝为它的成熟期。清初的制瓷技术继承了明代（1368 ~ 1644 年）的制瓷优良传统，加以巩固和改进并接收了一些外来的影响，使那时候烧造的瓷器，即使以现代的标准来衡量，也已达到了高度的技术水平”[6]。而御窑厂又是景德镇瓷业高度发展与成熟的代表，尤其是康、雍、乾三朝，御窑厂的生产达到了黄金阶段的顶点。其标志有三：一是出现了以郎廷极、臧应选、年希尧、唐英等为代表的一批精通业务有作为的督陶官。郎廷极是康熙年间的督窑官，著名的郎窑红瓷器就是在郎廷极督窑期间所创烧的名贵品种，许谨斋在《郎窑行·戏呈紫衡中丞》诗中云：“宣成陶器夸前朝……迩来杰出推郎窑。

1 《万历野获篇》。
2 《明世宗实录》卷二四〇。
3 《景德镇陶录》。
4 《南窑笔记》。
5 朱琰：《陶说》卷一，美术丛书本。
6 周仁、李家治、敖海宽：《景德镇瓷器的研究》。

郎窑本以中丞名……中丞嗜古得遗意，政治余闲程艺事，地水火风凝四大，敏手居然称国器，比视成宣欲乱真，乾坤万象归陶甄；雨过天晴红琢玉，贡之廊庙光鸿钧……”[1]臧应选也是康熙年间的督陶官，《江西通志·陶政》卷九十三：“十九年九月，奉旨烧造御器，令广储司郎中徐廷弼、主事李延禧、工部虞衡司郎中臧应选、笔帖式车尔德，于二十年二月驻厂督造。”年希尧为雍正年间的督陶官，以单色釉所取得的成就最为显著，《陶录》的作者云:“雍正年年窑，厂器也，督理淮安板闸关年系尧管镇厂窑务，选料奉造，极其精雅……琢器多卵色，圆类莹素如银，皆兼青、彩，或描锥暗花玲珑诸巧样。仿古创新，实基于此。”乾隆年间《查礼铜鼓书堂遗稿》卷一云“国朝瓷器美无比，迩来年窑称第一”，就是对年窑瓷器的如实评价。

唐英是清代雍正至乾隆时期的督陶官，也是所有督陶官中成就最为卓著的一个，雍正六年到景德镇“驻厂协理”窑务，乾隆元年和八年分别编著了《陶成纪事碑》、《陶冶图说》，是我国清代制瓷工艺史及中国陶瓷史中两部重要的著作。他之所以取得这么大的成就，是与他的刻苦努力分不开的，正如其在《陶人心语》中所云：“予余雍正六年奉差督陶江右，陶固细事，但为有生所未见;而物料、火候与五行丹汞同其功，兼之摹古酌今，侈弇崇庳之式，茫然不晓，日唯诺于工匠之意旨……用杜门、谢交游，聚精会神，苦心竭力，与工匠同其食息者三年，抵九年辛亥，于物料、火候、生剋变化之理，虽不敢谓全知，颇有得于抽添变通之道。”至此，唐英终于使自己由一个不懂陶瓷生产的外行一变而为精通业务的内行。《景德镇陶录》在记述唐英的功绩时说：“公深谙土脉、火性，慎选诸料，所造俱精莹纯全。又仿肖古名窑诸器，无不媲美；仿各种名釉，无不巧合；萃工呈能，无不盛备；又新制洋紫、法青、抹银、彩水墨、洋乌金、珐琅画法、洋彩乌金、黑地白花、黑地描金、天蓝、窑变等釉色器皿。土则白壤而埴，体则厚薄惟腻。厂窑至此，集大成矣！”二是烧制出了大量具有时代水平的精品，这些产品以其鬼斧神工般的高超技艺显示出清代御窑厂瓷器生产的时代水平。我国的陶瓷科技工作者在作了大量的科学测试和研究后从理论方面也得出了同样的结论，从技术角度看，我国传统的制瓷工艺在清代达到了成熟期。“清初的制瓷技术继承了明代的制瓷优良传统，加以巩固和改进，并在此基础上仿制明代宣德、成化间的制品；这些制品不仅在造型和装饰上仿得惟妙惟肖，

1 《许谨斋诗稿·癸巳年稿》。

即使在年款上也都照样仿制”[1]。“就我们已经测试过的几件清初瓷胎来看，它们的透光度都是相当好的，其中尤以雍正青花瓷盘的透光度为最好，它比之德国和日本所制瓷盘的透光度亦无逊色。假如我们再考虑这些瓷器的制造时代和制造方法，就更可以体会到清初的制瓷技术确已达到很高的水平”。“清初的瓷器，在制瓷工艺上已经达到了高度的技术水平，这些优良的技术，就在今天，我们还是值得学习的，至于它们在美术上的成就，则早为世界上所公认，更不待言”[2]。三是瓷器式样发自内廷，直接受到皇帝的干预，《清史稿》记载:“时江西景德镇开御窑，源呈瓷样数百种，参古今之式，运以新意，备储巧妙，于彩绘人物、山水、花鸟，尤各极其胜，及成，其精美过于明代诸窑。”刘源在康熙年间臧应选督窑期间在内廷供职，参与了瓷样的设计。

康、雍、乾三朝，皇帝对瓷器生产表示出极大的兴趣并直接干预瓷器的制作，对此清宫内务府造办处档案记载中比比皆是：“雍正二年二月初四日怡亲王交填白脱胎瓷酒杯五件，内二件有暗龙。奉旨：此杯烧珐琅……于二月二十三日烧破二件……奉王谕，其余三件尔等小心烧造……于五月十八日做得白瓷画珐琅酒杯三件。”“雍正七年……闰七月……郎中海望持出均窑双管瓜棱瓶一对，奉旨：着做鳅耳乳足炉木样……交年希尧照此瓶上釉水烧造些来”。“雍正十三年七月十九日……传旨：着年希尧照样（霁红高足茶圆）烧造一百三十件送来……”“雍正七年四月十三日……交来成窑五彩磁罐一件（无盖）……奉旨：将此罐交年希尧添一盖，照此样烧造几件。原样花纹不甚好，可说与年希尧往精细里改画……”乾隆十八年十一月造办处珐琅作档案记载:“白瓷盘一件、白瓷暗龙盘一件，传旨：着交珐琅处烧珐琅……填白盘碟大小一百三十件、填白瓷碗大小二百八十件，填白碗大小八十四件、填白瓷碗大小五十件、填白瓷碗大小八十件、填白瓷碗大小九十七件、填白瓷靶碗四件，交珐琅处烧珐琅”。这些记载明显反映出皇室对御窑产品生产的关注，同时也从另一方面反映出宫廷对御窑生产的高度垄断。

（四）御窑与官窑的关系

从生产性质、使用对象、产品流通等方面分析表明，官窑与御窑是完全不同的两类窑址，传统官窑概念的错位，混淆了官窑与御窑本质的区别，造成了长期以来官窑自身概念

1 周仁、李家治：《景德镇历代瓷器胎、釉和烧造工艺的研究》。
2 《景德镇瓷器的研究》。

的含混不清，并一直影响到古陶瓷研究的各个领域。在相当长的一段时间内，人们混淆了官窑与御窑的概念，如在晚清民初时期的古董行中，官窑已成为与御窑完全相同的称呼。甚至就在现在，还有相当一部分人认为凡是生产过宫廷用瓷的窑都是官窑，把官窑误认为御窑，更有甚者把明清时期的御窑也统称为官窑。《中国陶瓷史》中亦云官窑是“为两宋宫廷所垄断，烧瓷全部供宫廷专用”[1]，进而得出官窑“就是专门生产非商品性官用瓷器的窑场”的概念。考古发掘出土的瓷器表明，官窑生产的产品并非如此。

御窑初创之始并不叫御窑，而是被称为“官窑”、“内窑”、“新窑”，而其中的官窑与后来考古发掘中出现的官窑完全是两种不同的概念，其烧造的内容和生产性质也截然不同。其实，从生产性质讲，宋代的“官窑”、“内窑”、“新窑”完全是与明清御窑场一样具有“御窑”生产性质的窑场，只不过当时还没有这种称呼罢了。

1．烧造历史

从产生的时间分析，官窑伴随着阶级社会的产生而产生，并贯穿古代阶级社会的始终；而御窑的产生时间则很晚，直至宋代才开始萌芽，明、清时期得以全面发展。宋代以前，官、民窑共存，宋代开始，官、民、御窑三者并存，各行其道。

从地域角度看，民窑遍及全国，大江南北，黄河两岸，无处不存，无处不在；而官窑的考古及文献材料极为有限，仅见于安徽、河南、江苏发现的“宣州官窑”、“定陵官窑”、“润州官窑”；御窑的地域范围则更小，如果把宋代具有御窑性质的“官窑”、“内窑”、“新窑”及元代的“御土窑”也包括在内的话，也只不过才有五处。而明清时期的御窑厂只有一处，位于江西景德镇的珠山。

2．使用对象及销售范围

官窑产品可分为两部分，其中的一部分是为封建政府的特殊需要所生产，如前面所讲过的“定陵官窑”、“润州官窑”所生产的砖瓦。而另一部分产品则作为商品进入流通领域参与市场竞争，如“宣州官窑”所生产的器物，显然是作为商品用于出售，这也是当时官营手工业产品商品化的性质所至。御窑的使用对象为皇家，御窑产品不属于商品，也不进入市场流通，只局限于皇室使用，器物制作过程中可以不惜工本单纯去追求工艺上的至精至美，产品质地优良，是时代水平的代表。

1　中国硅酸盐学会主编：《中国陶瓷史》，文物出版社，1982 年。

二　封建政府对陶瓷生产的管理

瓷器是我国劳动人民的重要发明之一，距今已有1800余年的历史。瓷器不但与人们日常生活紧密相关，也与国计民生有着密切联系，陶瓷生产是国家手工业生产的重要组成部分。另外，从封建社会宏观经济角度分析，陶瓷生产与国家的财政收入紧密相关，历代政府都曾给予较高的重视，并都曾设有专门的机构对陶瓷业进行管理，这种管理主要体现在行政与税收两个方面，前者以陶官的设置为标志，后者则以瓷务税吏的出现为依据。

（一）陶官的设置

陶官的设置是政府加强对陶政管理与控制的具体措施之一，政府设陶官对陶瓷生产进行管理由来已久，陶正作为负责陶务管理的官员在当时是一种非常重要的官职……据文献记载可追溯到三代。《列仙传》载“宁封子为陶政……”《吕氏春秋》云“黄帝有陶政昆吾作陶……”《史记》载：“黄帝命宁封子为陶正，武王赖其利器，与其神明之后，妻而封之于陈。”商代，负责作陶制瓦的土工居于六工之首，商代灭亡时，周俘虏了许多商人手工业者及其奴隶，其中有索氏（绳工）、长勺氏、尾勺氏、陶氏、施氏、繁氏、奇氏等，陶氏就是以烧陶为其专业的，这就是《左传》定公四年所记载的赏赐给康叔的“殷民七族”中的陶氏。考古材料表明，制陶在商代不仅已是重要的生产部门，而且在内部已有了明确的分工。20世纪50年代考古工作者在郑州人民公园发现的制陶工厂，在近1400平方米的范围内发现陶窑14座，以及大量的残毁陶器、陶拍子、陶印模等[1]。西周时期，周王朝专门设有司工、陶正、车正、公正等职官，对各种手工业进行管理。《左传》记载：“虞父为周初陶正…… 武王赖其利器，与其神明之后，妻而封之于陈。”一陶之官，皇帝以女嫁之并被封为诸侯，可见政府对陶瓷生产的重视。陕西沣西张家坡遗址发现的西周晚期的7座椭圆形的陶窑及压锤等制陶工具，说明这里在当时曾是制陶作坊。春秋时期手工业分为官手工业和民间手工业，国家设有工正、工师、工尹等官职对官手工业进行管理。《墨子·尚贤篇》中的“工肆之人”及《论语·子张篇》中的“百工居肆，以成其事”中所说即民间手工业者。候马东周制陶作坊遗址分布在0.5平方千米的范围内，窑群十分密集，大量制

1 《文物参考资料》1957年第8期。

品与居住遗址中发现的陶器相同[1]，这部分产品显然是为居民使用所生产，而大量的陶范的制作则是为青铜制造业所生产。西汉时期，国家已有较大规模的官营手工业和私营手工业，私营手工业以营利为主，朝廷在手工业特别发达的地区设有工官，官营手工业的产品分为营利和自用两部分，自用部分中又分为皇室和军用，少府专门负责管理皇室私人财产，其属官有考工、尚方、东园匠、东织室、西织室、左司空、右司空等。少府所属各官的制成品，如果不是皇帝赏赐给臣下，臣下不得私自使用[2]。唐代，官营手工业由少府监和将作监所管理，少府监管理百工技巧，有匠一万九千八百五十人，其下有中尚属、左尚属、右尚属、织染属、掌冶属等五属官，将作监掌管左校属、右校属、中校属、甄官属、军器监等。其中的甄官属掌管石工、陶工，其任务为雕刻石人石兽并制造碑柱、碾喂及瓶缶，制造各种名器。官营手工业的生产目的主要供宫廷或朝廷使用，私营手工业则供商贾贩卖致富。

唐代开始，我国陶瓷生产进入了更为辉煌的时代，政府对陶瓷生产的控制与管理也更为严格，设官监烧已成为一种普遍的社会现象，越窑、定窑、介休窑、白舍窑、龙泉务窑等在文献上都曾有过设官监烧的记载。陶正作为负责陶务的官员在当时是一种非常重要的官职，《余姚志·风物志·杂物》条记载："秘色瓷器初出上林湖，唐宋设官监烧……"《宋会要·食货志》及宋人周密《志雅堂杂钞·诸玩条》均有"太平兴国七年…… 殿前承旨监越州窑务赵仁济……"的记载。《南丰县志》中也有白舍窑"白舍，宋时置官监造瓷器"的记载，辽代北京龙泉务窑也曾设有瓷窑官，《宋会要辑稿·蕃夷一》云：太平兴国四年"幽州…… 山后八军伪瓷窑官三人……"大量考古发掘及文献材料表明，陶官和瓷窑官的出现是政府对陶瓷制造业加强控制与管理的一种手段，这种管理从封建社会初期即已开始，它的存在与否并非是官窑的标志。其根本目的是为了增加政府的财政收入，它与封建社会的盐铁专营具有同等重要的意义，故而，历代封建政府对陶瓷生产控制的都很严格，从不放弃对陶务的干预与管理。因此，陶官的有无并不构成是否为官窑的依据。

（二）瓷务税吏的设置

瓷务税吏的职责主要是负责瓷税的收取，其收取的对象就是广泛分布于全国各地的民窑。《曲阳县志》中提到的立于后周显德四年的五子山院和尚舍利塔记碑中的"使押衙

1 《文物》1962 年第 4 期。

2 范文澜：《通史简编》。

银青光禄大夫检校太子宾客殿中使御使充龙泉镇使钤辖瓷窑商税务使冯翱”。同书卷六亦载 :“龙泉镇，唐宋以来，旧有瓷窑，五代后周尚有税吏，宋时有瓷器商人……”山西介休洪山镇神源庙碑记上也刻有介休窑“瓷窑税务任韬”及“前瓷窑税务武忠”的记载。说明此窑的瓷务税吏曾不只一任。尽管有关它的记载不是太多，但这一切已再清楚不过地告诉我们，政府设置瓷务税吏对陶瓷生产加强税收管理的很重要一点也是出于经济的需要，其根本目的在于确保国家财政的来源与收入。因此，瓷务税吏的有无不是判断官窑与否的依据。

综上所述，我国古代陶瓷窑址的三大类别完全是由其各自不同的生产性质所决定，是由历代封建政府对陶瓷生产的管理政策所造成，它们的生产性质与当时社会的政治经济制度紧密相关，是一种非常复杂的社会现象。这其中，民窑是贯穿封建社会始终确保民用瓷器生产的窑口，官窑则是由中央和各级地方政府所建立，而专门为宫廷服务的御窑是社会发展到一定历史阶段的产物，它的建立与发展是封建社会所固有的一种超经济的文化现象，是封建皇权专治的特殊产物。实际上，三种不同的窑口反映了封建社会手工业的三种不同经营模式，它们之间的关系就是封建社会中央政府、地方政府和民间企业三者之间的关系，是封建社会手工业政策的载体。

（此文发表于 1998 年 4 月北京图书馆出版社《跋涉集——北京大学历史系考古专业七五届毕业生论文集》，第 259 页。）

定窑瓷器的断代研究

马会昌　河北省曲阳县定窑遗址文物保管所

内容提要：借助27年的定窑遗址文物保护经验，笔者对定窑瓷器的断代提出了一些粗浅的看法。首先要把握研究的学术方向和重点内容，继而要追溯定窑的历史渊源，分析各个时代工匠的来龙去脉，了解薄胎器的出现，刻、划、剔、印花装饰的发展，器物底足、胎骨与釉面、燃料等在各个时期的变化。只有对社会历史大背景的方方面面做详尽系统的研究以后，再结合发掘资料和发掘标本，才可以对定窑的断代做出较为合理的判定。

关键词：定窑　瓷器　断代

自20世纪30年代定窑遗址被正式发现以来，诸多专家学者都对此产生了很大的兴趣，各类研究文章不断，定瓷文化的研究自此出现了逐渐繁荣的景象，这是值得庆贺的。学者们著书立说，把个人研究逐步推向系统而全面的研究，虽然观点、方法乃至认识层面存在高低不同，但都为我们全面、客观、准确地认识定窑瓷器起到了多方面的积极作用。

笔者从事定窑遗址文物保护工作27年，没有更多的研究成果和完整的学术理论，在此仅就定窑瓷器谈一些粗浅的认识。本文主要涉及有关定窑瓷器的断代问题，截至目前，此问题的未知领域仍然很大，我们对当时社会政治、经济、文化、艺术、宗教等生活层面的内容还知之甚少，借助思想精神层面的史书、文章、诗词等文学作品，相对可了解得多一些。因此，单纯的以物证物、以书证书的研究方法还非常普遍。如何以我们的研究方法真正走进那段历史，获得更多的第一手资料，就目前来讲还有一定困难。

现在笔者只能通过多年的个人感受，谈一些对定窑断代研究的认识问题。

一 把握定窑断代研究的学术方向

（一）对器物的断代认定是概率而不是定律

20 世纪 60 年代以来，国家对定窑遗址的发掘工作共进行了 3 次，总计发掘面积 3221 平方米，占遗址总面积的 1/400，所获资料一直处于非全面利用之中。从我们日常接触到的非注册标本和非正式发掘（如抢救性发掘）地层关系来看，所出土的碎器残片大体上符合时期特点，但仍有很多跨越了较长时期，也就是说某些个案和一些疑似现象还是存在的。

（二）以物证史和以史证物都不宜绝对化

以某些瓷片来证实文化层的年代或以纪年文字来标定出瓷片的归属年代，在没有概率统计结果支持的情况下，要做具体的综合分析。一般要坚持孤证不立的原则，在这方面纪年墓室比灰坑准确一些，但我们在一般情况下可做横向比对的机会很少，得出概率统计结果的可能性也更小。

（三）对参与生产实践活动的工匠的研究必不可少

物由人做，要研究历史工匠的方方面面，需要深入模拟的生产实践活动，以获真知。劳动人民是创造历史的最伟大实践者，对任何一项关于社会文明成果的研究，一旦缺失了对于直接参与劳动的工匠群体的研究，就很容易走入形而上学的死胡同。以他们的生活需求作为艺术化生产的原动力，又是在什么样的情况下展开智慧和情感的双翼来实现艺术的腾飞，可以说如果不能打开这座专业劳动者生产活动的大门，仅从各自书斋里得到的成果，那只是艺术的僵尸，它永远不会鲜活起来。因此，要想把研究工作搞好，对劳动工匠的研究是必不可少的一门功课。

（四）研究要突出重点内容并兼顾其他

独特的地缘材料和独特的定窑工艺是对定窑瓷器进行特色研究的主要内容，但仅此仍显不足。近年以来人们的研究工作主要集中在色白、体薄（体轻）、印花、刻划花和覆烧这五个方面，这是定窑瓷器的艺术特色，具有很多方面的艺术研究价值。但是作为一个延续七百余年的白瓷窑厂，仍有许多需要探索的东西。

（五）御用官窑瓷和民用瓷是两个研究重点，应以分别独立研究为宜

御用定窑瓷和民用定窑瓷是两个相依存在、却各自分别发展的体系。一个是社会市场，一个是宫廷市场；一个是以市场经济利益为前提的商品，一个是以艺术成就和声誉为目标的贡品。两者趋向不同，研究的内容和方法也不宜相同。当然这里还有一大部分上层官僚阶层和官府的高档用瓷，处于两者之间。

（六）不解之惑要暂止于存疑

科学研究的使命是挑战未知世界，但是这需要一个消化的过程，不要强行追求全、透、通、深。特别是对考古学来说，它需要多方面实证资料的有力支持，我们所做的工作是把资料中所传载的信息提取出来进行相互印证、贯通。在没有这些信息资料的情况下就不能去做任何的臆想性论断（当然在研究过程中，没有假设和猜想这两个放飞想象的翅膀，对于空间思维的运用难以实现，但最终还是需要实证来支持），面对这样一个庞大的窑系和如此之长的烧造历史，仅凭个人数十年之力要想达到全、通、深、透是有困难的。把不解之惑作存疑处理，或许不失为一种更好的办法。

（七）要结合其他窑坊的历史作品来认识定窑

所谓一个大中华民族、一个大中国，在历史上虽然有过多个时期的政权割据，但是语言文字的相同、各地生活风俗以及文化心理的类似、地域交通的连接、社会生产模式的相近、许多工匠可以自由迁徙等，致使陶瓷文化在同一时代有着广泛而丰富的交融。无论从造型，还是工艺上都有着极多的相似之处。这种现象的形成，一方面缘于工匠，另一方面缘于市场。陶瓷一旦作为商品进入市场，在攀比与竞争中就必然促进一种被动趋从和创新响应的效果，并且促使进一步的创新。

宋、金定窑瓷器，在白釉刻划花和印花工艺上有着突出的成就和独立的表体风格，并以此见美于世。但是，从许多收藏家的藏品和出土瓷片中我们也见到有更多的窑坊也有同样的工艺，而且也有着很高的水平，只不过没有形成较大的规模而已。

定窑瓷器胎釉洁白莹润，以刻、划、塑印工艺见长，且规模庞大、品类丰富，这是世人共识。但我们对它的肯定与赞美仍然存在一个度的问题，不宜太过。如“独创”、“独树

一帜”、“无可比拟”、“超越同时代任何其他窑场”这种没有确定把握的言辞应慎用。

定窑瓷器之美，美在中华民族陶瓷文化万花丛中的自擅其美，而不是独擅其美。又有谁能说清，定窑的艺术成就中融入了多少其他窑的先进技术？融入了多少其他窑场工匠的聪明才智？我们应该说定窑瓷器的荣耀是中华民族陶瓷文化的总体荣耀。如果不是这样，我们对定窑瓷器研究的学术方向就未免失于偏颇。

二　定窑断代相关问题探讨

（一）从曲阳窑到定窑

我们追溯定窑的历史以及这一名称的由来，一般专家认为应始于宋代，但从历史资料来看[1]，早在中唐宪宗朝晚期（820年）就有了“定州”的建制。但真正把涧磁一带的窑厂称为定窑，应该是从宋初，即定窑瓷器有了较高的社会影响以后。因此我们还应把宋以前的涧磁一带的窑场称为“曲阳窑”，这样便于将南北二镇以及燕川、野北的窑区统一集约定名。

在涧磁一带，根据考古资料证实，早在8000年前的新石器时代早期，这里就有了武家湾的红陶文化，以至后来新石器晚期钓鱼台遗址、晓林遗址、沟里遗址的灰褐陶文化，夏商周至战国、汉代的夹砂陶文化。一直到晋、隋的青瓷，这里一直是一方文明的热土。这是定窑流脉的发源阶段，是不可漠视的重要组成部分。

伴随着文明的演进，从陶唐夏商周的道教文化与青铜文化，到秦砖汉瓦、瓷釉的出现及晋隋唐以来的佛教文化、茶文化、酒文化、蚕桑纺织文化等，都从不同的方面促进了这里制瓷业的发展。

我们今天研究定窑的由来与去向，对于这一遥远的历史渊源不可忽视。

（二）定瓷与定窑瓷

北宋自太宗以后，政治走向腐败，世风日渐奢靡，到宋徽宗时期，以皇帝赵佶为代表的贵族阶层崇尚书画珍玩的风气日盛，当然陶瓷也不例外，为顺应这种社会文化现象，官、哥、汝、定、钧各大窑场基本在同一时期把自己的高端产品推向了贡品的行列之中，

1　谭其骧主编：《中国历史地图集》第五册，第34～35页。

引起了皇帝的极大兴趣。开始委用专窑烧制御用瓷（如河南的汝州汝窑），因此就有了五大名窑声名鹊起、一时朝野闻名，定窑所烧制的贡瓷因此顺理成章地被称为“定瓷”。

本来“定窑瓷”与“定瓷”在称谓上属于同一概念，但正是由于这一过程，“定瓷”二字就有了它身居庙堂或王府的专属性和并列于其他四大名窑彼此之间的相对性。而作为一般的定窑瓷仍旧需要通过市场走向民间生活，从此，一个是效颦难效西邻女，头白溪边尚浣纱，而另一个已是王谢堂前燕，不入寻常百姓家。我们所见到的定窑瓷大多应属于那不得进入庙堂的民用瓷，而真正的官窑定瓷除残片之外，完整器很难见到。当然御用定瓷从市场声誉和艺术成就方面也为定窑瓷创造了一定的发展契机并起到了艺术典范的作用。

但从它们的身份和价值上考量毕竟是不可一概而论，也不可混淆。

我们讲定窑瓷的断代指的是顺序上的前后特点不同，而实际上在同一时期的空间分割又何尝不重要呢?

（三）历史背景与工匠群体

1. 五代时期

唐代的定窑未具规模，比之于邢窑相距较远。到五代前期王处直在割据河北中西部地区，领义武军节度使（全称节度易定祁等州观察处置北平军事等事），当时的曲阳在其管辖之下。

由于王处直在与西边的李克用与南边的朱温之间处于被两方争取的对象，难以被任何一方吞并，致使其能做大但难以做强（毕竟要受到两方面限制）。但鉴于王处直与李克用的姻亲关系，同时也接受朱温保加节钺，在这种特殊的情况下却保持了社会一时的稳定。兼王处直一面自持家族身世，世代卿相，自己一贯以唐臣自居，因而在民间有一定影响。

当时三百里外的内丘与临城的邢窑原有规模庞大的窑场和较强的生产能力，所产出的大量产品，由于社会战乱，外部市场受到严重的制约，大批工匠不得不北上曲阳。从此涧磁一带的生产日益得到发展，工艺水平从此也有了更大提高。我们所见到的洁白如雪的五代定窑瓷器大部分都出自这一时期，后来人们所说的邢、定不分的理由也可能就在于此。

2. 北宋时期

979 年宋太宗平定北汉后，北至易州、白沟一带，西至成都一带，东南两面至沿海，大片国土实现了统一。

工商业的发展、交通的畅达、市场贸易的繁荣为定窑的长足发展提供了机遇。

当时宋廷的两大国策自建国之初就已被全面贯彻，即对内发展经济，对外筹划战争，准备对辽用兵。

当时宋王朝的举措在中国历史上是一个特例，汉唐两代的文景之治、贞观之治和开元盛世都是在首先发展经济上实现的。

从公元前 206 年汉王朝建立到汉武帝元光二年（公元前 133 年）经过了 70 余年发展经济的准备阶段。开始对匈奴用兵，唐朝经过 137 年的休养生息，才被动地用兵平息“安史之乱”，而宋太祖赵匡胤登基后就开始了对辽用兵的准备工作，宋太宗平定北汉之次月即转兵北上，收复幽荆二州。从开国到对辽用兵历时不过 20 年，以一个幅员不过 300 万平方公里的年轻国家，来支撑一场对强大敌国的战争是何等不易。

因此宋代的经济发展一直处在沉重的赋税压力之下，所以史书上评：“宋朝用尽前代的一切刻剥之法榨取赋税。”[1] 宋真宗乾兴元年（1022 年）全国人口统计约 1100 万户，约 1800 万口。从这组数字来看，要凭这些人除去农业劳动力、行政、军队人口，除去老弱病残，要经营冶铁、造纸、印刷、建筑、行医制药、兵器制造、货物运输、制盐、兴修水利、制作陶瓷、经商等如此之多的行业劳动，一是明显人力不足，二是所要创造的税收数额巨大，这就加重了工匠的负担。本来可以在五代制瓷基础上保护原有的坚密胎质和洁白釉色的定窑瓷器，不得不走上注重花饰降低瓷质的生产道路。定窑瓷器的刻花除特殊情况外，一般都要求较快的笔（刀）速，数挥而就，这里有精熟的成分，自不在话下，然而对产量的要求也是成就这种工艺的一个主要原因，从出土瓷片数量来看，刻划花与印花的比例：印花不足百分之五，尽管印花器的档次要高出很多，但由于费工费时还是不能大量生产，这与当时的赋税压力和消费水平很可能存在一定的制约关系。根据时间推断，印花应是在缔结宋、辽两国的“澶渊之盟”以后，社会稳定时才出现。

北宋定窑瓷器之所以在当时得到较大的发展是因为有几方面社会原因。

（1）在邢窑的基础上有了花饰的创新，节约了为追求胎釉内在质量而消耗的人力财力。

（2）创造（或者说广泛应用）了架圈覆烧工艺，提高了产量、人力和燃料。

要填充邢窑衰微后的市场份额并开始远销域外（但海外还是很少）。据史料可知终北

1 《中国历史》第四编第 96 页《赋税的转嫁和隐漏》。

宋一朝，这里一直有贩瓷货商往来窑场[1]。

北宋大规模的手工业生产，大体可分为四种形式。

（1）官营手工作坊，主要生产朝廷、皇家和官用器物，以及军需武器，有朝廷专设机构，如少府监、将作监、军械监等官员管辖的作坊。各地官府也都设有官营作坊。官营作坊役使的工匠中，不仅有民间的工匠，也有从军队抽调而来的军匠，仍隶名军籍。但从事的却是手工劳动，战时归队迎战，平时坊内务工，定窑地处北宋边陲之地，类似情况恐是不可避免。

（2）民营手工业作坊，这些作坊大部分生产市场民用产品，要承担极重的税赋，坊中劳动工匠有专职手艺人，也有半农半工的农民，时聚时离，时多时少。

（3）以家庭为规模的私人小作坊，半工半耕，或单独生产，或为官营作坊及民营作坊代为加工。

（4）还有专业作坊，如不事制瓷，只是加工原料分等级做为专项商品，为作坊提供各种胎釉原料。另有部分技艺超高的工匠，不去从事系统制作，而是游走作坊间专门从事刻划纹饰和制范等高难度工艺。

总之在宋代定窑制瓷的产业中，这种生产关系非常复杂。

我们谈到的官窑器，应该是出自官窑作坊。但这种官窑应解释为以官营为特点的官窑，而不宜理解为以专门生产官用器为内容的官窑。这一点很值得注意。

3. 金元时期

1126年女真铁骑席卷黄河两岸，曾几何时，北宋江山顿失半壁，而中山固守。1128年3月7日中山陷曲阳始归金。另有推断，中山陷落之前，曲阳已于1297年7月被金人所占。见《宋史纪事本末》及《金史纪事本末》相关记载、《资治通鉴》九六卷至一〇一卷相关记载。

按光绪三十年《曲阳县志》第四册卷十下土宜物产考“白瓷条”所载：“白瓷，龙泉镇出，昔人所谓定瓷是也，亦有设色诸式。宋以前瓷窑尚多，后以兵燹废，亦讲求旧法参以新式，以复其利。”

定窑走过了宋代的辉煌，至靖康之变以后昔日的风姿戛然而止，虽至金元两代恢复，但已无更大建树，胎釉灰黄而粗糙，修足不工，刻划模糊，工艺考究程度已大不如前。

1　见曲阳县王子寺北沟碑文《奉为国令公修王子山院之记》。

可惜的是，自五代至宋末，历时220年从发展到鼎盛，众多的工匠把他们的智慧和勤劳投入到定窑瓷器的艺术之中，但却没有任何人的姓名与事迹留下。当我们欣赏那精美的瓷器时，既为光辉灿烂的民族文化而自豪，也为那些永远淹没在历史长河的伟大的劳动人民而感到一丝丝的酸楚和凄凉。这同时也给我们的研究造成了很大困难。

（四）薄胎器的出现

从唐代厚重丰满的体态，自五代始突然向轻灵秀美转化，到底是什么原因？现就此问题阐述如下。

瓷器自陶器发展而来，在体系上属于同一类别，由胎釉经火温烧制而成。而进入瓷的过程中就已引进了青铜器、玉器等多方面的造型因素。有人认为不仅在造型，而且在釉色上也追随了许多外部因素。如绿釉追随铜器的锈色、黄釉追随金器的黄色、白釉追银器的白色。尽管对此种说法存有争议，但也并非全无道理。

唐代是一个物质文化十分发达的时代，但当时最高档的生活用器不是陶瓷，而是金银器，其次是铜器。我们之所以现在所能见到的唐代金银器皿很少，是由于金属具有重新熔化的特性，使得这些器皿已不再以原形保存至今了。

世人经历唐代的繁荣，在器用欣赏的心理上已经形成崇尚金银器的奢靡习惯。经安史之乱、黄巢起义再进入五代，藩镇间战乱不止。金银受到上层蓄用的制约，铜铁大部分用于战争的兵器和铸币消耗，而作为替代品的日用器，逐渐被日益成熟的瓷器所取代。但在世人的心目中，仍然存在挥之不去的金银器情结。李肇《国史补》中所提到的“货贿之物，侈于用不可胜计，丝布为衣，麻布为囊，毡帽为盖，草皮为带。内邱白瓷瓯，端溪紫石砚。天下无贵贱通用之”。有专家认为，此语出言笼统，白釉瓯与紫石砚属于高档商品，怎么可以与麻布衣草皮带并提？其问题就在这里，原因是当时白瓷瓯并非什么高档商品，社会上还不能充分肯定它，在世人眼里，真正的高级器用仍是金银器或者玉器。

人们崇尚金银器不是没有理由的，它们坚固、美观和轻灵，当时的瓷器还做不到这三点，因此它的高贵程度还是要大打折扣的。大致在五代以前金银不作为货币使用，一直被皇家及权贵视为宝物，制作器用，所以一直被推崇（直到888年朱全忠带一万两白银到魏博买米，历史上才有了用银做货币的第一次记录）。

就当时在盛唐来讲，国家每年的金银铜铁也并不富裕，只不过是战争较少，年年产出有所积累而已（但铜的消耗量很大，主要有三个原因，即铸钱、制造佛像、官僚富户囤积）。

以两个朝代为例，宪宗初年国家采得银一万二千两，铜二十六万六千斤，玄宗朝每年采银一万五千两，黄金没有统计数字，应该是少之又少了。

唐代是制瓷业空前大发展的时代，为适应人们的崇尚与追求，自五代前后，紧追金银器胎体骤然出现从厚到薄的发展，这也与晚唐已能烧制优质的白瓷有关。造成白瓷直追银器的现象（金器自然是最高贵的，但金极贵而质重，只有银器高贵、洁白、质轻、性韧）。陆羽在茶经讲“邢瓷类银”，把邢瓷直接与银相联系，其潜意识也就在此。

（五）刻、划、剔、印花装饰的发展

刻花系在划花装饰工艺基础上发展起来。有时与划花工艺一起运用。如在盘、碗中心部位刻出折枝或缠枝花卉轮廓线，然后在花叶轮廓线内以单齿、双齿、梳篦状工具划刻复线纹。纹饰中较常见的有双花图案，生动自然，有较强的立体感，布局通常对称。定窑刻花器还常常在花果、莲、鸭、云龙等纹饰轮廓线一侧划以细线相衬，以增强纹饰的立体感。

划花是宋代定窑瓷器的主要装饰方法之一。通常以篦状工具划出简单花纹，线条刚劲流畅、富于动感。莲瓣纹是定窑器上最常见的划花纹饰。有一花独放、双花并开、莲花荷叶交错而出等，有的还配有鸭纹，纹饰简洁富于变化。立件器物的纹饰大都采用划花装饰，刻花的比较少见。早期定窑器物中，有的划花纹饰在莲瓣纹外又加上缠枝菊纹，总体布局显得不很协调，这是当时尚处于初级阶段的一种新装饰手法，也给定窑瓷器断代提供了一个依据。

剔花是宋代出现的一种陶瓷装饰新工艺，主要用在一些需要使用化妆土的粗胎瓷器上。其工艺一般是先在胎体表面施一至两层白化妆土，趁化妆土未干时用尖锐的工具迅速划出花纹轮廓，紧接着用铲状工具将花纹以外的化妆土剔掉，最后施透明釉入窑焙烧。剔花装饰巧妙地利用白色化妆土与深色胎体之间的反差来突出纹饰，与传统的划花装饰相比，不仅花纹显得更加醒目，而且还具有一定的立体感。

印花纹饰这一工艺始于北宋中期，成熟于北宋晚期。最精美的定窑器物纹饰在盘、碗等器物中心，这类器物内外都有纹饰的较少。定窑器物纹饰的特点是层次分明，最外圈或中间，常用回纹把图案隔开。纹饰总体布局线条清晰，形态经巧妙变形，繁而不乱，布局严谨，讲究对称，层次分明，线条清晰，工整素雅，艺术水平很高。定窑印花大多印在碗盘的内部，里外都有纹饰的器物极为少见。

如果说李唐及五代还有大量的金银器与瓷器共同存在的话，赵宋则又有新的社会因素促进了花饰的发展。

自960年北宋立国之初，宋太祖赵匡胤就已经意识到来自北方大漠辽国的威胁，并坚定了收复石晋所割让的燕云十六州的决心。一切从巩固政权出发，从战争储备出发，是宋太祖坚定不移的两大国策。基于这种思想，力崇节俭，反对奢靡首先从皇帝身边开始贯彻，以期积蓄财力准备对辽发动收复失地的战争。如永康公主（匡胤女）尝衣帖绣翠襦，匡胤戒之曰："汝服此，众必相效，去之。"有人劝以黄金饰肩舆（轿）。匡胤曰："我以四海为富，宫殿饰以金银，力亦可办，但念为我为天下守财耳，岂可妄用！"因而宫中帏帘缘边禁用丝绸，只用青布。宫中上下人等穿常服之衣，瀚濯至再，继以补缀。大臣谏之者，匡胤曰："非吾吝啬，俗积钱为大用也。昔后晋割幽燕以贿契丹，使一方独陷外境，吾甚悯之，欲候各库所蓄满三百万，遣使谋于彼，倘肯以地还我，则以此酬之。不然，吾当散滞财，募勇士，以图攻取也。"及平定荆湖后蜀，受其金帛，别为内库储之号封椿库，以备图契丹之用，故致太宗即位时，有金帛如山，用何能尽之语，凡此可知宋谋收复失地之急切，至匡义统一北汉之次月，即转兵北上取幽冀，贯彻已定之国策也[1]。

北宋的冶矿业，宋初共有冶矿业201处，到中期达到271处，到王安石变法时最多生产量是1400万斤，折现在700万斤，朝廷不仅开矿冶炼金银铜铁锡铅等金属，而且还要禁止民采，更要从民间收取大量金银铜铁，在这种情况下，民间的银铜铁器日渐稀少，金器就更不多见了（仁宗皇祐时每年仅得金15000多两、银219000两），到英宗时仅得6000多两、银310000两[2]，取而代之的是日益精美的瓷器，大量走入当时社会生活。

前面讲到五代前后，为追仿金银器的轻灵，瓷器首先从厚胎变为薄胎，从青瓷发展到白瓷的顶峰。到北宋早期，为追仿纹饰出现了刻划花，但由于材质不同，在瓷器上錾花是不能实现的。因此，参照青铜器铸造纹饰的工艺，继刻划花不久，就出现了范印花饰的工艺。我们拿一件錾花的唐宋金银器来对比定窑瓷器的印花纹饰，就可以看出，它的凸凹程度和纹饰构图虽然工艺不同，但效果如出一辙。在定瓷的印花纹饰上，除吸收了錾花金银器的纹饰之外，还吸收了当时定州缂丝艺术的纹饰，关于这方面的论述，已有很多专家做了更为详细的介绍，在此就不必多叙了。至于缂丝艺术的纹饰又是从何处获得的灵感和艺术来源，话题就更远了。

1　详见《保定历史长编》之"宋辽战争"（第325页）。

2　见《中国通史》第五卷，第72页。

从崇尚金银器到开始认识瓷器的瓷质美，陆羽、周世宗柴荣、苏轼、宋徽宗赵佶等人起到了一定的引领作用。

从推动生活器用，从金银器向瓷器转型，宋太祖从国家经济政策方面也起到了巨大的推动作用，但这种推动作用应准确地称挤压作用。

讲定窑瓷器的断代，我们目前比较常用的可靠方法，只能凭发掘勘察工作中文化层出土瓷片与纪年墓、塔基地宫等出土器物相参照的方法来做大概的判定。如果说哪个历史朝代就出哪种造型、哪种胎骨、哪种釉色、哪种纹饰，或者说哪种造型、釉色、纹饰就只出在哪个年代，凭本人的研究水平来看，只能说是言其大概，归于哪个朝代的主流风格和基本特征。再详细解说，目前还难以做到。至于绝对精准就更难说了。因为如此庞大的窑场，在短时间内忽然间出现全面的风格变化和工艺变化是做不到的，在历史上也是不可能的。应该说只有在社会外力的作用下，如战争动乱、政治兴衰、文化时尚的改变，以及其他窑场的直接影响和通过商品市场的间接影响，才有可能促进自身的“渐变”，而“突变”现象是很难实现的。

研究瓷器的断代问题，也同其他门类的断代研究一样，只有具备了对社会历史大背景的方方面面都进行了详尽系统的研究以后，再结合发掘资料和发掘标本，通过全息研究所积累的可靠根据，才有可能支撑起“可归于某个时期”这样一句简单的判别。

至于从底足、胎骨、釉色、器型、口沿等更加具体的部位进行指认分析，则还需要借助标本和真实的影像资料来具体分析。如不面对实物，只做文字上的叙述是不够的，光说一些像雨像雾又像风的描述语是难以“使人昭昭”的，甚至把对方的思辨引向歧途。

（六）从底足的变化分辨不同历史时期的产品

五代以前的隋唐时期，有两种平足，一种是线切，一种是线切后用刀进行削平，比较大的窑厂还在 90 度角棱上用刀轮削一个“八”字形平面（俗称八字、倒棱或打八字儿）。一般小窑场不注意这一点，像邢窑这样的大窑场就做得很好、很认真，无论器物大小，都要很规范地走这一刀，而其他附近的窑口就没有这样的规矩，这就是大窑厂的一种规范化表现。而纯粹的线切因为多数不能切正，一般只作为民用粗俗品直接入窑。

由于后来为使摆放时减少接触面积以求平稳，而出现了玉璧底，并很快又转变到仿金银器的圈足。五代的圈足大体有两种，一种是切挖圈足，另有一种是用泥片圈儿粘贴到器物上再捏出来，实际上都是力追金属器的风格。而且有些圈底呈上收下窄，力求与金银器的焊底惟妙惟肖。凡此种种都可以判定为五代至宋早期的产品。因为当时工匠在制做瓷器时，心中还较强烈地追慕着金属器的影子，而后来就被对其他“瓷器”底足的印象所代替。

进入宋中期，对已经成熟的圈足有一个努力修饰的时期，这时的底足极其规整，连同施釉的讲究、刻印的工致，把定窑瓷器的规整、严谨推向了一个前所未有的高峰期。

金代在经过靖康之变的30年间，虽然窑场的生产有所恢复，但这时的产品整体质量已不如前朝，虽然也有刻印精美的细白瓷，但从背面来看施釉的均匀和圈足的规范已大不如前。

元代瓷器的底足更是粗率且出现外翻现象，而且底足的施釉已无章可循。

（七）胎骨与釉面

五代瓷器的胎骨和釉面一般都很好，不仅细白，而且由于烧制的时间较长，胎骨坚实而细密，釉面滋润而匀净。北宋基本继承了这一特点，以后逐渐退化。

这一时期的釉色出现了两种不同的取向，一种是继承邢窑的传统，力追雪白；另一种是偏向了象牙白。后来的雪白虽然一直有人追求到金代，但却在整体范围里越来越少，而牙白色则成了主流颜色。

如果说薄胎白釉以宋代为最佳，那不客观。实际上，“白如雪、明如镜、薄如纸、声如磬”的赞语用于五代更为贴切。到了宋代再做薄胎就已经受到了刻花和印花的限制。超薄的瓷胎一是无法进行刻划，二是经刻划的胎在高温下根本不能支撑本身的自重。

此外，覆烧工艺的出现，多数专家认为是与提高产量、节约燃料、充分利用窑室内的空间有关的一项重大发明，这是有道理的。但还有一个原因，那就是经过刻划的胎体，由于图案分布的疏密不同，给胎体造成了很多相对薄弱的地方。在烧制时，这些薄弱部位不是提前瘫软变形，就是因冷却时内应力不均衡（俗称局部叫劲）而使产品出现崩裂。而覆烧工艺可以通过架圈与口沿的固涩力控制高温下的变形。还可通过穹拱式放置强化自身的支撑力，使之在高温下增加了对自身重量的承载力。因此认为，覆烧工艺的出现也是与刻划花相适应的一种工艺上的进步。这种覆烧工艺的大量出现应该说与刻花处在同一时期，大概应在960年至1000年之间。

（八）从燃料变化上判定烧制年代

我们很多专家都能从器物的釉色中分辨出燃料的种类，实际上燃料的变化也是判定产品年代的一个标志。究竟从何时以柴草为燃料的热能被煤所取代，本人认为应该从定窑的生产能力大幅度提升、产量大幅度增加时算起。产量增加，木柴谷草供不应求，以煤为燃料已成必须，这个时期应在宋初，也就是960年至1000年这一阶段。

可以认为，当时曲阳境内每年所能产出的木柴谷草有限，用项很多而且很大，不仅制瓷需要，烧造砖瓦等用项也巨大。其次如烧灰、建筑、军马草料等（当时曲阳唐县一带驻军很多）也是一大用项。

仅以建造定州塔为例，该塔于真宗咸平四年（1001年）开始修建，至仁宗至和二年（1055年）落成，历时55年，据历史记载曲阳县境内的树木基本全被砍伐无遗。故有“砍尽嘉山木，修成定州塔”的说法（嘉山在曲阳县境内，现在仍然山石裸露，没有植被）。当时建寺建塔不知还有没有它处，仅此一役就可以推断促使制瓷燃料更新换代绝对不可避免。

（九）定窑的衰落

凡世间一切事物，盛起于衰，衰始于盛，这是一个颠扑不破的历史规律，定窑也不例外，究其原因有以下三个方面。

1. 市场的丧失

正是由于宋代定窑的兴盛，河北的井陉，山西的平定、盂县、阳城、霍州、临汾等窑场，一时蜂起烧制白瓷，从仿造产品，到分流匠师，这是一个“由盛转乱”的阶段，这一点，与20世纪70年代北京周边各县仿造景泰蓝的现象极为相似（北京周边各县乡镇企业从北京景泰蓝厂挖走师傅，自己仿制，造成了景泰蓝市场极大混乱，最终北京景泰蓝厂被彻底挤垮）。市场上的白瓷再不为定窑所独有，这是定窑走向下坡路的开始。这时期还正值定窑的兴旺时期，也是各窑场为抢夺市场份额不惜降低成本粗制滥造的开始。纵观整个金代，虽然也出产了一定阶段的优质品，但总的趋势是不抵北宋，逐渐衰微，直到元代全面衰亡。

2. 政治中心的南移

金人入主天下使这一艺术的文化根基出现了严重的动摇。

据史书所载“宋宣和五年（1125年）金兵南下攻宋，攻陷保州以北城镇，直取保州，保州宋军固守，遂南下破真定，至大名，被宋将宗泽击败。后又攻太原等地，靖康二年（1127年）金兵绕过保州、定州，南下破宋都开封，掳宋帝及后妃北还……”

“知中山、真定、河间三府知府陈遘死守中山，三年乃破”。县志载，曲阳“自建炎元年始归金耳”。自古定州一带，不仅是一片文化热土而且民风强悍笃实，颇重风节，遭受如此巨大的政权改变，从文化意义上讲，对于定瓷文化的打击，可以说是致命的，此后30年定窑一直处于停滞状态也就不难理解了。

3．交通条件制约

宋以来，定窑的主要市场在国内，北方市场的供应主要依靠陆路交通，由于其他窑场的竞争，已无法继续拓展。而远销海外，从太行山河运至港口实属不易，而且当时北方并没有较大的商业港口，这就使一个无法发展“外向型经济”的窑场陷入了地利方面的被动，尽管我们也从伊拉克、伊朗、土耳其及东南亚国家见到过定窑瓷器的藏品，有些应是靠陆路交通转运到。至于海运交通的经济与便捷，从这里很难得到曾经被利用的根据。大概只有日本与朝鲜能通过海运少量得到一些。我们从近年所打捞的沉船出水瓷器统计，大部分都是江南瓷窑的产品居多，而定窑瓷器至今却很少见到。

元代在元大都建设的同时，大运河的疏通，使南方的陶瓷顺利地北上。一个延续了近千年的（有说700余年）巨大窑厂从此落下了帷幕，那些精美绝伦的定窑产品从此也就成为全世界追捧的珍稀之物。走入皇宫，走入豪门，走进了博物馆，并且也成了全世界收藏家挥之不去的梦想。

定窑瓷器的编年
——以城址、墓葬、塔基、窖藏资料为中心

陈冲　北京大学
刘未　中国人民大学

内容提要：本文借助已刊布的窑址考古发掘资料，以及城址、墓葬、塔基、窖藏等遗迹出土资料，利用其中带有纪年信息者，加以整理后将定窑瓷器分为四期8段，即晚唐、唐末至宋初、北宋早期、北宋中期、北宋晚期、金代前期、金代后期及蒙元。

关键词：定窑　瓷器　分期

定窑瓷器的分期断代问题向来为学界所关注[1]，由于已刊布的窑址考古发掘资料非常有限[2]，致使城址、墓葬、塔基、窖藏等遗迹出土资料就显得格外重要，尤其有纪年信息者，

1　冯先铭：《定窑》，《中国陶瓷·定窑》，上海人民美术出版社，1983年；李辉柄：《定窑的历史以及与邢窑的关系》，《故宫博物院院刊》1983年第3期；谢明良：《定窑白瓷概说》，《定窑白瓷特展图录》第3-33页，台北故宫博物院，1987年；李辉柄、毕南海：《论定窑烧瓷工艺的发展与历史分期》，《考古》1987年第12期；张金茹：《定窑瓷器分期初探》，《文物春秋》1995年第3期；穆青：《定瓷艺术》，河北教育出版社，2002年；刘涛：《宋辽金纪年瓷器》第1-19页，文物出版社，2004年；权奎山：《唐五代时期定窑初探》，《故宫博物院院刊》2008年第4期，彭善国：《定窑瓷器分期新探——以辽墓、辽塔出土资料为中心》，《内蒙古文物考古》2008年第2期；刘淼：《考古发现的金代定窑瓷器初步探讨》，《考古》2008年第9期。

2　1960～1962年发掘，河北省文化局文物工作队：《河北曲阳县涧磁村定窑遗址调查与试掘》，《考古》1965年第8期；1985～1987年发掘，刘世枢：《涧磁村定窑遗址》，《中国大百科全书·文物博物馆》第261-263页，中国大百科全书出版社，1993年；2009年发掘，韩立森等：《河北曲阳定窑遗址发掘》，国家文物局主编：《2009中国重要考古发现》第154-159页，文物出版社，2010年；秦大树：《定窑概况与考古发掘》，《鹤鸣濠江：中国考古名家讲谈录（二〇一〇至二〇一一）》第96-106页，澳门特别行政区民政总署康体部，2011年。

更可为编年框架的建立提供重要依据[1]。不过这些脱离生产环境进入流通领域的瓷器，却易与同时期相似窑场的产品发生混淆[2]，尤其是在凭借考古书面报道获取信息的情况下，准确辨识窑口更为困难。本文在前贤裒辑成果的基础上，稍作订补，并尽可能参照彩图对资料重加辨析，审慎选择例证，暂将窑址以外各类遗迹出土的定窑瓷器编排为四期 8 段。

一期 1 段：晚唐[3]（图 1），约 9 世纪。定窑的始烧时间存有争议[4]，根据石刻史料，至少在 9 世纪初年定窑似已有细瓷生产[5]，并在邢窑影响下，迅速掌握了细白瓷的生产技术，以致定、邢两窑产品不易区分。9 世纪中期墓葬所出白瓷主要有敞口玉璧足碗、唇口玉璧足碗、盏托、盖盒、罐、执壶等，多可与定窑遗址出土材料相对应[6]，但具体何者属于定窑尚难确指。时代稍晚的材料以扬州城文化宫 YWF1[7] 所出白瓷较为丰富，可能属于定窑的器物有敞口玉璧足碗、唇口玉璧足碗、盏托、印花委角方碟、模印鱼纹多曲长杯、盖盒、宽沿或花边圈足钵、唇口鼓肩瓶、侈口短流执壶等。部分器物常见于五代前期，故其年代已近于 9 世纪末。

一期 2 段：唐末至宋初（图 2），又可分早晚两组，分别约 10 世纪早期及中期。较

1　窑址发掘资料尽管可依据地层关系建立相对年代序列，但绝对年代的准确推断仍有赖与更多非窑址出土资料相比对。同时，依据这两类性质不同资料所各自构建的年代序列也分别是陶瓷生产过程和流通过程的具体反映。相关讨论见王光尧《六至十世纪河北地区的瓷器断代及邢窑瓷器的分期研究》，《故宫学刊》第 1 辑，第 506-539 页，紫禁城出版社，2005 年。

2　在考古报告及研究论著中，定窑产品于晚唐时与邢窑、五代宋初时与繁昌窑、北宋时与龙泉务窑、缸瓦窑等辽境窑场、金代时与景德镇窑都不同程度发生过混淆。至于井陉窑，烧造历史与定窑大致相当，各期产品特征更相类似。

3　本文附图之选择以有线图可查者为限，部分典型器物仅见图版发表，因印刷质量良莠不齐，暂予割舍。

4　此前对定窑的始烧时间往往估计过早，常作为早期定窑代表的内白釉外青黄釉敞口大饼足碗，采用三叶形支钉叠烧，实际为晚唐时期产品，而另有一类以短流执壶为代表的黄釉瓷，年代似可稍早（李建平：《山东东平县出土唐寿州窑黄釉席纹瓷注壶》，《文物》1998 年第 7 期；李广宁：《唐代寿州窑黄釉瓷注子与定窑同类产品的鉴别》，《文物》1999 年第 4 期）。目前所知曲阳最早的窑业遗存见于涧磁村以西的红土埝，可见一些青瓷标本，如直口深腹小饼足碗、高圈足盘、敛口平底钵、瓶等，采用三岔形支钉叠烧，约为隋代产品，是当时中原北方地区青瓷生产扩展的产物（冯先铭：《略谈北方青瓷》，《故宫博物院院刊》总 1 期，1958 年；笔者近年亦有调查）。但自此以后至中晚唐之间就存在生产传统上的缺环。因此，定窑的细白瓷技术大概是在藩镇割据背景下由邢窑嫁接而来，而非自身发展形成。

5　永贞元年（805 年）《唐恒岳故禅师影堂纪德之碑》碑阴题名中有藩镇佐吏杨春，其职衔为“□□□瓷窑、勾当供使细茶器、云麾将军、守金吾卫大将军、试太常卿”。此碑原在曲阳燕川南沟慧炬寺旧址，现存县城北岳庙。参曲阳县文物保管所《古北岳遗存碑石录》，2007 年 4 月，录文据该所陈列拓片校正。

6　参前揭权奎山：《唐五代时期定窑初探》。

7　中国社会科学院考古研究所等：《扬州城：1987-1998 年考古发掘报告》第 134-203 页，文物出版社，2011 年。

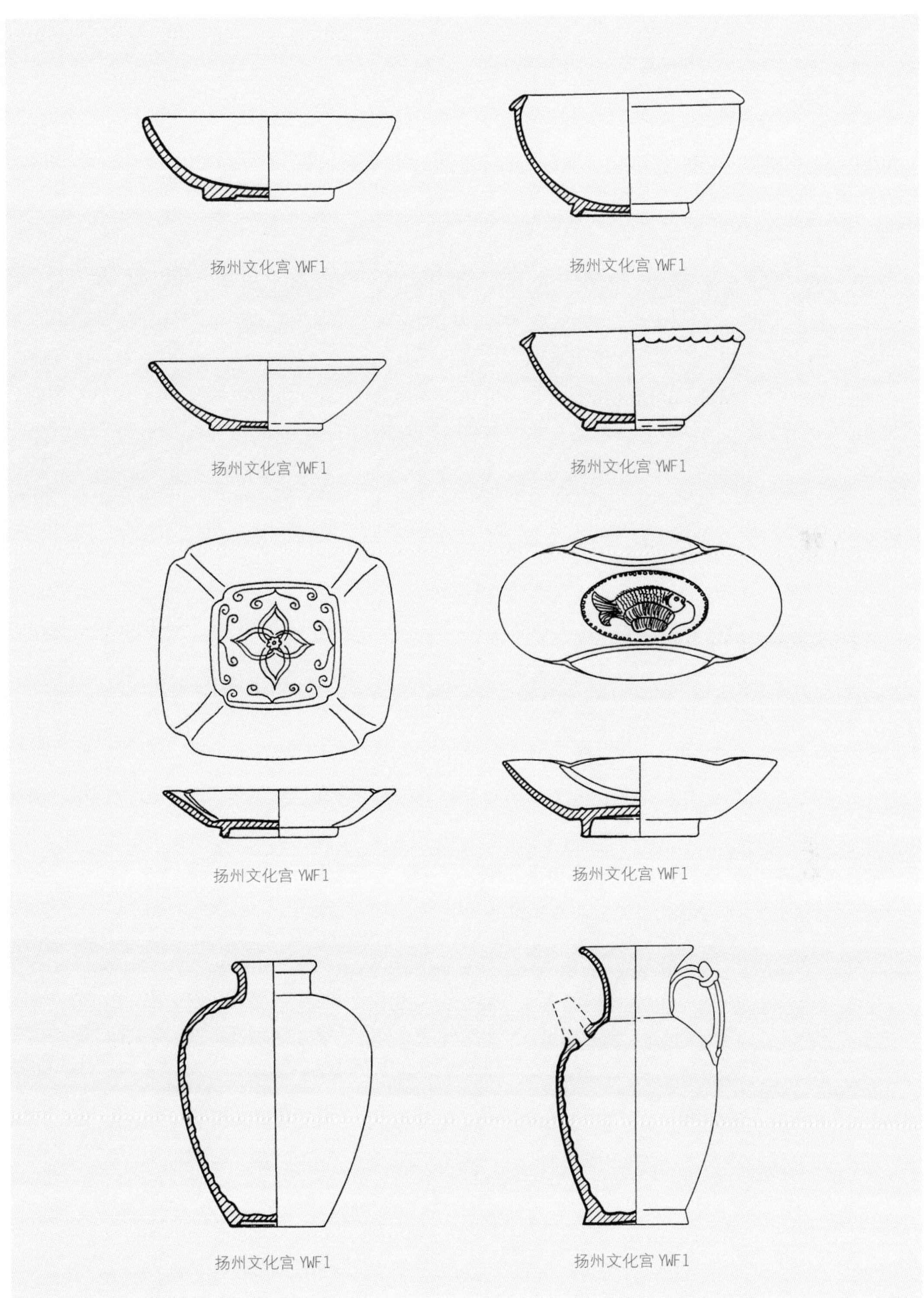

图 1. 晚唐定窑瓷器

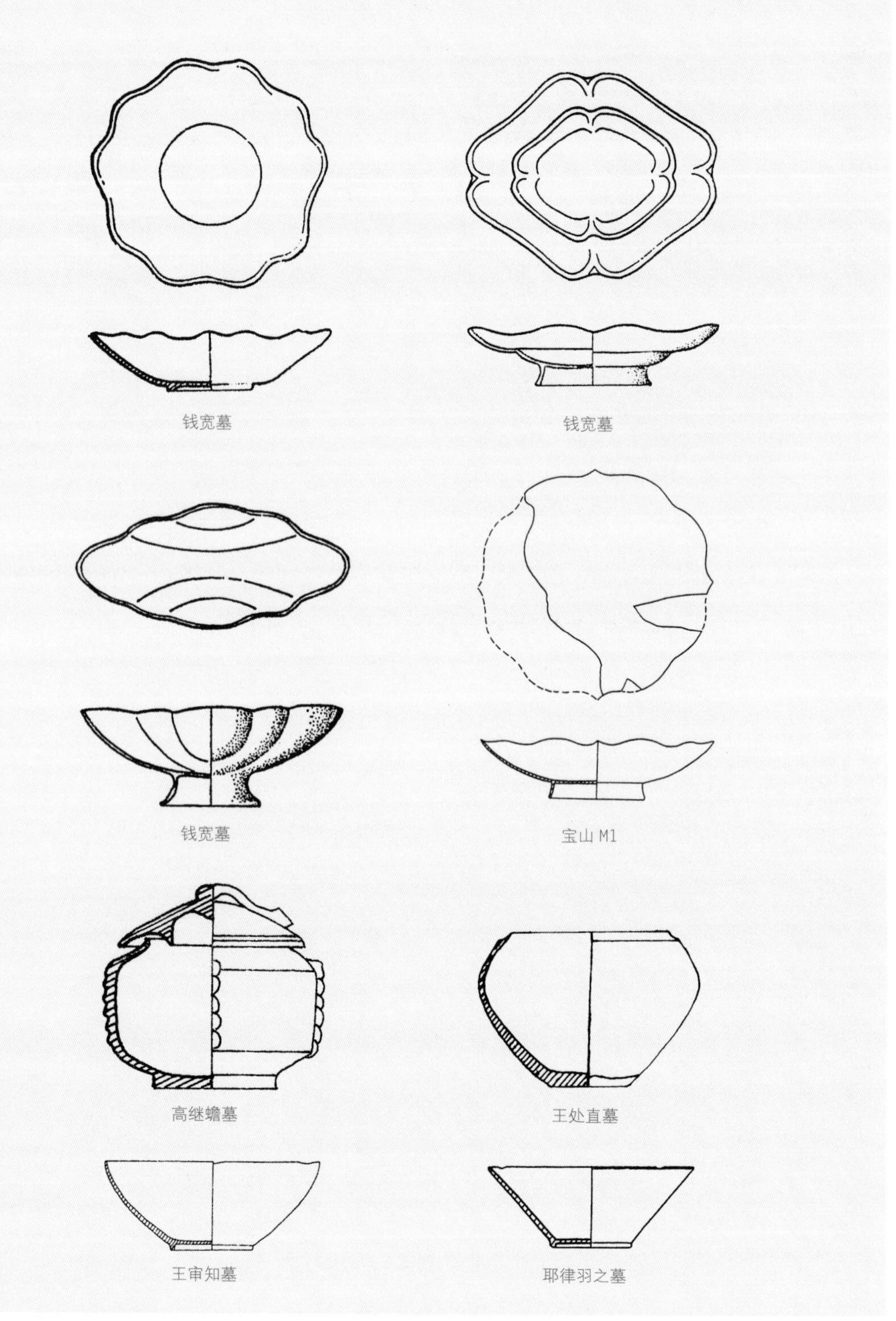

图 2. 唐末至宋初定窑瓷器

早组代表材料主要有：唐光化三年（900年）临安钱宽墓[1]、天复元年（901年）临安水邱氏墓[2]、后梁开平三年（909年）洛阳高继蟾墓[3]、辽天赞二年（923年）阿鲁科尔沁旗宝山M1[4]、后唐同光元年（924年）曲阳王处直墓[5]、长兴三年（932年）福州王审知墓[6]、吴大和五年（933年）连云港王氏墓[7]、曲阳涧磁村墓[8]、西安火烧壁窖藏[9]等。典型器物有唇口碗、敞口碗、侈口碗（后两种碗多作葵口，腹部压竖条瓜棱）、三瓣碟、五瓣碟、多瓣碟、印花委角方碟、侈口折腹盘、海棠盘、多曲长杯（有的内底模印鱼纹）、执壶、敛口钵、盖盒、小盖罐、方枕（有的枕面划花）、凤首壶、塔式罐等。碗盘类多为圈足，釉色青白，积釉呈淡绿色，一般外壁施釉至下腹，质量精细者施满釉后足端刮釉，有的外底刻划“官”、“新官”等款。较晚一组代表材料有：辽会同五年（942年）阿鲁科尔沁旗耶律羽之墓[10]、南唐保大四年（946年）合肥汤氏墓[11]、保大十一年（953年）姜氏墓[12]、辽应历九年（959年）赤峰萧沙姑墓[13]、印度尼西亚井里汶沉船[14]等。典型器物有敞口斜壁碗、侈口撇足盘、柳斗纹高足杯、侈口鼓腹盂等。

二期3段：北宋早期（图3）。又可分早晚两组，分别约10世纪晚期及11世纪早期。较早一组代表材料主要有：宋太平兴国二年（977年）定州静志寺塔基、至道元年（995

1　浙江省博物馆、杭州市文管会：《浙江临安晚唐钱宽墓出土天文图及“官”字款白瓷》，《文物》1979年第12期。

2　明堂山考古队：《临安县唐水邱氏墓发掘报告》，《浙江省文物考古所学刊》第94-104页，文物出版社，1981年。

3　洛阳市文物工作队：《洛阳后梁高继蟾墓发掘简报》，《文物》1995年第8期。

4　内蒙古文物考古研究所、阿鲁科尔沁旗文物管理所：《内蒙古赤峰宝山辽壁画墓发掘简报》，《文物》1998年第1期。

5　河北省文物研究所：《五代王处直墓》，文物出版社，1998年。

6　福建省博物馆、福州市文物管理委员会：《唐末五代闽王王审知夫妇墓清理简报》，《文物》1991年第5期。

7　江苏省文物管理委员会：《五代吴大和五年墓清理记》，《文物参考资料》1957年第3期。

8　申献友、李建丽：《谈晚唐五代定窑白瓷》，上海博物馆编：《中国古代白瓷国际学术研讨会论文集》第267-284页，上海书画出版社，2005年。

9　王长启、成生安：《西安火烧壁发现晚唐“官”字款白瓷》，《考古与文物》1986年第4期；王蔚华：《西安出土的定窑“官”字款白瓷》，《收藏界》2008年第4期。

10　内蒙古文物考古研究所等：《辽耶律羽之墓发掘简报》，《文物》1996年第1期。

11　石谷风、马人权：《合肥西郊南唐墓清理简报》，《文物参考资料》1958年第3期。

12　葛介屏：《安徽合肥发现南唐墓》，《考古通讯》1958年第7期。

13　前热河省博物馆筹备组：《赤峰县大营子辽墓发掘报告》，《考古学报》1956年第3期。

14　秦大树：《拾遗南海、补阙中土——谈井里汶沉船的出水瓷器》，《故宫博物院院刊》2007年第6期；按：该船沉没年代一般认为在北宋早期，所出白瓷中有部分碗盘类器物等可能系五代末至宋初定窑产品，但同时期繁昌窑亦有同类产品。

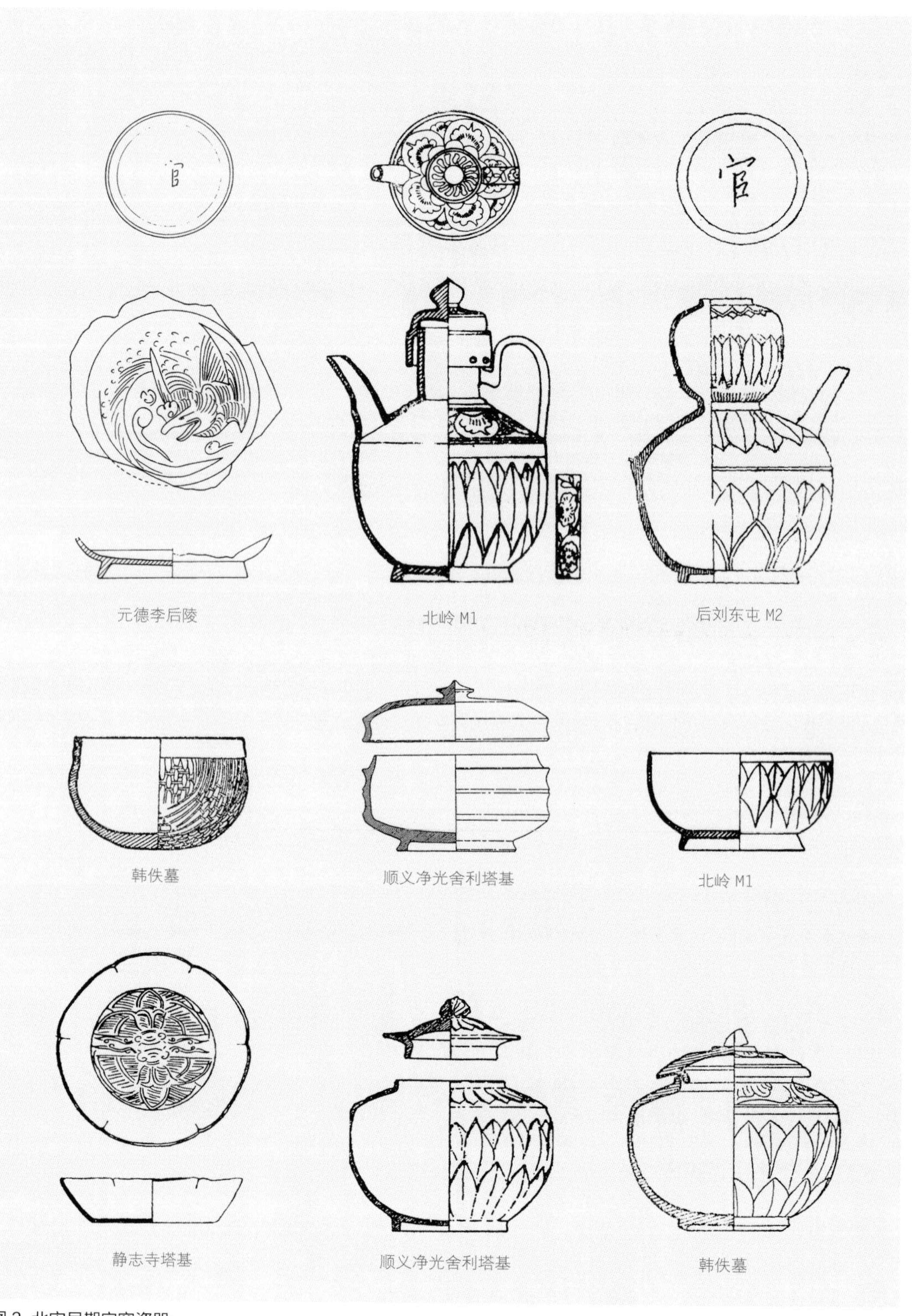

图 3. 北宋早期定窑瓷器

年）净众院塔基[1]、辽统和十五年（997年）北京韩佚墓[2]、宋咸平三年（1000年）巩义元德李后陵[3]、法库叶茂台M7[4]等。典型器物有敞口碗、敞口盘、盏托、盖盒、小盖罐、双耳炉、长颈瓶、净瓶等。釉色由青白转向纯白，施釉普遍及于底足。器物开始重视刻划花装饰，碗碟盘内底有的细线划蝶纹、凤纹等，瓶罐壶外壁往往刻多层莲瓣，“官”字款仍然存在。较晚一组代表材料主要有：辽开泰二年（1013年）顺义净光舍利塔基[5]、开泰七年（1018年）奈曼旗陈国公主墓[6]、开泰九年（1020年）朝阳耿延毅墓[7]、太平七年（1027年）朝阳耿知新墓[8]、康平后刘东屯M2[9]、北票水泉M1[10]、喀左北岭M1[11]等。典型器物有花瓣口碟、花瓣口盘、刻莲瓣纹小盖罐及各式注壶。

二期4段：北宋中期（图4），约11世纪中期。此段代表材料有：重熙十八年（1049年）巴林右旗庆州舍利塔[12]、重熙二十二年（1053年）北京王泽墓[13]、清宁四年（1058年）蓟县独乐寺塔[14]、朝阳北塔[15]、密云冶仙塔[16]、武清塔基[17]、巴林右旗床金沟M5[18]、义县清河门M4[19]、阜新关

1 出光美术馆：《地下宫殿的遗宝——中国河北省定州北宋塔基出土文物展》，东京平凡社，1997年。

2 北京市文物工作队：《辽韩佚墓发掘报告》，《考古学报》1984年第3期。

3 河南省文物研究所、巩县文物保管所：《宋太宗元德李后陵发掘报告》，《华夏考古》1988年第3期。

4 冯永谦：《叶茂台辽墓出土的陶瓷器》，《文物》1975年第12期；以下无纪年辽墓的年代判定据冯恩学：《辽代鸡冠壶类型学探索》，《北方文物》1996年第4期；刘未《辽代契丹墓葬研究》，《考古学报》2009年第4期；另外，辽墓出土白瓷此前认定为定窑者，有部分实为辽境窑场产品，剔除不录。

5 北京市文物工作队：《顺义县辽净光舍利塔基清理简报》，《文物》1964年第8期。

6 内蒙古自治区文物考古研究所、哲里木盟博物馆：《辽陈国公主墓》，文物出版社，1993年。

7 朝阳地区博物馆：《辽宁朝阳姑营子耿氏墓发掘报告》，《考古学集刊》3，第168-195页，中国社会科学出版社，1983年。

8 朝阳地区博物馆：《辽宁朝阳姑营子耿氏墓发掘报告》，《考古学集刊》3，第168-195页，中国社会科学出版社，1983年。

9 铁岭市文物办公室、康平县文物管理所：《辽宁康平县后刘东屯二号辽墓》，《考古》1988年第9期。

10 辽宁省博物馆：《辽宁北票水泉一号辽墓发掘简报》，《文物》1977年第12期。

11 武家昌：《喀左北岭辽墓》，《辽海文物学刊》总1期，第32-51页，1986年。

12 德新等：《内蒙古巴林右旗庆州白塔发现辽代佛教文物》，《文物》1994年第12期。

13 北京市文物管理处：《近年来北京发现的几座辽墓》，《考古》1972年第3期。

14 天津市历史博物馆考古队、蓟县文物保管所：《天津蓟县独乐寺塔》，《考古学报》1989年第1期。

15 辽宁省文物考古研究所、朝阳市北塔博物馆：《朝阳北塔：考古发掘与维修工程报告》，文物出版社，2007年。

16 王有泉：《北京密云冶仙塔塔基清理简报》，《文物》1994年第2期。

17 张柏主编：《中国出土瓷器全集》2，第11-12页，科学出版社，2008年。

18 内蒙古文物考古研究所：《巴林右旗床金沟5号辽墓发掘简报》，《文物》2002年3期；按：此墓从形制及壁画来看年代当在11世纪早期，但所出瓷器均与11世纪中期者趋同。

19 李文信：《义县清河门辽墓发掘报告》，《考古学报》第8册，1954年。

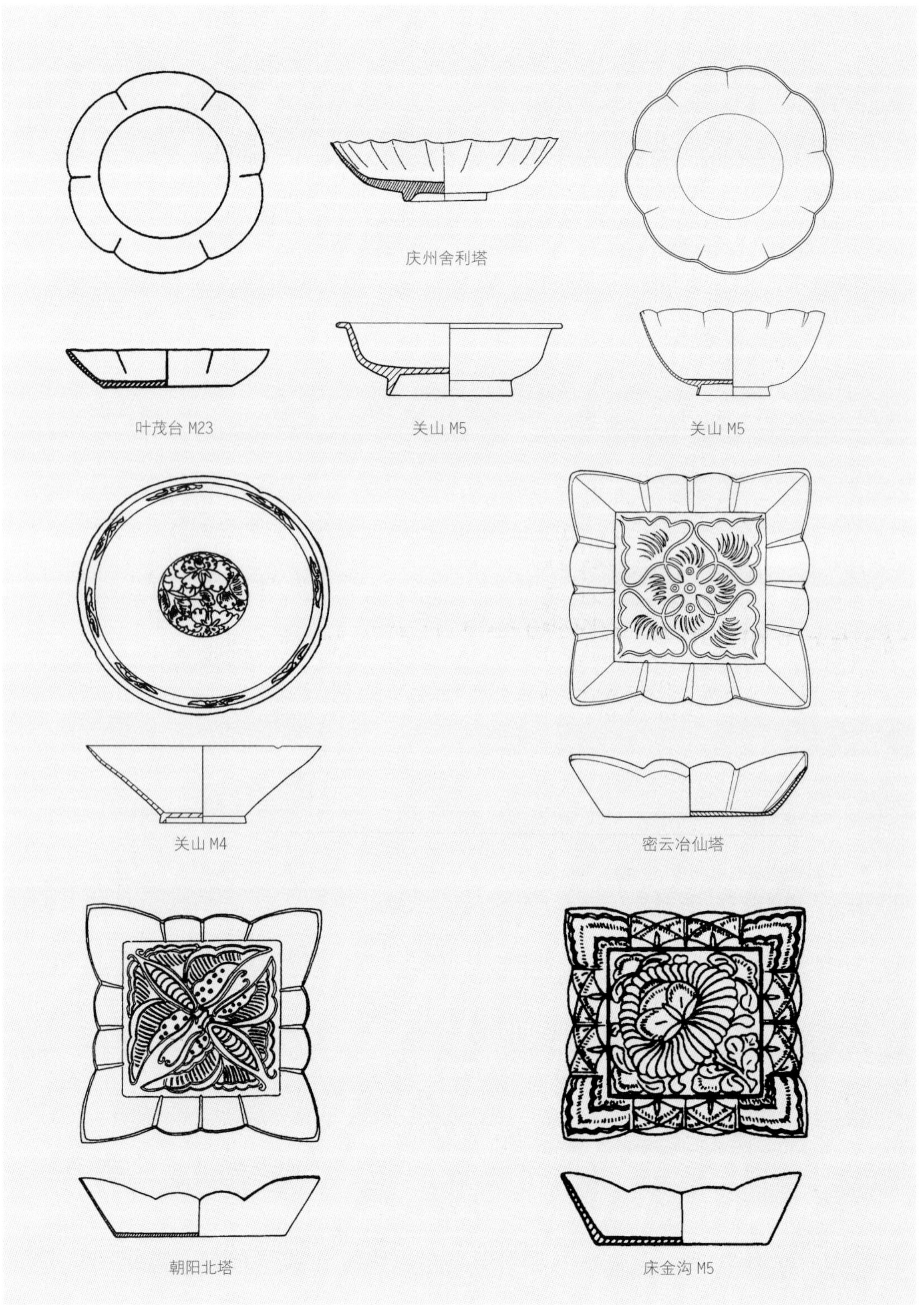

图 4. 北宋中期定窑瓷器

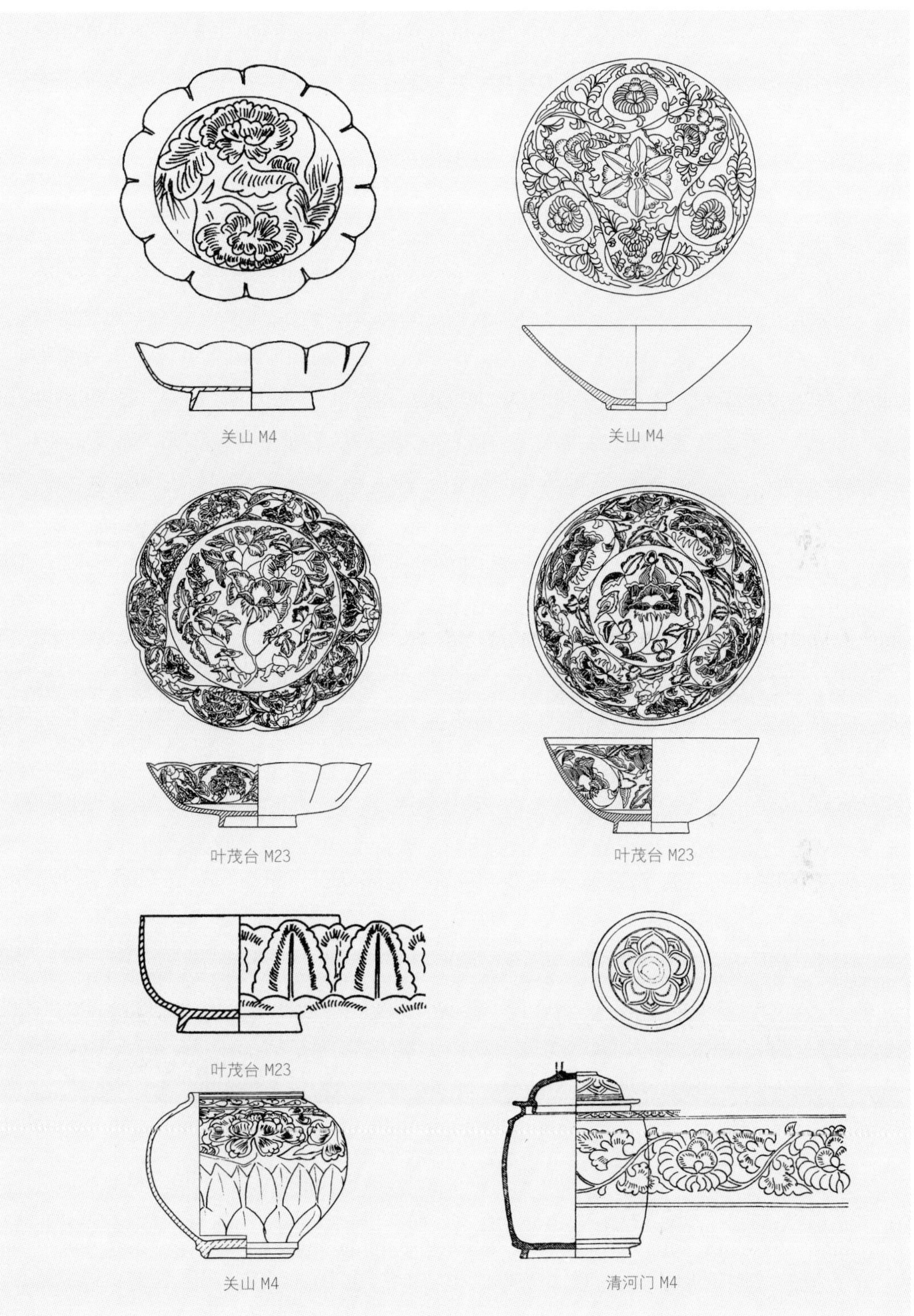

关山 M4
关山 M4
叶茂台 M23
叶茂台 M23
叶茂台 M23
关山 M4
清河门 M4

山 M4 及 M5[1]、法库叶茂台 M23[2] 等。典型器物有花瓣口碗、直口深腹碗、敞口斜壁碗、花瓣口碟、印花方碟、花瓣口盘、平沿折腹盘、盏托、注壶、炉等。直口碗、罐、壶外壁多刻莲瓣纹、蕉叶纹或缠枝花卉纹。除方碟外，一些敞口碗盘内壁开始模印繁缛的缠枝花卉，与刻划者均作阔叶大花。器物仍以仰烧为主。

二期 5 段：北宋晚期（图 5），约 11 世纪晚期至 12 世纪早期[3]。此段代表材料有：宋熙宁四年（1071 年）镇江章岷墓[4]、辽咸雍八年（1072 年）宁城萧府君墓[5]、宋元祐元年（1086 年）永新刘瑾墓[6]、辽寿昌五年（1099）敖汉旗刘祜墓[7]、宋政和元年（1111 年）波阳施氏墓[8]、辽天庆三年（1113 年）北京丁文逌墓[9]、天庆五年（1115 年）易县净觉寺塔[10]、宋政和五年（1115 年）温州白象塔[11]、新民巴图营子墓[12]、朝阳西上台墓[13]、江阴夏港 M1[14]、四川简阳窖藏[15] 等。典型器物有敞口弧腹碗（多做六花口、腹壁压棱）、敞口或直口深腹碗、敞口斜壁碗、敞口碟、花瓣口碟（壁内曲）、折腹盘、直口洗、梅瓶、矮梅瓶等。釉色略

---

1 辽宁省文物考古研究所：《关山辽墓》，文物出版社，2011 年；万雄飞：《辽宁阜新关山辽墓出土瓷器的窑口与年代》，《边疆考古研究》第 8 辑，第 203-217 页，科学出版社，2009 年。

2 辽宁省文物考古研究所、沈阳市文物考古研究所：《辽宁法库县叶茂台 23 号辽墓发掘简报》，《考古》2010 年第 1 期；彭善国：《法库叶茂台 23 号辽墓出土陶瓷器初探》，《边疆考古研究》第 9 辑，第 200-206 页，科学出版社，2010 年。

3 按：此段仍有细分为早晚两组的可能，如酱釉、黑釉器物多见于 11 世纪晚期，而刻划萱草纹器物多见于 11 世纪末至 12 世纪初。至于窑址出土或传世之"尚药局"款盖盒及各式仿古器物更可归于徽宗时期。

4 镇江市博物馆：《镇江市南郊北宋章岷墓》，《文物》1977 年第 3 期，55-58 页。与此墓所出酱釉梅瓶相似者还见于江苏金坛、安徽肥西，《中国出土瓷器全集》7，129 页；8，115 页。

5 内蒙古文物考古研究所、赤峰市博物馆：《宁城县岳家杖子辽萧府君墓清理记》，《内蒙古文物考古文集》第 1 辑，第 548-552 页，中国大百科全书出版社，1994 年。

6 范凤妹：《记江西出土的北方名窑瓷器》，《江西历史文物》1986 年第 2 期；与此墓所出划花梅瓶类似者见于江苏南京，《中国出土瓷器全集》7，第 143 页。后者小口鼓肩，器型更显修长，但纹饰题材及布局与前者相同。

7 邵国田：《敖汉旗羊山 1-3 号辽墓清理简报》，《内蒙古文物考古》1999 年第 1 期。

8 范凤妹：《记江西出土的北方名窑瓷器》，《江西历史文物》1986 年第 2 期。

9 北京市文物工作队：《北京西郊百万庄辽墓发掘简报》，《考古》1963 年第 3 期；马希桂：《北京辽墓和塔基出土白瓷窑属问题的商榷》，《北京文物与考古》第 1 辑，第 48-54 页，1983 年。

10 河北省文物管理处：《河北易县净觉寺舍利塔地宫清理记》，《文物》1986 年第 9 期。

11 温州市文物处、温州市博物馆：《温州市北宋白象塔清理报告》，《文物》1987 年第 5 期。

12 冯永谦：《辽宁省建平、新民的三座辽墓》，《考古》1960 年第 2 期。

13 韩国祥：《朝阳西上台辽墓》，《文物》2000 年第 7 期。

14 高振卫、邬红梅：《江苏江阴夏港宋墓清理简报》，《文物》2001 年第 6 期。

15 四川省文物管理委员会：《四川简阳东溪园艺场元墓》，《文物》1987 年第 2 期；按：此系一所较为特殊的窖藏，所出瓷器以南宋中晚期龙泉窑青瓷和景德镇青白瓷为主，亦有相当数量定窑瓷器，其中占少数的印花器物为金代后期产品，其余占多数的白釉碟、酱釉碗、黑釉碗实为北宋晚期产品。

图 5. 北宋晚期定窑瓷器

微偏黄，呈所谓牙白色。另有酱釉、黑釉，色泽匀净，品质较好。刻划花流行，纹饰稍显繁缛，常见萱草纹、菊花纹与螭龙纹[1]，其中萱草叶片外缘作连续卷曲状，叶面附加篦划，精细器物往往内外兼具刻划纹饰。碗钵碟盘类器物多采用芒口覆烧，酱釉、黑釉者仍为仰烧。

三期6段：金代前期（图6），约12世纪中期。此段代表材料有：金正隆四年（1159年）大同云中大学M1及M2[2]、正隆六年（1161年）大同徐龟墓[3]、宋乾道六年（1170年）长沙王趯墓[4]、北京南辛庄M1及M2[5]、敖汉旗小柳条沟墓[6]、曲阳法兴寺窖藏[7]等。典型器物有敞口碗、侈口碗、直口深腹碗、敞口碟、花瓣口碟、敞口盘、花瓣口盘、唇口钵、瓜棱执壶、弦纹樽式炉等。器物内侧多刻划萱草纹、盘龙纹等，亦有印花装饰者。

三期7段：金代后期（图7），约12世纪晚期至13世纪早期[8]。此段代表材料有：金大定十七年（1177年）通州石宗璧墓[9]、大定二十四年（1184年）朝阳马令墓[10]、宋庆元六年（1200年）江浦章氏墓[11]、金泰和五年（1205年）铁岭前下塔子墓[12]、巴林左旗林东M1[13]、北京先农

1　夏港M1所出刻划螭龙纹碗，同样纹饰见于定窑遗址北宋晚期单位出土“尚食局”款敞口深腹碗、“乔位”款平底碟（见前揭秦大树《定窑概况与考古发掘》），这类器物恰可与文献中关于北宋末年定窑器物的描述相对应：徐松辑：《宋会要辑稿》崇儒七之五九、六〇：“宣和七年六月二十六日，诏：近命有司考不急之务，无名之费，特加裁定，允协厥中。然化自内始，政由身率，乃克有济。仰惟熙宁诏书，首罢四方岁贡，明训具在，祗若先猷，蔽自朕躬，理宜损益。应殿中省六尚局诸路贡物，可止依今来裁定施行：……尚食局……中山府瓷中样矮足里拨盘龙汤盏一十只……”第2318页，中华书局，1957年；佚名编：《百宝总珍集》卷九，古定条：“古定土脉好，唯京师乔娘子位者最好，底下珠红或碾或烧成乔字者是也，器物底有蚩虎者多好。”《四库全书存目丛书》子部78册，第808-809页，影印北京大学图书馆藏清钞本，齐鲁书社，1995年。

2　大同市博物馆：《大同市南郊金代壁画墓》，《考古学报》1992年第4期。

3　大同市博物馆：《山西大同市金代徐龟墓》，《考古》2004年第9期。

4　高至喜：《长沙东郊杨家山发现南宋墓》，《考古》1961年第3期；张柏主编：《中国出土瓷器全集》13，第212页，科学出版社，2008年。

5　北京市海淀区文化文物局：《北京市海淀区南辛庄金墓清理简报》，《文物》1988年第7期。

6　王建国：《敖汉旗小柳条沟金代墓葬》，《内蒙古文物考古》第4期，1986年。

7　妙济浩、薛增福：《河北曲阳北镇发现定窑瓷器》，《文物》1984年第5期。

8　按：定窑遗址1965年简报报道的北宋层出土器物实际全部属于金代后期。北方地区金代遗迹出土印花白瓷一般认为均系定窑产品，但其中很可能包含有井陉窑产品，如林西、临淄窖藏所见内底开光腹壁菊瓣的印花盘，井陉窑遗址就出土过同式印模；参孟繁峰、杜桃洛：《井陉窑遗址出土金代印花模子》，《文物春秋》1997年增刊；井陉窑虽经多次考古发掘，但资料尚未刊布，故目前还难以将非窑址资料中井陉窑、定窑产品准确区分开来。

9　北京市文物管理处：《北京市通县金代墓葬发掘简报》，《文物》1977年第11期。

10　辽宁省博物馆：《辽宁朝阳金代壁画墓》，《考古》1962年第4期。

11　南京市博物馆：《江浦黄悦岭南宋张同之夫妇墓》，《文物》1973年第4期。

12　铁岭市博物馆、铁岭县文物管理所：《铁岭县前下塔子金墓》，《辽海文物学刊》1988年第2期。

13　李逸友：《昭盟巴林左旗林东镇金墓》，《文物》1959年第7期；按：林东M2亦被认作金代，但所出定窑花瓣口碟的年代应为11世纪中期。

坛墓[1]、三河行仁庄74M1[2]、徐水西黑山M19及M46[3]、农安窖藏[4]、公主岭窖藏[5]、林西窖藏[6]、奈曼旗窖藏[7]、清原窖藏[8]、西丰II号窖藏[9]、曲阳北镇窖藏[10]、沧州窖藏[11]、淄博窖藏[12]、俄罗斯滨海地区城址[13]、前郭塔虎城遗址[14]、德惠揽头窝堡遗址[15]、公主岭秦家屯城遗址[16]、岫岩长兴遗址[17]、集宁路遗址[18]、黄骅海丰镇遗址[19]、杭州北大桥墓[20]、谷城国税局墓[21]、遂宁窖藏[22]、简阳窖藏[23]、峨眉山窖藏[24]、荣昌窖藏[25]等。典型器物有敞口盏、敞口碗、侈口碗、直口深腹碗、敞口碟、敞口盘、侈口盘、折沿盘、花瓣口洗、唇口大钵等。釉色普遍偏黄，酱釉、黑釉色泽不匀，品质较差。器物装饰刻划花与印花并重，除深腹碗外壁刻划菊瓣纹或大钵外壁刻划莲瓣纹外，碗盘类纹饰主要处于内侧。刻划花多为萱草纹、莲荷纹、双鱼纹、菊花纹，线条简洁，印花装饰

1　马希桂：《北京先农坛金墓》，《文物》1977年第11期。
2　河北省文物研究所等：《河北三河县辽金元时代墓葬出土遗物》，《考古》1993年第12期。
3　南水北调中线干线工程建设管理局等：《徐水西黑山：金元时期墓地发掘报告》，文物出版社，2007年。
4　吉林省博物馆、农安县文管所：《吉林农安金代窖藏文物》，《文物》1988年第7期。
5　武中宝等：《公主岭市新发现两处金代窖藏文物》，《博物馆研究》1989年第2期；按：简报所谓仿定瓷器中刻划双鱼纹盘、菊花纹碗均为定窑产品。
6　王刚：《林西县发现金代瓷器窖藏》，《文物》1996年第8期。
7　刘燕平：《窖藏“紫定”印花碗》，《文物》1985年第8期；按：此类酱釉印花碗系金代后期产品，并非北宋，敖汉旗、巴林右旗亦有出土，见张柏主编：《中国出土瓷器全集》4，第109-110页，科学出版社，2008年。
8　王运至：《辽宁清原县二道沟出土定窑系统瓷器》，《文物》1980年第10期。
9　张大为等：《西丰凉泉金代窖藏》，《辽海文物学刊》1997年第1期。
10　妙济浩、薛增福：《河北曲阳县定窑遗址出土印花模子》，《考古》1985年第7期。
11　卢瑞芳、卢河亭：《河北沧州出土的金代瓷器》，《收藏家》2004年第2期。
12　淄博市博物馆、临淄区文管所：《山东临淄出土宋代窖藏瓷器》，《考古》1985年第3期。
13　彭善国：《俄罗斯滨海地区出土定窑瓷器的探讨》，《考古》2007年第1期。
14　何明：《记塔虎城出土的辽金文物》，《文物》1982年第7期。
15　吉林省揽头窝堡遗址考古队：《吉林德惠市揽头窝堡遗址六号房址的发掘》，《考古》2003年第8期。
16　陈相伟：《吉林怀德秦家屯古城调查记》，《考古》1964年第2期。
17　辽宁省文物考古研究所、岫岩满族博物馆：《辽宁岫岩县长兴辽金遗址发掘简报》，《考古》1999年第6期；按：简报中所谓仿定白瓷实属定窑产品。
18　陈永志主编：《内蒙古集宁路古城遗址出土瓷器》，文物出版社，2004年。
19　张宝刚：《黄骅市海丰镇遗址出土的金代定窑瓷片》，《文物春秋》2011年第3期。
20　浙江省文物考古研究所：《杭州北大桥宋墓》，《文物》1988年第11期。
21　李广安：《湖北谷城县宋墓出土定窑印花瓷器》，《考古》2003年第1期。
22　成都文物考古研究所、遂宁市博物馆：《遂宁金鱼村南宋窖藏》，文物出版社，2012年。
23　四川省文物管理委员会：《四川简阳东溪园艺场元墓》，《文物》1987年第2期。
24　四川省文物考古研究所、峨眉山市文物管理所：《峨眉山市罗目镇宋代窖藏发掘简报》，《四川文物》2003年第1期。
25　重庆市博物馆、荣昌县文化馆：《重庆市荣昌县宋代窖藏瓷器》，《四川考古报告集》第406-413页，文物出版社，1998年。

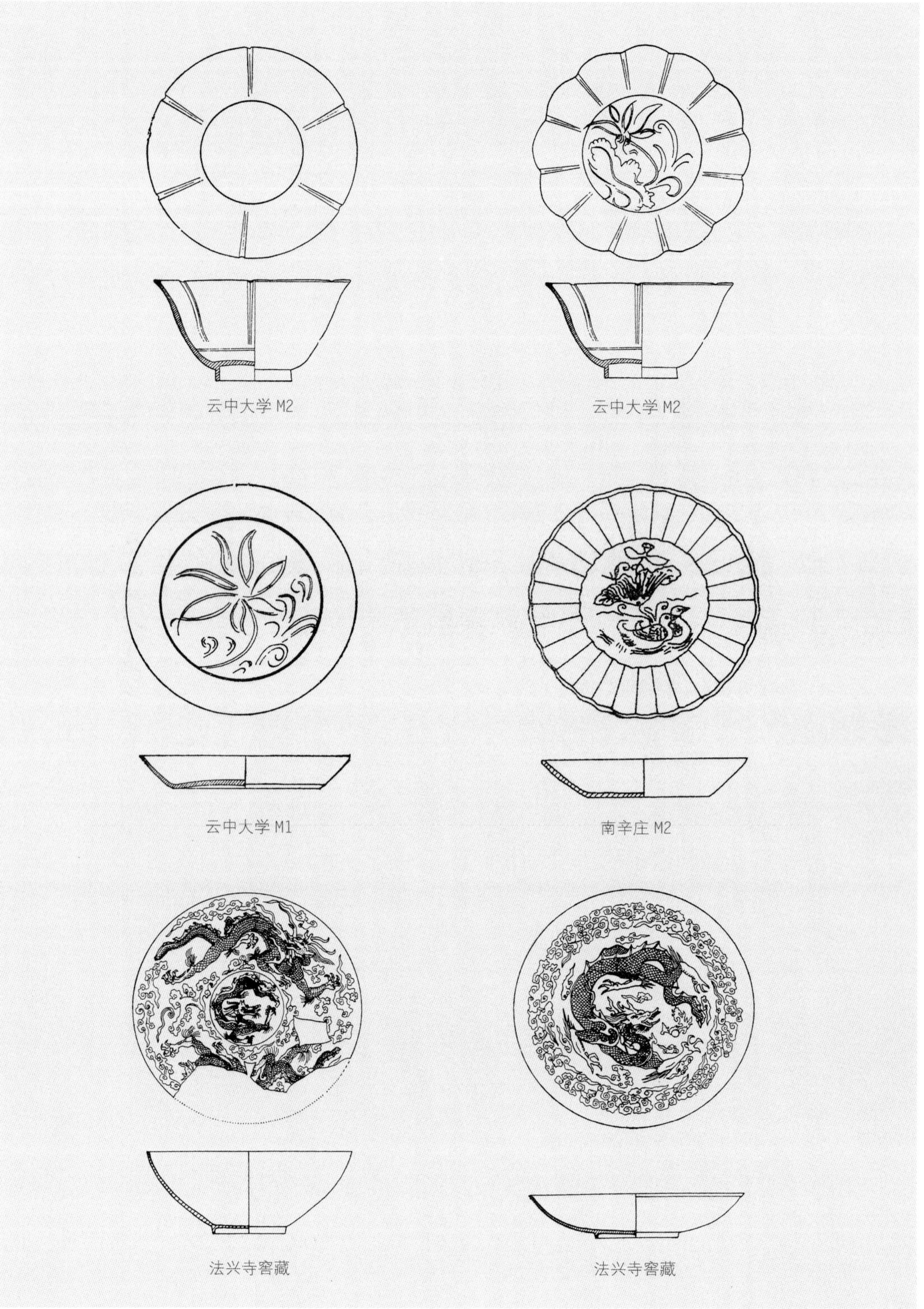

图 6. 金代前期定窑瓷器

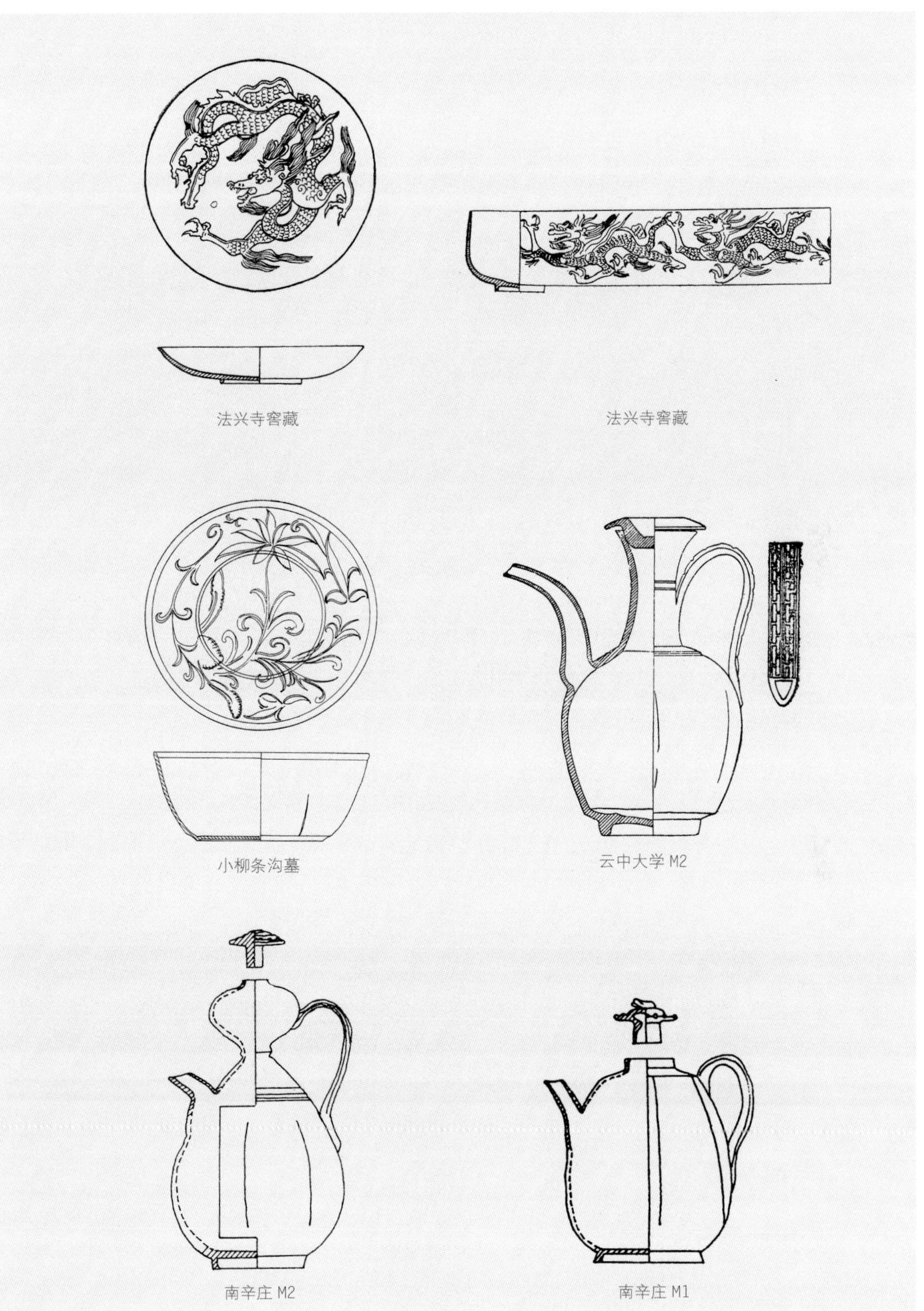
法兴寺窖藏
法兴寺窖藏
小柳条沟墓
云中大学 M2
南辛庄 M2
南辛庄 M1

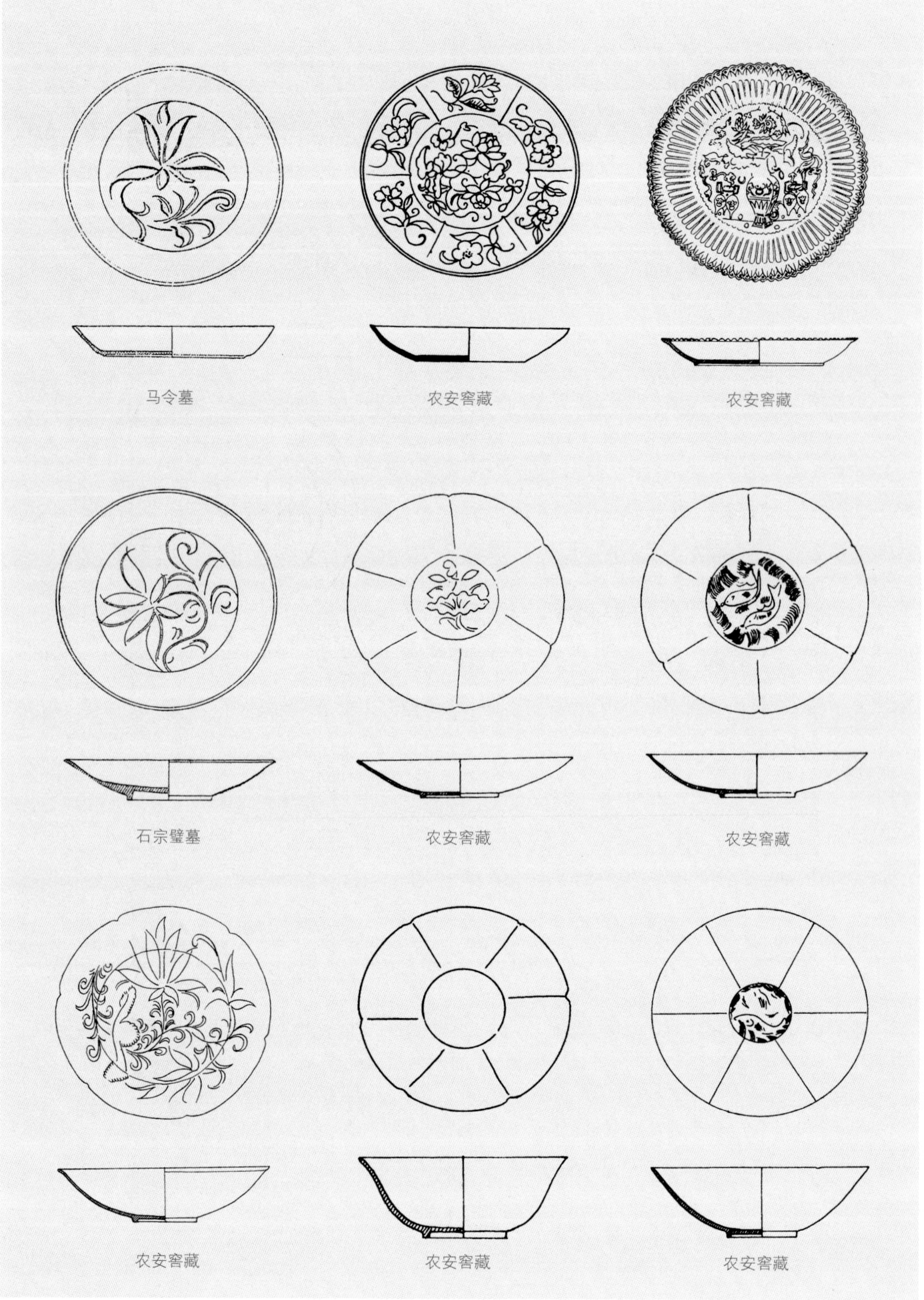

图 7. 金代后期定窑瓷器

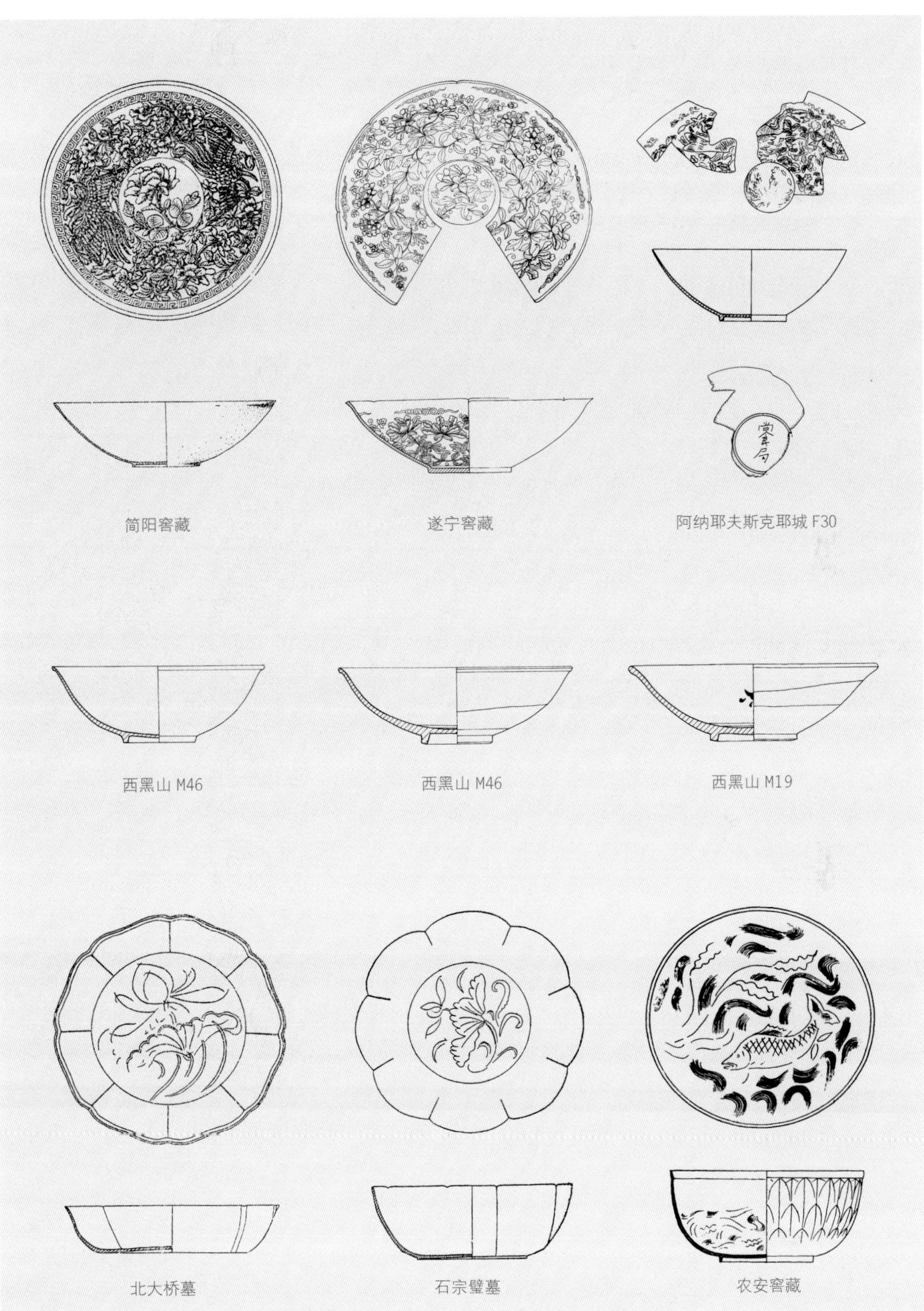
简阳窖藏
遂宁窖藏
阿纳耶夫斯克耶城 F30
西黑山 M46
西黑山 M46
西黑山 M19
北大桥墓
石宗璧墓
农安窖藏

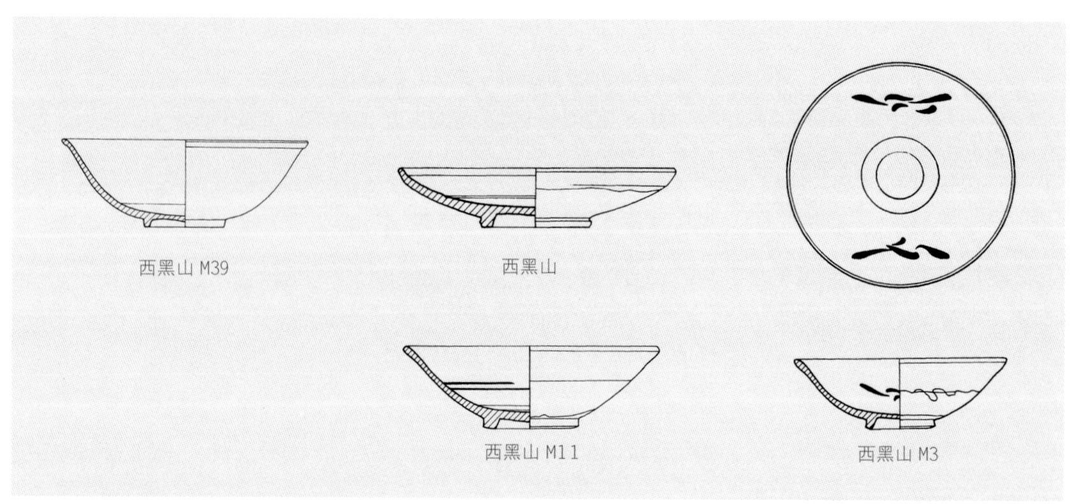

图 8. 蒙元定窑瓷器

各种动植物图案繁缛多变，花口器物内壁以凸线纹间隔为六或八组，一些印花碗盘外底刻划“尚食局”款。绝大部分器物采用芒口覆烧，酱釉、黑釉亦是如此，故碗盘类圈足普遍低矮，碟钵类更甚。另有胎质较粗的青黄釉或化妆白瓷，后者多施酱彩，采用涩圈叠烧。

四期 8 段：蒙元（图 8），约 13 世纪中晚期。此期定窑细白瓷传统已经终结，仅余粗瓷[1]，代表材料为徐水西黑山 M3、M11、M39[2] 等。典型器物只有侈口碗、敞口盘等少数器类，青黄釉或化妆白瓷，多施酱彩或与黑釉同器搭配作双色釉，部分器物延续芒口覆烧，其余多采用涩圈叠烧，故圈足粗壮。

1 定窑中心窑场涧磁、北镇一带此期似已停烧，生产地主要集中于燕川一带；调查材料见田宝玉：《定窑燕川古窑址调查》，《中国古陶瓷研究》第 16 辑，第 547-566 页，紫禁城出版社，2010 年。

2 南水北调中线干线工程建设管理局等：《徐水西黑山：金元时期墓地发掘报告》，文物出版社，2007 年。

略论宋金定瓷的流布

喻珊 深圳博物馆

内容提要：本研究以定窑窑址外所出定瓷为基础材料，广泛收集国内各地墓葬、塔基、窖藏和城址中所出定窑材料，并结合窑址发掘简报，在前人研究的基础上，采用前人的分期成果，将宋金时期国内各遗址中出土的定窑瓷器分为四个阶段进行探讨，并对每件标本的出土地点进行记录，以了解其传输的范围及路线。最后分阶段探讨定窑瓷器的生产特征、产品的行销范围和使用阶层等方面的问题，力图全面揭示定窑各个时期的生产面貌和运销情况。

关键词：定窑瓷器　阶段性　区域性　流布范围　使用阶层

定窑是我国历史上著名的白瓷窑址，也是陶瓷界研究的热点，历年来的研究和著述颇丰。通过对定窑研究简史的梳理，可见前人研究论著虽已在广泛领域展开，但对定窑在国内行销流布情况的研究至今仍是古陶瓷研究领域中的薄弱环节。对定瓷流布问题进行研究，不仅可以较为全面地揭示定窑各个时期的生产面貌、运销情况，同时也为探析当时的社会、经济和文化提供了可靠的实物参佐材料。本研究以窑址外所出土定瓷为研究的基础材料，广泛收集国内各地墓葬、塔基、窖藏和城址中所出土定瓷材料，结合窑址发掘简报，在前人研究的基础上，采用前人的分期成果（分别是彭善国先生[1]以及刘淼女士[2]的成果），将国

1　彭善国：《定窑瓷器分期新探——以辽墓、辽塔出土资料为中心》，《内蒙古文物考古》2008 年第 2 期。
2　刘淼：《考古发现的金代定窑瓷器初步探讨》，《考古》2008 年第 9 期。

内各遗址中出土的宋金定瓷分为四个阶段，分别是：

第一阶段：北宋前期，10 世纪 60 年代到 11 世纪中叶（960 ~ 1055 年左右）

第二阶段：北宋后期，约 11 世纪 50 年代后半到 12 世纪初（1055 ~ 1127 年左右）

第三阶段:金 / 南宋前期，约 12 世纪 20 年代后半到 12 世纪 70 年代（1127 ~ 1170 年）

第四阶段：金 / 南宋后期，约 12 世纪 70 年代到 13 世纪 70 年代（1170 ~ 1279 年）

论文对定窑窑址外 130 个单位的 1210 件瓷器进行了统计，以墓葬为主，兼及塔基、窖藏等，分阶段探讨了定窑瓷器的生产特征、产品的行销范围和使用阶层等方面的问题，现将部分研究成果简要介绍如下。

一　第一阶段：北宋前期

本阶段当北宋前期（图 1、表 1），时代相当于 10 世纪 60 年代到 11 世纪中叶。结合文献记载来看，自五代末始，定窑取代邢窑成为北方主要白瓷窑之一。《太平寰宇记》记载了太平兴国（976 ~ 984 年）年间的政区、山川、风俗、姓氏、土产等事，统检全书可见，定州[1]与河南府、越州和邢州一并，共同成为当时重要的“土供瓷器”之所。其产品还是北宋宫廷用瓷的主要来源之一[2]，由此不难看出定窑在宋初的繁荣。

通过对本期的 30 座墓葬、8 个塔基和 6 个遗址共 44 个单位进行统计，共出土北宋前期定窑瓷器 482 件。此阶段定瓷北播到内蒙古科右前旗，南至江苏镇江，西到陕西黄陵，东至辽宁法库。

（一）北方地区

1. 窑址周边地区

此阶段定瓷在北宋境内出土数量最多的是河北西路定州地区，如静志寺、净众院两塔基就一次出土定瓷 170 件之多，且多为造型复杂的定瓷奢侈品。塔基所出定瓷种类繁多，有碗、盘、碟、杯、盏托、瓶、炉、洗、盏托、净瓶等。同一类器物的造型也变化

1 （宋）乐史撰:《太平寰宇记》第六十二“河北道”记:“定州……土产……瓷器……”中华书局,2007 年。

2 徐松辑录:《宋会要辑稿》食货五二之三七载:“瓷器库在建隆坊，掌受明、越、饶州、定州、青州白瓷器以给用。”第 5717 页，中华书局，1957 年。

多端，如盒有桃形、石榴形、竹筒形等。胎质薄俏细腻，造型端正优美，釉色柔和洁净，代表了北宋早期定窑瓷器的最高水平。

2. 辽境

此期出土定瓷的 29 座墓葬中辽墓占 28 座，出土定瓷 203 件，6 个辽塔出土定瓷 60 件，且基本都属于纪年明确的墓葬或塔基。

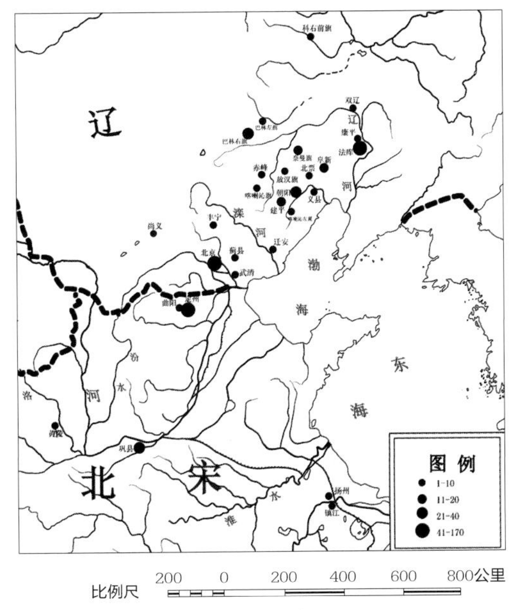

图 1. 北宋前期出土定窑瓷器分布图

辽境出土定瓷的墓葬大多等级较高，有级别较高的契丹皇族墓：如奈曼旗陈国公主耶律氏及驸马都尉萧绍矩墓、耶律曷鲁之孙东京中台省左相耶律元宁墓、羽厥里节度使耶律延宁以及晋国王萧和及秦国太妃耶律氏等；也有与契丹上层密切关系的汉族官僚：如始平军节度管内观察处置等使韩佚、户部使耿延毅、昭德军节度衙内都指挥使耿知新等。除高等级墓葬外，辽塔中所出宗教用瓷也十分精美，如巴林左旗庆州白塔、朝阳北塔天宫、地宫所出以及顺义净光舍利塔基、密云冶仙塔基所出等。

本阶段辽境所出定瓷以奢侈品为主，数量多、类型全。器物口沿镶金、银釦的情况多见。路振（957 ~ 1014 年）大中祥符元年（1008 年）以知制诰的身份充任贺契丹国主生辰使。出使期间，将所见所闻笔录成《乘轺录》，文中就记载“至幽州城南亭，是日大风，里民言，朝廷使来，率多大风。时燕京留守兵马大原帅秦王隆庆，遣副留守秘书大监张肃迎国信，置宴于亭中，供帐甚备，大阉具馔，盏斝皆颇璃黄金扣器”[1]。可见当时釦器的流行。

那么，辽境所出的这批数量多、类型全、质量高的定瓷产品是通过什么途径流入的呢？

其一，官方赠答。这一阶段辽境中发现的定窑瓷器，尤其是刻“官”、“新官”款的器

1 （宋）路振：《乘轺录》，收入赵永春编著《奉使辽金行程录》第 15 页，吉林文史出版社，1995 年。

物相当一部分出土于级别很高的契丹皇族墓（如耶律元宁墓、陈国公主墓、巴林右旗床金沟 M5 等），也在与契丹上层有密切关系的汉族官僚墓（如耿延毅、韩佚等）中出土。这一部分定瓷可能就是以往研究中通过宋辽交聘的途径流入的，宋辽自“澶渊之盟”后，信使往来、交聘馈赠频繁[1]，在其和平相处的 124 年间，估计全部聘使约 1600 余人[2]。北宋赠辽国使者的礼物有金香奁、瓶、盏、注壶、茶罗子等物[3]，辽国使者入宋后也会“沿路收买物色”以致“行李重大，所差之人，津般不足”。这其中应有精致的定瓷。有的也有可能是汪庆正先生认为的北宋使者吊慰赙赠的瓷器[4]。据《辽史·礼志》记载，凡辽帝死，宋使祭奠吊慰都有祭奠礼物。其贵戚、大臣亡故，宋廷也必有所赙赠，这其中包括某些白瓷明器在内，也是合乎情理的。如墓中出土有定瓷注碗 9 件及“官”款罐、盒等的陈国公主卒后，“追封之命，赙赠之仪，并加于常典”[5]。

其二，民间贸易。除级别较高的墓葬外，定窑瓷器还见于级别较低的契丹贵族和汉人一般官吏墓葬，这些瓷器很有可能是通过贸易途径流入辽境。结合《宋会要辑稿》的记载“瓷器库在建隆坊，掌受明越饶州定州青州白瓷器以给用……真宗景德四年（1007 年）九月，诏瓷器库除拣封椿供进外，余者令本库将样赴三司，行人估价出卖。其漆器，架阁收管，品配供应，准备供进及榷场博易之用”[6]。可见当时进入瓷器库的瓷器，在供应官府与内廷需要之余，拣选余下的器物多被发卖，以充实国库。有的交付财政机构（三司），由商人估价出卖，有的经内廷交边境的榷场博易贩售[7]。故推测这一阶段流入辽境的“官”、

1 聂崇政：《宋辽交聘考》，收入其《宋史丛考》（下册）第 283-375 页，中华书局，1980 年。

2 傅乐焕：《宋辽聘使表稿》，收入其《辽史丛考》第 179-285 页，中华书局，1984 年。

3 徐松辑录：《宋会要辑稿》蕃夷二之一二下载“是月命度支副使户部郎中薛田东、染院使李余懿使契丹，送大行皇帝遗留礼物。礼物有金饰玳瑁、饮食灌器、象牙摞车渠、注垸、碧车渠、琥珀杯、白玉、翠石、茶器、衣五袭通犀碾玉带、金饰玳瑁乐器、金饰七宝玛瑙、鞍勒马玉鞭、饮器皿一事、锦彩三千疋、御酒名果，又命兵部员外郎任中行、崇仪副使曹珣告皇帝登宝位礼物，有金擶箱一具、衣五袭，余如生日之赠赐”。第 7698 页，中华书局，1957 年。

4 汪庆正：《记上海博物馆所藏带铭定瓷》，《上海博物馆集刊》第五期，第 122-127 页，上海古籍出版社，1990 年。

5 内蒙古文物考古研究所：《辽陈国公主驸马合葬墓发掘简报》之“陈国公主墓志铭”，《文物》1987 年第 11 期。

6 徐松辑录：《宋会要辑稿》食货五二之三七记载：“瓷器库在建隆坊，掌受明、越、饶州、定州、青州白瓷器以给用。”第 5717 页，中华书局，1957 年。

7 蔡玫芬：《论“定州白瓷器，有芒不堪用”句的真确性及十二世纪官方瓷器之诸问题》，《故宫学术季刊》15 卷 2 期，第 63-102 页，1997 年。

"新官"款定瓷有一部分应是通过这种方式的榷场贸易所购得[1]。北宋与辽的榷场贸易早在977年就开始了[2],虽期间废立更迭不断[3],但真宗景德元年"澶渊之盟"后,"二年,令雄霸州、安肃军置三榷场"[4]。朝廷派官管理，宋辽榷场贸易开始正常。之后，一直到宋末，宋辽榷场贸易始终没有间断[5]。后在河北沿边又正式成立了"河北四榷司"[6],又于定州军城寨、飞狐茭牙、火山军、久良津等地设立了短期的榷场。从考古发现的情况来看，10世纪末以前输入辽境的瓷器总量并不多，约占全部输入瓷器的10%，表明此前其他方式流入辽境的瓷器有限，大量瓷器还是"澶渊之盟"后通过宋辽交聘和双方贸易输入辽境[7]。考古所见辽境出土的定窑瓷器，纪年材料从10世纪初之后就紧凑出土，就是这一盛况的体现。

除正规的榷场贸易之外，本阶段的定瓷也有些可能是通过边境走私贸易进入辽境。景德二年（1005年），合约刚成，宋廷就"诏谕缘边诸州军各遵守契丹誓约，不得辄与境外往还,规求财利"[8]。仁宗嘉祐元年（1056年）三月,又重申"河北沿边商人多与北客贸

1　同注徐松辑录：《宋会要辑稿》瓷器库"真宗景德四年九月，诏瓷器库除拣封椿贡进外，余者令本库将样赴三司，行人估价出卖。其漆器，架阁收管，品配供应，准备供进及榷场博易之用";《宋史》卷一八六《食货·下八》"市易"载："熙宁五年……七月，以榷货务为市易西务下界，市易务为东务上界，以在京商税院、杂买务、杂卖场隶焉。自是诸州上供席、黄芦之类六十色，悉令计直，从民愿鬻者，市之以给用。""六年……'约诸行利入薄厚，输免行钱以禄吏，蠲其供官之物。禁中所须，并下杂卖场、杂买务。置市司估物价低昂，凡内外官司欲占物价，悉于是乎取决。'"第4549页，中华书局，1977年。

2　《宋史》卷一八六《食货·下八·互市舶法》载："契丹在太祖时，虽听缘边市易，而未有官署。太平兴国二年，始令镇、易、雄、霸、沧州各置榷务，辇香药、犀象及茶与贸易。"第4562页，中华书局，1977年。

3　太平兴国二年,辽于涿州新城、振武军和朔州城南置榷场,进行贸易。雍熙三年(986年),由于与辽的战争,太宗下令禁河北商民与之贸易。端拱元年（988年），战争结束，太宗又下诏曰"联受命上守，居尊中土，惟思禁暴，岂欲穷兵？至于幽蓟之民,皆吾赤子,宜许边疆互相贸易。自今缘边戍兵,不得辄恣侵略"。不久，又禁绝榷场贸易。淳化二年（991年），"令雄霸州、静戎军，代州雁门关寨置榷署如旧制，所鬻物增苏木，寻复罢"。咸平五年（992年），"契丹求复置署，朝议以其翻覆，不许。知雄州何承矩继请，乃听置于雄州，六年，罢"。《宋史》卷一八六《食货·下八·互市舶法》第4562页，中华书局，1977年；参见王昆《宋与辽夏金间的走私贸易》，东北师范大学硕士学位论文，2006年。

4　《宋史》卷一八六《食货·下八·互市舶法》载："契丹在太祖时，虽听缘边市易，而未有官署。太平兴国二年，始令镇、易、雄、霸、沧州各置榷务，辇香药、犀象及茶与贸易。"第4562页，中华书局，1977年。

5　《宋史》卷一八六《食货·下八·互市舶法》载："终仁宗、英宗之世，契丹固守盟好，互市不绝。"第4563页，中华书局，1977年。

6　河北四榷司指"雄州、霸州、安肃军、广信军"四榷场。

7　彭善国：《辽代陶瓷的考古学研究》第254页，吉林大学出版社，2003年。

8　李焘：《续资治通鉴长编》卷五九，中华书局，1980年。

易禁物，其令安抚司设重赏以禁绝之”[1]。由此可见宋辽边境走私贸易之猖獗，且屡禁不止。

本阶段定瓷为输入辽境的主流瓷器，出土定瓷的地点大增，数量也大大增多，且集中分布在以西拉木伦河为中心的上京道南部、中京道和东京道西部及辽南京道等辽国农业经济最发达的地区。如以西拉木伦河为中心的上京道南部、中京道和东京道西部，是辽的农牧混杂区；南京道的燕蓟地区，为辽的农耕区。这些也是辽境内州县分布最为密集、经济最发达的地区。该地区内定瓷的使用者多为等级较高的契丹贵族或归辽的汉官。

3. 北方其他地区

京西北路河南府巩县元德李后陵一次性出土可修复成形的定瓷 37 件，其中“官”款 16 件，为定窑早期贡瓷的典型代表。元德李后，系宋太宗赵光义的贤妃、宋真宗赵恒的生母。太平兴国二年（977 年）去世，初葬于普安院。997 年真宗即位后，“母以子贵”，咸平三年（1000 年）祔葬宋太宗永熙陵西北。元德李后是在她死后 23 年，被追封为皇太后迁葬的。孙新民先生认为随葬的瓷器不可能是她本人的原日常生活用具，这反映了定窑贡瓷的其他用途，不仅要满足皇宫日常生活所需，而且还被用作帝、后陵墓随葬品[2]。然而实际上，宋墓中三类主要随葬品，就包括了墓主人生前珍宝玩好[3]，《宋史》就记载真宗永定陵的随葬器物“皆生平服御玩好之具”[4]。此外，还值得注意的是，李后为“真定人”[5]，墓中所出定瓷很可能是其生前珍视的来自故乡的供御用品。这 37 件定瓷中绝大部分口沿和圈足着地面露胎，其中芒口 31 件、器口满釉的 6 件。孙新民先生据此推定芒口为覆烧形成，并提出定窑的覆烧工艺创始于五代时期，不过，这种说法无法解释圈足着地面露胎的问题。实际上，早在 1977 年，蔡玫芬女士就已经提到粗涩的芒口可以增加摩擦力及附着力，因此正烧烧成的早期定窑芒口制品可能是为了装镶金属边釦才刻意抹去口沿的釉料[6]。

---

1 徐松辑录：《宋会要辑稿》食货三八之三〇，第 5481 页，中华书局，1957 年。

2 孙新民：《宋陵出土的定窑贡瓷试析》，《文物春秋》1994 年第 3 期。

3 秦大树：《宋代丧葬习俗的变革及其体现的社会意义》，《唐研究》第十一卷，第 313-336 页，2005 年。

4 《宋史》卷一二二《礼志》二五载：“（乾兴元年）九月十一日，诏辅臣赴会庆殿，观入皇堂物，皆生平服御玩好之具。”第 2852 页，中华书局，1977 年。

5 《宋史》卷二四二列传第一《后妃传上·元德李皇后传》载：“李贤妃，真定人，乾州防御使英之女也。”第 8610 页，中华书局，1977 年。

6 转引自谢明良：《金银釦陶瓷及其有关问题》，《陶瓷手记——陶瓷史思索和操作的轨迹》第 161-175 页，石头出版社，2008 年；原文应出自为蔡玫芬：《定窑瓷器之研究》，台湾大学历史研究所（艺术史组）硕士论文，1977 年。

（二）南方地区

这一阶段定瓷在南方地区极少出土，只在水陆交通干线城市，如镇江、扬州等地零星出土。除此之外，北宋境内仅在陕西黄陵出土零星定瓷。

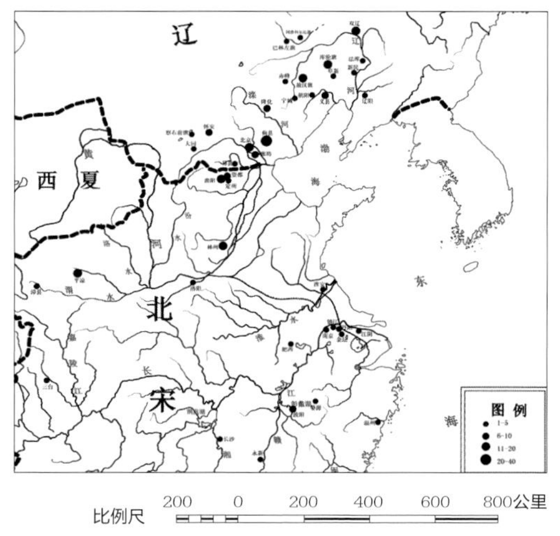

图 2. 北宋后期出土定窑瓷器分布图

本阶段定窑多生产造型复杂的茶具、酒具、香具、陈设瓷和宗教用瓷等不同于日用品的奢侈品，多出土于等级较高的墓葬和塔基中，一般只限于权势与富庶阶层使用。

总体上，本期定瓷的出土地域依然集中在北方地区，其突出特点是：第一，辽境出土地域广泛、数量多、类型全。第二，宋境依然主要集中分布于窑址周围的定州地区，兼及水陆交通发达的南方大城市。

二　第二阶段：北宋后期

本阶段当北宋晚期（图 2、表 2），时代相当于 11 世纪 50 年代后半到 12 世纪初。文献记载和考古发现均显示这段时间的全国制瓷业特别活跃，邢窑在熙宁元年（1068 年）及元丰间入贡瓷器，耀州窑在元丰年间以瓷器充土贡，景德镇在元丰五年（1082 年）设瓷窑博易务[1]。文献记载也给予此阶段定瓷以很高评价，所谓“宋宣和、政和间窑最好”[2]。这可能与存在徽宗崇宁三年（1103 年）至靖康元年（1126 年）的“六尚局贡”有关。“六尚局贡”贡物的品种很多，大多都是和皇室日常生活密切相关的食物、药物或衣料[3]。宋徽宗宣和七年（1125 年）对“六尚局贡”减免的诏书中就有“尚食局……中山府，瓷中样矮

1 《宋史》卷一八六食货志下八“市易”曰：“（元丰）五年……八月，置饶州景德镇瓷窑博易务。”第 4553 页，中华书局，1977 年。

2 （明）曹昭著、王佐校增：《新增格古要论》第 156 页，中华书局，1985 年。

3 徐松辑录：《宋会要辑稿》崇儒七之五九至六一，第 2317-2319 页，中华书局，1957 年。

足里拨盘龙汤盏一十只”[1]的记载，可见当时定窑瓷器曾作为“数外旁求”的杂贡。

通过统计本期的31座墓葬、4个窖藏、3座塔基及8个遗址（见表2），46个单位共出土定瓷211件。本阶段定瓷北播到吉林双辽，南达江西永新，西至甘肃漳县，东到江苏江阴。

（一）北方地区

1. 窑址周边地区

窑址周边的河北西路地区，依然是定瓷出土较多的地区，其中就有级别较高的墓葬。如在河南林州刘朝宗墓（见表2之23），就出有20件定窑瓷器，包括15件白瓷碟以及5件酱釉碗。刘朝宗为中散大夫、赐紫金鱼袋，身居二品高官，地位尊贵。除此之外的河北西路地区，多出土质量较为粗劣的定瓷，推测为供当地平民日用。究其原因，可能与宋代的税收制度有关。宋代进入市场的商品绝大部分都要征税[2]，在本地市场销售的商品只需交纳住税，跨州越县的买卖则除住税外，还要征收过税。根据张锦鹏先生的研究，在接近产地的本州初级市场（草市、墟市）进行交易的商品，只需交纳一次住税；产于本州，并在本州的初级市场出售后由行商将其转运至州、县府所在地销售的，一般征两次住税和两次过税；在全国各地初级市场出售或在州、县市场出售的商品经由行商收购后，将其长途贩运到大城市销售，一般要经过两个或三个流通环节，平均征收2.5次住税、8次过税。在这三种形式的商品流动中，商税依次增高[3]。就近购买本地生产的日用瓷器显然比长途贩运成本提高的外地瓷器更有优势。由于税赋较高，统治阶层有时免征其税。如“徽宗大观……三年诏在京诸门，凡民衣履谷菽鹅鱼果蔬炭柴磁瓦器之类并蠲其税，岁终计所蠲，令大观库给偿”[4]。

2. 辽境

本阶段辽境出土定瓷的墓主级别依然较高，如北宰相肖袍里、左金吾卫上将军萧德温，奉陵军节度使刘祜、“辽金紫光禄大夫右散骑常侍柱国开国公”马直温、潞县商鞠铁都监

---

1 徐松辑录：《宋会要辑稿》崇儒七之五九至六一，第2318页，中华书局，1957年。

2 马端临撰：《文献通考》卷一四《征榷考》载：“关市之税，凡布帛、什器、香药、宝货、羊彘，民间典卖庄田、店宅、马、牛、驴、骡、橐陀及商人贩茶盐皆算。”第145页，商务印书馆，1936年。

3 张锦鹏：《宋代商品供给研究》第71-72页，云南大学出版社，2003年。

4 《文献通考》卷一四《征榷考一》第147页，商务印书馆，1936年。

丁文道、中京大定府少尹尚暐符等。还有的为地位较高的僧人，如西上台辽墓的墓主。

与前期辽境定瓷数量大增相比，此期输入辽境的定瓷在数量上明显减少，造成这一现象的原因很可能与景德镇青白瓷器的大量输入对定瓷北播构成的冲击有关[1]。本阶段定瓷虽然数量减少，但在辽境流布地域依然很广。五京道地区都有定瓷出土，跟上一阶段一样，依然集中出土于辽国农业经济最发达的地区，体现了瓷器的使用与定居生活的联系。定瓷在青白瓷大量输入的情况下，仍然可以大范围出土，原因何在呢？可能与道宗清宁（1055 ~ 1064 年）以后，辽代器用风尚从珠玉金银向陶瓷器的转变趋势有关。道宗哀册中记载："鄙珠玉之华奢，尚甄陶之简约。"考古发现的这一时期金银器数量很少，且饮食用器锐减。辽廷还下令禁造玉器和毁铜钱造器[2]，这间接促进了输入陶瓷的增加。本阶段契丹社会的汉化封建化进程进一步加快。契丹上层对宋人生活方式十分钦慕并模仿[3]，在生活习尚上由车马为家渐转变为饮茶焚香的雅致生活。从本阶段辽境出土大量青白瓷盏托、斗笠盏等茶具以及熏炉、粉盒等焚香用具的增多也可以看出来[4]。出土定瓷中也有不少盏托、斗笠盏等饮茶用具。

本阶段辽境所出土定瓷除通过正常的榷场贸易输入外，有些可能为北宋的南方商船通过海路入辽国走私贩卖的。元祐年间（1086 ~ 1093 年），苏轼在奏议中有这样的记载："据临海军状申，准高丽国礼宾院牒，据泉州纲首徐成状称，有商客王应昇等，冒请往高丽国公凭，却发船入大辽国买卖，寻捉到王应昇等二十人及船中行货，并是大辽国南挺银丝钱物，并有过海祈平安将入大辽国愿子二道，本司看详，显见闽、浙商贾因往高丽，遂通契丹，岁久迹熟，必为莫大之患。"[5]《宋会要辑稿》中也记有徽宗大观四年（1110 年）："河北诸路帅司人吏与沿边巡检捕盗官司兵员管营等，上下计会，受贿作弊，容纵客旅公然贩运违禁物色，透漏盗贩过界。帅臣安抚通知其弊，莫肯按劾，弥缝胶固，牢不可破，虽设禁制，仅成虚文。可申严禁约，帅臣并沿边安抚及合属官吏等，日后如有违犯，正

1　彭善国：《辽代青白瓷器初探》，《考古》2002 年第 12 期。

2　（元）脱脱等撰：《辽史》卷二一本纪第二一《道宗纪一》载："（清宁四年）……十一月（1058 年）……丙戌，祠木叶山。禁造玉器。"第 257 页，中华书局，1977 年；《辽史》卷二四本纪第二四《道宗纪四》载："大康十年（1084 年）……六月壬辰，禁毁铜钱为器。"第 289 页，中华书局，1977 年。

3　（宋）王称撰，孙言诚、崔国光点校：《东都事略》卷九四《张舜民传》记："（张）舜民少慷慨，善论事。其使辽也，见耶律延禧（天祚帝）为皇太孙。因著论以其所喜者名茶、古画、音乐、美姝。他日必有如张义朝挈十三州以归，当不四十年见之。"第 810-811 页，齐鲁书社，2000 年。

4　彭善国：《辽代陶瓷的考古学研究》第 206-207 页，吉林大学出版社，2003 年。

5　苏轼：《苏文忠公全集》卷三《乞禁商旅过外国状》，《三苏全书》第 12 册，第 90 页，语文出版社，2001 年。

犯人於常法外加等科罪，官吏知情者与同罪。仍增告捕赏典，仰走马承受常切觉察。令枢密院立法，申明行下。”[1]政和四年（1114年）朝廷规定海南州县商船，未请公凭，径往辽国贩卖，比一般处分加重二等[2]。从以上几条文献中可以看出当时走私贸易猖獗到屡禁不止的程度。

（二）南方地区

本地区出土定瓷墓葬值得注意的是在镇江黄鹤山西麓发现的章岷墓，章岷自天圣五年（1027年）举进士，先后曾为“六郡守”（婺州、衢州、宣州、越州、福州、海州），在“知宣州”时，因“政有异绩，改刑部郎中”，他为官四十余年，被英宗“面赐金紫”及“特恩”进升，地位显赫[3]。

出土有碗2、钵、盒2、太白尊等6件的江西波阳施氏墓，为中大夫龙图阁待制熊本之妻，施氏的祖父施元长为宋尚书兵部郎中、金紫光禄大夫。其父施涣官至尚书刑部侍郎。可见施氏家族官位之显赫。

本阶段定瓷在南方地区的流布范围较前期扩大，除延续前期集中分布的长江流域长三角地区及湘江流域的长沙地区外，在赣江流域，如江西的波阳、永新、婺源等均有一定数量的定瓷出土。此外，安徽肥西、浙江温州等地也有发现。

本阶段定瓷品种中值得一提的是大宗出现的“酱釉”器，如镇江章岷墓、阜新萧德温墓、江西乐平汪路妻张氏墓等均有出土。文献中“有紫定色紫，有墨定色黑如漆，土俱白，其价高于白定”[4]的记载。经冯先铭先生考定，所谓“紫定”，就是指定窑烧制的酱釉器，此类产品以章岷墓出土的酱釉瓶为代表，体现了北宋中期定窑酱釉瓷的烧制水平[5]。

此外，温州白象塔塔基所出的定窑白瓷盒，其胎釉特征、直筒深腹式的造型与定窑遗

1　徐松辑录：《宋会要辑稿》刑法二之五一，第6521页，中华书局，1957年。

2　徐松辑录：《宋会要辑稿》刑法二之六二载：“（政和四年）三月十八日，尚书省契勘：密州接近登、莱州界，系南北商贾所会去处，理合禁止蕃舶及海南舟船到彼。今添修下条，诸商贾海道兴贩不请公凭而行，或乘船自海道入界河及往登、莱州界者，贩诸蕃及海南州县物回，若海南州县船到密州界，同徒二年。往大辽国者加二等。已买卖取与者徒三年。私相交易者仍奏裁。船物给赏外，仍没官。不请公凭而未行者徒一年，并许人捕。以上保人减犯人三等，同行人各杖八十。从之。”第6526页，中华书局，1957年。

3　镇江市博物馆：《镇江市南郊北宋章岷墓》，《文物》1977年第3期。

4　（明）曹昭著、王佐校增：《新增格古要论》第156页，中华书局，1985年。

5　冯先铭：《中国陶瓷·定窑》，上海人民美术出版社，1983年。

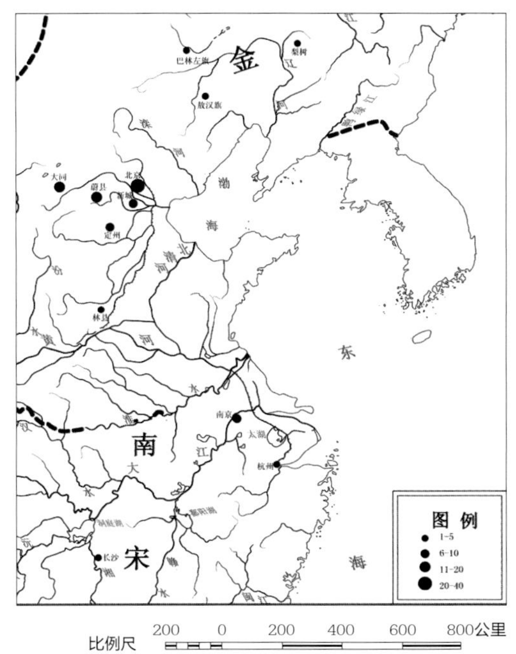

图 3. 金 / 南宋前期出土定窑瓷器分布图

址出土的“尚药局”盒大体相同[1]，可见这一时期出土的未刻划“尚食局”、“尚药局”铭的器物可能与有刻铭的器物一样。刘涛先生认为“尚药局”白瓷盒可能为北宋末年产品，而“尚食局”铭白瓷碗、盘，则应为金代定窑产品，年代上限为熙宗朝。在窑址之外出土“尚食局”铭文的定窑瓷器，仅在俄罗斯的滨海地区阿纳耶夫斯克耶城址 30 号房址[2]——一个明确的金代房址中出土一件瓷碗。

这一阶段定窑瓷器的主要特点是：第一，输入辽境的定瓷数量较上期减少，但流布范围依然较广，推测在全国瓷业均十分兴盛的背景下，定窑的生产规模应该也不小，北宋晚期还生产出文献评价“最好”的产品；第二，北宋境内定瓷的分布范围比上期扩大，但依然集中于水路交通便利的大城市。

三　第三阶段：金 / 南宋前期

这一阶段属金代 / 南宋前期（图 3、表 3），时代当 12 世纪 20 年代后半到 12 世纪 70 年代。金王朝是由女真族人在广大汉族和契丹族地区建立的政权，在其统治的 119 年（1115 ~ 1234 年）历史中，统治地域包括辽王朝的全部版图和北宋王朝的北部地区。在文化上处于落后地位的女真族人，在其迅速立国南侵过程中，不断地吸收着汉族和契丹两个先进民族的文化。这决定了金文化的特点就是在很大程度上沿袭了宋辽文化的面貌[3]。这一阶段发现的定窑产品，也符合这一规律，其产品较多延续着北宋晚期以来及辽末金初墓葬中出土定窑瓷器的一些风格。器类较丰富，有碗、盘、碟、钵、壶、杯、盒、罐、枕等，刻花产品较多发现，

1　刘涛：《宋辽金纪年瓷器》第 164-165 页，文物出版社，2004 年。

2　彭善国：《俄罗斯滨海地区出土定窑瓷器的探讨》，《考古》2007 年第 1 期。

3　秦大树：《金墓概述》，《辽海文物学刊》1988 年第 2 期。

但没有北宋晚期定瓷精美。印花器较少见，且模印简单。

统计了此阶段的18座墓葬、9个遗（城）址，共出土105件定瓷。这一阶段定瓷最典型特点为流布范围明显收缩、出土数量明显减少。

（一）北方地区

此阶段的15座金墓（88件）、9个遗址（9件）共24个单位，出土了97件定瓷，占本阶段出土定瓷的92.4%。北方地区主要都在金朝的统治范围内，定瓷产品主要集中出土于金中都路大兴府北京地区、西京路大同府地区以及河北地区，即离定窑窑场较近的地区，也是金王朝重点发展的区域，东北地区较少发现，南方地区发现更少。

金立国初期，金源故地及统治阶层均不流行使用陶瓷。金灭契丹后，与宋朝仍“依契丹例以讲和好，每岁遣使，除正旦、生辰两番永为常例外，非常庆吊别论也”[1]。金宋关系依然十分友好，“甲辰年，阿骨打忽身死，其弟吴乞买嗣立，差许亢宗充奉使贺登位”[2]，许亢宗行至“第十程，自韩城镇五十里至北界清州……是晚，酒五行，进饭，用粟……器无陶埴，惟以木刓为盂碟，髹以漆，以贮食物”[3]。可见当时金境以使用髹漆木器多见，“自蒲挞寨五十里至馆”，见“虏主……前施朱漆、银装镀金几案，果碟以玉，酒器以金，食器以玳瑁，匙箸以象齿”[4]。统治阶层多使用金银玉器，也基本不用陶瓷。

本阶段定窑产品主要出土于中原腹地，这与金代统治重心的确立密切相关。1125年金灭辽，1127年金灭北宋，南宋建炎三年（1129年），金兵占领中山府[5]，“自深州（今河北深县）入金人乱兵中，转侧千余里，回至南关，凡历府者二，历军者二，历县者七，历镇塞者四，并无本朝人马。但见金人列营数十，官舍民庐，悉皆焚毁，瓶罂牖户之类，无一全者”[6]。北

1 （宋）许亢宗：《宣和乙巳奉使金国行程录》，收入赵永春编著《奉使辽金行程录》第147页，吉林文史出版社，1995年。

2 （宋）许亢宗：《宣和乙巳奉使金国行程录》，收入赵永春编著《奉使辽金行程录》第147页，吉林文史出版社，1995年。

3 （宋）许亢宗：《宣和乙巳奉使金国行程录》，收入赵永春编著《奉使辽金行程录》第150页，吉林文史出版社，1995年。

4 （宋）许亢宗：《宣和乙巳奉使金国行程录》，收入赵永春编著《奉使辽金行程录》第156页，吉林文史出版社，1995年。

5 （宋）熊克撰：《中兴小纪》卷二载：“（建炎元年秋七月戊申）金人遣左监军达兰（达懒）将兵围中山。时河北官军多自乱，河东守臣皆弃城走，于是敌乘而取之。惟中山、庆源、保、莫、祈、洺、冀不降，久而方陷。”丛书集成初编本，册3858，第22页，商务印书馆，1936年。

6 （宋）李若水：《山西军前和议录》，收入赵永春编著《奉使辽金行程录》第175页，吉林文史出版社，1995年。

方战火虽然对当地的生产造成一定的滞阻，但对定窑的破坏程度却并不大；相反，随着河北地区成为金的统治中心，为定窑迈入新的生产高峰创造了一定契机。《大金集礼》卷九载："天眷二年（1139 年），奏定公主礼物，依惠妃公主例外，成造衣袄器用等物。裙子五十腰、小袄子五十领……定瓷一千事。"[1] 可见陷金仅十年后，定窑依例要给每个公主提供 1000 件瓷器作为礼物，定窑就已经得到了统治阶层的重视，其生产应该得到了恢复。可以说，定窑之所以能如此快的恢复生产，很大程度上源于河北在金代的重要地位。金灭北宋之后，在原辽的燕云经济发展的重心基础上，把河北、山西作为经济发展的中心。金代中原经济发展重心北移到河北、山西[2]。早在金初，燕京（今北京）以及河北中部地区的经济就已经很发达了[3]。到金世宗时"中都、河北、河东、山东，久被抚宁，人稠地窄，寸土悉垦"[4]。

金代经济的恢复和发展，特别是河北地区的经济繁荣为定窑的发展提供了很好的社会环境。《金史·地理志》河北西路（下辖真定府、彰德府、中山府）下记载"真定府产瓷器"[5]，有人认为这记载的是真定府管辖下的井陉窑的生产情况[6]。但依据《金史》的习惯，各路物产均汇总于各路之首府名下，且中山府在金天会十一年（1133 年）降为州[7]，列于真定府下，所以，"真定府产瓷器"应该还是指定窑。

大同地区自后晋石敬瑭会同元年（938 年）割燕云十六州给契丹后，始划入辽地，"晋云州大同军节度，辽重熙十三年（1044 年）升为西京，府名大同，金因之"[8]，军事地位十分重要。明正德《大同府志》中描写大同军事地理时写道："云中迫于边境，古今用武之地，形胜尤所需也。三面临边，最号要害。东连上谷，南达并、恒，西界黄河，北控沙漠，实京师之藩屏，中原之保障。"[9] 该区有陈庆夫妇及族人墓，据志文，陈庆官至"西京大同府定霸军左一副兵马使……朝廷敕加进义校尉"。属于下级军吏。

---

1 （金）佚名：《大金集礼》卷九"公主"条，丛书集成初编本，册 1047-1048，第 130 页，商务印书馆，1936 年。

2 张博泉等著：《金史论稿》（第二卷），第 302 页，吉林文史出版社，1992 年。

3 谢志诚：《金代河北经济的恢复和发展》，《河北学刊》1990 年第 3 期。

4 （金）赵秉文撰：《闲闲老人滏水文集》卷十一《保大军节度使梁公墓铭》，上海商务印书馆，1936 年。

5 《金史》卷二五志第六《地理志中·河北西路条》第 602-603 页，中华书局，1975 年。

6 孟繁峰：《井陉窑金代印花模子的相关问题》，《文物春秋》1997 年增刊（中国古陶瓷研究会 1997 年年会论文集）。

7 《中兴小纪》卷七载"（绍兴三年九月）金人分河间、真定二府为河北东、西两路，去中山、庆源、信德、隆德府号，皆复旧州名。"丛书集成初编本，册 3858，第 80 页，商务印书馆，1936 年。

8 《金史》卷二四志第五《地理志上·西京路》第 564 页，中华书局，1975 年。

9 （明）正德《大同府志》，大同市地方志办公室，1987 年。

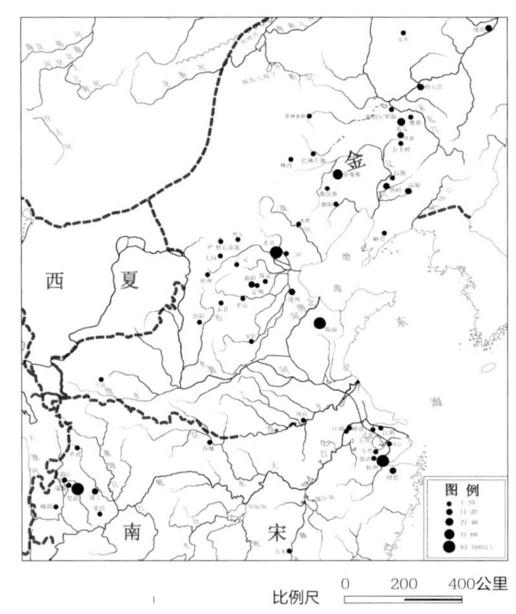

图 4. 金 / 南宋后期出土定窑瓷器分布图

（二）南方地区

这一阶段定瓷虽主要集中出土于金境，但在南方地区的南宋辖境也有零星发现。主要为水路交通线附近的大城市，如长江流域的南京、大运河沿岸的杭州以及湘江流域的长沙等。这一阶段南方地区走私贸易兴盛，南宋辖境所出定瓷，有一部分很可能就是走私输入。《文献通考》记载："（建炎）三年（1129 年）……无以杜私贩之弊，诏自茶盐外，其余榷货并不根究来历……绍兴二十七年（1157 年）……淮河私渡，讥禁甚严，而民触犯法禁自若。"[1]

此期南宋辖境出定瓷的墓葬，墓主身份也不低，如长沙杨家山南宋王趯墓，"王趯字彦恭，□□人，李光门人也"，志文说他以其兄朝议大夫王越致仕，荫补将仕郎，在兵马大元帅府中工作。并"累官右朝议大夫、直秘阁、祥符县开国男，知广州兼广南东路经略安抚。到官未几，以疾奉祠归长沙所寓"[2]。也算是南宋统治阶级中一个知名人士。

本阶段定瓷流布范围明显收缩，出土数量明显减少。金境的定瓷主要集中出土于金中都路大兴府北京地区、西京路大同府地区以及河北地区，即离定窑窑场较近的地区，也是金王朝重点发展的区域，东北地区较少发现，南方地区发现更少。

四　第四阶段：金 / 南宋后期

本期当金 / 南宋晚期（图 4、表 4），时代约当 12 世纪 70 年代到 13 世纪 70 年代末南宋灭亡。

1　马端临撰：《文献通考》卷十八《征榷考五》第 177 页，商务印书馆，1936 年。

2　作铭：《长沙东郊杨家山南宋墓墓主考》，《考古》1961 年第 4 期。

金海陵王时期大力推行汉化政策，注意恢复生产，经济开始发展。世宗时期稳定了与南宋的关系，并采取了一系列的措施稳定社会，恢复和发展生产，社会经济达到了全面繁荣，世宗“即位五载，而南北讲好，与民休息。于是躬节俭，崇孝弟（悌），信赏罚，重农桑……当此之时，君臣守职，上下相安，家给人足，仓廪有余，刑部岁断死罪，或十七人，或二十人，号称‘小尧舜’”[1]。在整个社会生产全面发展的背景下，定窑瓷器在此阶段也达到了一个销量的高峰。

对本阶段的35座墓葬、15个窖藏、27个遗址、1个水井进行了统计（见表4），78个单位共出土定瓷680件以上。这一阶段定瓷流布的范围又重新扩展，遍及南北。本阶段定窑北播至黑龙江绥滨中兴古城，南达江西吉水，西至四川峨眉，东部沿海到达浙江绍兴。考古所见，无论是纪年墓葬还是窖藏中，出土的定瓷都非常丰富。

（一）北方地区

本阶段定窑在北方地区的金朝境内分布广，出土数量多。定瓷在河北、北京地区多出土于土坑石椁墓中，这种墓葬尺寸较小、材质较粗，随葬品以瓷器为主。这类墓往往是五品以下的品官及其家属或品级较高的人的家属墓。此外，在金源故地的东北地区也有发现，但以河北和北京地区最为流行，这类墓葬中集中出土了不少定窑瓷器，这两个地区是本阶段发现定瓷最为丰富的地区。

另外，在东北和内蒙古东部地区，定窑瓷器也较多发现，包括上京路、胡里改路、临潢府路、咸平路等，即所谓的“金源”故地和故辽王朝统治区的北部。此区内定瓷发现相当普遍，“从出土遗物看，金代东北瓷器以定窑居多，磁窑次之”[2]，出土定瓷的遗址既有墓葬又有窖藏。有的墓葬等级较高，如伴出精美定瓷的奥里米古城[3]和中兴古城[4]周围墓群中的土坑木棺墓葬，土坑尺寸较大，并且有较大的封土，随葬品包括金银玉器等高级品，推测可能为居留在“金源”故地的女真贵族。也有的为守边戍兵，如隶属临潢府路的霍林河矿区段界壕边堡[5]，在一号边堡的F5、F6以及二号边堡的F2中就出有定窑碗、盘。盘内底

1 《金史》卷八本纪八《世宗纪下》第203-204页，中华书局，1975年。

2 张博泉：《金代经济史略》第59-61页，辽宁人民出版社，1981年。

3 黑龙江省文物考古工作队：《松花江下游奥里米古城及其周围的金代墓群》，《文物》1977年第4期。

4 黑龙江省文物考古工作队：《黑龙江畔绥滨中兴古城和金代墓群》，《文物》1977年第4期。

5 哲里木盟博物馆：《内蒙古霍林河矿区金代界壕边堡发掘报告》，《考古》1984年第2期。

刻一道弦纹，弦纹圈内刻划金代的典型折枝荷花或草叶纹的“一花一叶”题材。可见此期定窑瓷器使用阶层之广泛。

除墓葬和窖藏外，东北地区也有不少古城遗址中出土定瓷，包括塔虎城（肇州古城）、农安（隆州古城）、秦家屯古城（信州古城）、克东县金城乡古城（蒲峪路古城）等，这些都是金上京的重镇，是当时女真统治者根据政治、经济统治的需要，在松花江、黑龙江流域建立的，这些城堡既是政治中心，也是经济活动的中心[1]。

定瓷在北方地区如此广泛分布，且数量巨大。其中最主要的原因应该是中原地区政治经济中心的北移[2]。尤其是海陵王迁都燕京以后，原来河南中西部地区依托两京地区所据有的中心地位失去，导致这一地区制瓷业某种程度的衰落。而定窑的位置靠近金中都，周围水运便利，并深受统治者的喜爱。从金中都和河北西路出土的数量众多的精美定瓷似可以说明这点。

除靠近政治中心外，定窑在北方地区的广泛分布，也与其所在地发达的交通相关。定窑所在的河北西路地区，交通便利，路上交通以中都为中心，有三条要道贯穿河北，一是自中都至真定，达于京兆；二是自中都至沧州，达于益都府；三是自中都通往北部、东北部及西北部的官商道相毗连。除了陆路运输外，定窑瓷器也有可能是通过海运到达东北地区及俄罗斯滨海地区[3]。河北东路的清州、沧州，山东东路的益都府、莱州、登州、密州、海州等都是重要的港口和贸易基地。绍兴五年（1135 年），“金齐于沿海诸州置通物场，以市南物之可为戎器者，商人往者甚众，多自平江之黄鱼垛头易水牛以去”。2000 年在沧州黄骅市海丰镇遗址发掘出土了包括定窑、井陉窑、磁州窑、钧窑、耀州窑在内北方各大名窑的瓷片标本，也出土有龙泉窑和景德镇窑产品，一些专家认为海丰镇遗址即为金代海丰镇旧址，为当时的盐山四镇之首，并推断为宋元明时期北方地区一个重要的瓷器集散地和出海港[4]。2003 年在沧州又出土了宋代沉船[5]，虽然满载的都是磁州窑瓷器，但也为定窑的海运情况提供了相关线索。

此外，金王朝境内缺铜的状况在某种程度上也刺激了整个制瓷业的繁荣。金代北方地区严重缺铜，据秦大树先生统计，元丰元年，北方金统治区内的产铜数，仅占总额的 0.1%，

1　张博泉：《金代经济史略》第 75 页，辽宁人民出版社，1981 年。

2　秦大树：《金代磁州窑的繁荣及其原因探讨》，《考古学研究》（五），第 990-1012 页，科学出版社，2003 年。

3　彭善国：《俄罗斯滨海地区出土定窑瓷器的探讨》，《考古》2007 年第 1 期。

4　《河北黄骅金代海丰镇遗址》，《2000 中国重要考古发现》第 87-92 页，文物出版社，2000 年；人云、书海：《从井陉窑到海丰镇》，《河北省考古文集》（二）第 437-440 页，北京燕山出版社，2001 年。

5　李月锋、蔺玉堂：《沧州出土宋代沉船》，《光明日报》2003 年 1 月 3 日。

铜的缺乏，使南北方对铜钱的争夺异常激烈。铜手工业几乎只剩下无法用其他金属代替的制镜和腰带业。为了解决缺铜的问题，金代大力发展铁铸器物，许多日用器物，包括宗教法器和佛像，都改用了铁，同时大力发展制瓷业[1]。《金史》载："至于铜钱、交钞之弊，盖有甚者。初用辽、宋旧钱，虽刘豫所铸，豫废，亦兼用之。正隆而降，始议鼓铸，民间铜禁甚至，铜不给用，渐兴窑冶。"[2] 这种状况也间接促进了定窑的生产繁荣。

（二）南方地区

南宋隆兴二年（金大定四年，1164 年），南宋与金和议告成，边事不兴，双方相安凡 40 余年。在贸易往来中，定瓷也得以不断进入宋土。周辉在 1178 年左右时曾随宋使出使金国，绍熙壬子（1192 年）写成《清波杂志》记"辉出疆时，见虏中所用定器，色莹净可爱。近年所用，乃宿、泗所出，非真定也"[3]。宋金时期的榷场虽然"和开战闭"，为当时宋金双方政治军事形势的晴雨表，但在榷场设置的三个时间段："绍兴和议"之后的 1142 年到海陵王准备南侵的 1159 年；"隆兴合议"订立之后的 1164 年到宋朝开禧北伐的 1206 年；从 1208 年"嘉定和议"订立到 1234 年金朝灭亡，泗州一直作为宋金时期一个重要的榷场[4]，在宋金经济交流和通商贸易中占有重要地位，定窑瓷器可能就在此时大规模行销并引起了仿制。

宋境出土定瓷的墓葬大多等级较高，如承信郎叶棐之妻邹氏，观文殿大学士、浙东安抚使薛极的家属，朝请郎、直秘阁、江南西路转运判官张同之妻等。

此外，还值得注意的是杭州出土的一批定瓷（均出土于建筑基址中），从南宋建炎三年（1129 年）高宗升杭州为临安府，到绍兴八年（1138 年）正式定都临安[5]，杭州从此一

1 秦大树：《观台磁州窑遗址繁荣阶段述论》，《中原文物》1997 年第 1 期。

2 《金史》卷四六志第二七《食货志一》第 1028-1029 页，中华书局，1975 年。

3 （宋）周辉撰、刘永祥校注：《清波杂志校注》卷五，第 213 页，中华书局，1994 年。

4 《金史》卷五〇志三一《食货志五》载："海陵正隆四年正月，罢凤翔府，唐，邓，颍、蔡、巩、洮等州并胶西县所置者，而专置于泗州。寻伐宋，亦罢之。"第 1113 页；（宋）李心传撰：《建炎以来朝野杂记》甲集卷二〇"榷场"载："海陵将入寇，乃悉罢淮北、陕西诸榷场，独泗州如故。边吏以闻，于是自盱眙外，余悉罢。"丛书集成初编本，册 838，第 306 页，商务印书馆，1935 年；战争结束后，金世宗"以尚书省奏，复置泗、寿、蔡、邓、颍、密、凤翔、秦、巩、洮诸场"。"泰和八年八月，以与宋和，宋人请如旧置之，遂复置于唐、邓、寿、泗、息州及秦、凤之地"。

5 （宋）潜说友：《咸淳临安志》卷一《行在所录・驻跸次第》，道光庚寅钱唐振绮堂汪氏仿宋本重雕，江苏古籍刻印社，1986 年。

跃成为南宋的政治、经济和文化中心，前后近140年。太庙遗址出土定瓷8件以上[1]，恭圣仁烈皇后宅出土定瓷标本91件[2]，有碗、盘、碟、洗、炉、瓶等，碗、盘占绝大多数，时代多为金代，这批定瓷具有胎白质细、白釉泛黄、以印花装饰为主的特点。印花纹样多见缠枝花、折枝花、双鱼、水波和飞鸟纹等。口沿多饰回纹一周，少量碗、盘口沿残留镶金银釦痕迹。此外，临安府衙署遗址也有定瓷零星出土[3]。

北宋初从建国之始就推行文治政策，加上完善的科举选官制度，造就了强大的士大夫阶层。这个阶层具有较高的文化素养，他们追求高雅的艺术品位，使北宋时期清雅的艺术风格成为主流。同时，北宋又是经济高度发达的时期，商品经济的发展导致了城市经济体系的形成，市民阶层也随之产生。因此，北宋的文化艺术形成了士大夫的清雅艺术和庶民艺术两个层面[4]。金灭北宋后，宋室南迁，这其中就包括上层社会中士大夫阶层，他们之中有的已经成为定瓷的消费群体。北宋晚期，定瓷一度为宫廷生产贡瓷，南宋朝廷继承了对定瓷的喜爱，杭州城内除上述建筑基址外，在历年的城市建设中，也出土不少瓷片，其中有不少带有宫殿或皇家贵戚的姓氏铭文[5]。

整体来看，南方地区出土精美印花定瓷的墓葬、窖藏中常伴出有精美的金银器、漆器、玉器等。这类印花定瓷，口沿部分多镶有较宽的金属釦，体现了南宋人对于定瓷的珍视。

南宋境内的定瓷可能通过以下几种途径传入：一是官方互赠礼品；二是边境榷场贸易；三是使臣的私人贸易；四是民间走私[6]。在宋金对峙的几次大规模战争期间，官方榷场被废止了，南北经济文化交流只能通过所谓“走私”活动来进行，“今之两淮，地旷人稀，而郡县孤弱”，进行走私的商人“出没乎其间，发源于江西，而波流于江北，盖尝震动郡县，力不能制”[7]。

输入四川地区定窑瓷器的时代多集中在南宋晚期至元代的窖藏中，推测可能和蒙元占领四川的战争有关。有些定瓷与耀州窑瓷器同出于一个窖藏中，可能是沿着成都到长安的川陕干道随耀州窑瓷器一起输入。

---

1 杭州市文物考古所：《临安城遗址考古发掘报告——南宋太庙遗址》第38页，文物出版社，2007年。

2 杭州市文物考古所：《南宋恭圣仁烈皇后宅遗址》第96页，文物出版社，2008年。

3 杭州市文物考古所：《杭州南宋临安府衙署遗址》第32-46页，《文物》2002年第10期。

4 秦大树：《金代磁州窑的繁荣及其原因探讨》，《考古学研究》（五）第990-1012页，科学出版社，2003年。

5 胡云法、金志伟：《定窑白瓷铭文与南宋宫廷用瓷之我见》，《中国古代白瓷国际学术研讨会论文集》第285-299页，上海书画出版社，2005年。

6 赵永春：《宋金交聘制度述论》，《宋辽金史论集》（第四集）第248-259页，书目文献出版社，1989年。

7 王质撰：《雪山集》卷三《奏议·论固本疏》，丛书集成初编本，册1990-1992，第22页，商务印书馆，1935年。

本阶段定瓷流布的范围重新扩展，遍及南北，达到另一个行销流布的高峰，考古所见，无论是纪年墓葬还是窖藏中，出土的定瓷都非常丰富。此阶段定窑产品的分布特点为：第一，北方地区主要集中分布于金代统治中心的金中都附近以及东北金贵族的统治中心。第二，南方地区墓葬、窖藏中也出土不少，尤其是制作精美的印花产品，多分布于等级较高的南宋墓葬中。第三，宋末元初的四川地区窖藏内也出土不少定瓷。

定瓷流通范围的扩大既反映出定窑瓷业生产传统影响力的扩大，也可以据此探讨宋金时期的贸易通路。金代的制瓷业大体可分为七大区域[1]，其中就包括以定窑为中心的地区。此区域十分广大，不仅仅是定窑地区，更涵盖了井陉窑、山西平定窑和以北京龙泉务窑址所代表的辽王朝南部地区的窑场。这一窑业区域实际体现了以定窑生产传统为核心的窑业技术辐射范围。而南方地区的“定窑系”产品的出现，除了北方定瓷南向输入的贸易流通外，也存在烧造技术的传播。

五　结语

定窑作为中国历史上著名的白瓷窑址，在国内外享有盛誉。但窑址发掘报告刊布的滞后、窑址材料的缺乏限制了定窑研究的进一步开展，而各地遗址中广泛出土的定瓷资料成为人们研究定窑的重要依据。本研究以窑址外所出土定瓷为研究的基础材料。从出土情况来看，各地定瓷主要出自墓葬和塔基，且集中分布于产地附近的河北中南部地区和辽朝境内。器类上，以碗、盘为大宗，此外还有钵、壶、罐、盏托、杯、盒、瓶、枕、炉及渣斗等。大量定瓷的出土，为我们恢复当年定窑的生产、销售面貌提供了丰富的实证。本文采用了前辈学者们既有的分期结论，将国内各遗址中出土的宋金时期定窑瓷器分为四个阶段进行探讨，对各阶段定瓷主要器物形制进行了排比和罗列，并标出每件器物的出土地点，在此基础上分别探讨各阶段定瓷的出土范围、规模、使用阶层和流通路线等。得出以下结论。

第一阶段为北宋前期：

本阶段定窑多生产造型复杂的茶具、酒具、香具、陈设瓷和宗教用瓷等不同于日用品

1　秦大树:《繁荣兴盛的金代制瓷业》，载国立中央博物馆《国立中央博物馆所藏中国陶磁》第 390-413 页，首尔三省文化，2007 年。

的奢侈品。多采用匣钵正烧法，器底有些有明显的粘砂。出土数量众多，多为精细白瓷，也有少量绿釉器。器类众多，纹饰丰富，以器物外壁雕刻仰覆莲瓣纹多见，前期依然有些刻划“官”、“新官”款。

此阶段定瓷北播到内蒙古科右前旗，南至江苏镇江，西到陕西黄陵，东至辽宁法库。出土定瓷的地域依然集中在北方地区，尤以辽境出土地域广、数量可观。主要分布在辽国农业经济最发达的地区，包括以西拉木伦河为中心的上京道南部、中京道和东京道西部，为辽的农牧混杂区；还有辽南京道的燕蓟地区，为辽的农耕区。这些也是辽境内州县分布最为密集、经济最发达的地区。该地区内定瓷的使用者多为等级较高的契丹贵族或归辽的汉官。体现了瓷器的使用与定居生活的关系。

宋境出土定瓷依然主要集中分布于窑址周围的定州地区。兼及水陆交通发达的南方大城市，同样集中于高等级墓葬和塔基，以奢侈品为主。

第二阶段为北宋后期：

本阶段定窑除继续生产精致的白釉瓷器外，还增加了酱釉、黑釉瓷等。器类趋简。纹饰以刻缠枝牡丹、草叶纹饰多见，布局严谨。“官”款渐消失。

这一阶段定瓷流布的主要特点是：输入辽境的定瓷数量较上期减少；北宋境内定瓷的分布范围比上期扩大。

第三阶段为金 / 南宋前期：

此阶段发现的定窑器类不算丰富，多出土于墓葬，且数量不算多，产品较多延续着北宋晚期以来及辽末金初墓葬中出土定窑瓷器的一些风格。刻花产品较多发现，但没有北宋晚期刻花定瓷精美。印花较少见，且模印简单。

本阶段定瓷流布的最典型特点为分布范围明显收缩，出土数量明显减少。

第四阶段为金 / 南宋后期：

此阶段发现的定窑瓷器器类丰富，数量大增。印花大量出现，印花斗笠碗、折沿盘、六棱大碗、印花平底碟等都是这一时期流行的造型。北方地区刻花产品多见，流行荷莲纹、草叶纹等；南方地区则盛行印花产品。

本阶段定瓷流布的范围又重新扩展，遍及南北。考古所见，无论是纪年墓葬还是窖藏中，出土的定瓷都非常丰富。流布特点是依然集中分布于金代统治中心的金中都附近以及东北金贵族的统治中心。南方地区墓葬、窖藏中也出土不少，尤其是制作精美的印花瓷器，多分布于等级较高的南宋墓葬中。此外，四川地区也出土不少定瓷。

附表 各地出土定窑瓷器一览表

表 1 第一阶段北宋前期（10 世纪 60 年代至 11 世纪中叶）出土定瓷统计

（未注明釉色者均为白釉器，未注明件数者为 1 件）

编号	古地名	年代	出土地点	墓主身份	出土陶瓷器及数量	件数
1	辽南京道	995 年	北京韩佚墓[1]	始平军节度管内观察处置等使	罐 4、柳斗杯 2	6 件
2		1013 年	北京顺义净光舍利塔基[2]		盘 5、罐 3、盒、人形注壶、净瓶 5、长颈瓶	16 件
3		1017 年	河北迁安韩相墓[3]	辽兴军衙内马步军都指挥使韩相及其妻	注壶	1 件
4		1045 ~ 1053 年	北京丰台王泽夫妇合葬墓[4]	奉陵军节度怀州管内观察处置等使	注碗 2、碗 2、盘 2、碟 4、盒、炉、净瓶、罐、盂	15 件
5			北京密云冶仙塔基[5]		方盘 3、盘 5	8 件
6			北京西城区府右街罗贤胡同墓[6]		碗、碟等	3 件以上
7			北京西翠路辽墓[7]		碗	1 件
8			天津蓟县营房村墓[8]		注碗与注壶 1 套、碗 2	4 件

1　北京市文物工作队：《辽韩佚墓发掘报告》，《考古学报》1984 年第 3 期。

2　北京市文物工作队：《顺义县辽净光舍利塔基清理简报》，《文物》1964 年第 8 期；张柏主编：《中国出土瓷器全集》第 1 卷，图版 13、14，科学出版社，2008 年。

3　河北省博物馆、河北省博物馆文管处：《河北迁安上芦村辽韩相墓》，《考古》1973 年第 5 期。

4　北京市文物管理处：《近年来北京发现的几座辽墓》，《考古》1972 年第 3 期；张柏主编：《中国出土瓷器全集》第 1 卷，图版 18、21，科学出版社 2008 年。

5　王有泉：《北京密云冶仙塔塔基清理简报》，《文物》1994 年第 2 期；张柏主编：《中国出土瓷器全集》第 1 卷，图版 22、24，科学出版社，2008 年。

6　张柏主编：《中国出土瓷器全集》第 1 卷，图版 13、14，科学出版社，2008 年。

7　苏天钧：《北京郊区辽墓发掘简报》，《考古》1959 年第 2 期。

8　赵文刚：《天津市蓟县营房村辽墓》，《北方文物》1992 年第 3 期。

编号	古地名	年代	出土地点	墓主身份	出土陶瓷器及数量	件数
9	辽南京道		天津武清大良塔基[1]		盘2、方盘2、塔模型	5件
10			河北迁安上芦墓[2]		方盘	6件
11	辽中京道	977～995年	辽宁朝阳双塔区南塔地宫[3]		双耳钵、净瓶	2件
12		986年	辽宁朝阳耶律延宁墓[4]	羽厥里节度使	盏托	3件
13		1008年	内蒙古敖汉旗金厂沟耶律元宁墓[5]	耶律曷鲁之孙，东京中台省左相	注壶及注碗	2件
14		1017～1027年	辽宁喀左白塔子北岭M1[6]	契丹中型墓	注碗与注壶2套、碗5	9件
15		1020年	辽宁朝阳姑营子M2耿延毅夫妇合葬墓[7]	户部使、昭德军节度使	碗3、盘5、“官”款罐、罐、注壶	11件
16		1026年	辽宁朝阳姑营子M1耿知新墓[8]	昭德军节度衙内都指挥使	盏托、吸杯	2件

1 河北博物馆等:《河北省出土文物选集》，文物出版社，1980年;张柏主编:《中国出土瓷器全集》第2卷，图版9、10、11、12，科学出版社，2008年。

2 唐山市文物管理所:《迁安上芦出土辽代瓷器》，《文物春秋》1990年第1期。

3 张柏主编:《中国出土瓷器全集》第2卷，图版89、90，科学出版社，2008年。

4 辽宁省博物馆文物队:《辽代耶律延宁墓发掘简报》，《文物》1980年第7期。

5 邵国田主编:《敖汉文物精华》第126页，内蒙古文化出版社，2004年;张柏主编:《中国出土瓷器全集》第4卷，图版34;唐玉萍:《耶律元宁墓志补正》，《北方文物》2005年第4期。

6 武家昌:《喀左北岭辽墓》，《辽海文物学刊》1986年第1期;张柏主编:《中国出土瓷器全集》第2卷，图版103，科学出版社，2008年。

7 朝阳地区博物馆:《辽宁朝阳姑营子辽耿氏墓发掘报告》，《考古学集刊》(第3辑)第168-195页，中国社会科学出版社，1983年。

8 朝阳地区博物馆:《辽宁朝阳姑营子辽耿氏墓发掘报告》，《考古学集刊》(第3辑)第168-195页，中国社会科学出版社，1983年。

编号	古地名	年代	出土地点	墓主身份	出土陶瓷器及数量	件数
17	辽中京道	1043 年	辽宁朝阳北塔天宫[1]		盘 7、方盘 6、双系瓶	14 件
		1044 年	辽宁朝阳北塔地宫[2]		盘 3、方盘 3、罐	7 件
18		1045 年	辽宁阜新萧和夫妇合葬墓[3]	晋国王萧和、秦国太妃耶律氏	碗 9、研钵、罐、器盖	12 件
19			辽宁北票水泉 M1[4]	玉带说明为富有者或高级官吏	“官”款碗、盖罐、注壶、盏托	4 件
20			辽宁建平张家营子墓[5]	契丹中小型墓	“新官”款碗底	1 件
21			辽宁建平硃碌科墓[6]		“官”款碗、花口碗 4	5 件
22			辽宁建平大西沟 JSM1[7]		碗 3、盘 10	13 件
23			辽宁朝阳柳木匠沟墓[8]	契丹中小型墓	注壶	1 件

1 朝阳北塔考古勘察队：《辽宁朝阳北塔天宫、地宫清理简报》，《文物》1992 年第 7 期；辽宁省文物考古研究所、朝阳市北塔博物馆：《朝阳北塔——考古发掘与维修工程报告》，文物出版社，2007 年。

2 朝阳北塔考古勘察队：《辽宁朝阳北塔天宫、地宫清理简报》，《文物》1992 年第 7 期；辽宁省文物考古研究所、朝阳市北塔博物馆：《朝阳北塔——考古发掘与维修工程报告》，文物出版社，2007 年。

3 辽宁省文物考古研究所：《阜新辽萧和墓发掘简报》，《文物》2005 年第 1 期。

4 辽宁省博物馆文物队：《辽宁北票水泉一号辽墓发掘简报》，《文物》1977 年第 12 期；张柏主编：《中国出土瓷器全集》第 2 卷，图版 112，科学出版社，2008 年。

5 李文信：《辽瓷简述》，《文物参考资料》1958 年第 2 期；冯永谦：《辽宁省建平、新民的三座辽墓》，《考古》1960 年第 2 期。

6 李文信：《辽瓷简述》，《文物参考资料》1958 年第 2 期；冯永谦：《辽宁省建平、新民的三座辽墓》，《考古》1960 年第 2 期；张柏主编：《中国出土瓷器全集》第 2 卷，图版 64、65，科学出版社，2008 年。

7 辽宁省文物考古研究所：《辽宁建平县两处辽墓清理简报》，《北方文物》1991 年第 3 期。

8 李庆发、李宇峰：《辽宁朝阳柳木匠沟村辽墓》，《博物馆研究》1999 年第 2 期。

编号	古地名	年代	出土地点	墓主身份	出土陶瓷器及数量	件数
24	辽中京道		辽宁义县清河门 M1 佐移离毕萧相公墓[1]		罐	1 件
25			内蒙古赤峰市林西县大营子乡哈达村[2]		唾盂	1 件
26			内蒙古喀喇沁旗西桥乡山嘴村[3]		执壶	1 件
27			内蒙古敖汉旗贝子府镇驿马吐[4]		“官”款注碗、注壶、盏及盏托	4 件
28			河北丰宁五道沟墓[5]		柳斗杯	1 件
29	辽西京道奉圣州		河北尚义囫囵村墓[6]		枕	1 件
30	辽东京道	959 ~ 986 年	辽宁法库叶茂台 M7[7]	契丹贵族妇女	“官”款碗 2、“官”款盘 2、盘口长颈注壶 2	6 件
31			辽宁法库叶茂台 M23[8]	契丹族萧氏成员墓，或为宰相涅里衮第六女	碗 19、方盘 10、碟 17、注壶 2、渣斗、盏托、瓶	51 件

1　李文信：《义县清河门辽墓发掘报告》，《考古学报》1954 年，总第八册，第 163-202 页。

2　张柏主编：《中国出土瓷器全集》第 4 卷，图版 52。

3　张柏主编：《中国出土瓷器全集》第 4 卷，图版 58。

4　邵国田主编：《敖汉文物精华》第 125 页，内蒙古文化出版社，2004 年；张柏主编：《中国出土瓷器全集》第 4 卷，图版 54。

5　张汉英：《河北丰宁五道沟门辽墓》，《文物春秋》1996 年第 2 期。

6　河北省张家口地区文物保护管理所：《河北尚义囫囵村发现辽代石棺墓》，《文物春秋》1990 年第 4 期。

7　辽宁省博物馆等：《法库叶茂台辽墓纪略》，《文物》1975 年第 12 期；冯永谦：《叶茂台辽墓出土的陶瓷器》，《文物》1975 年第 12 期；张柏主编：《中国出土瓷器全集》第 2 卷，图版 54、97，科学出版社，2008 年。

8　辽宁省文物考古研究所等：《辽宁法库县叶茂台 23 号辽墓发掘简报》，《考古》2010 年第 1 期。

编号	古地名	年代	出土地点	墓主身份	出土陶瓷器及数量	件数
32	辽东京道		辽宁法库叶茂台 M9[1]	契丹贵族墓葬	碗	9 件
33			辽宁康平后刘东屯 M2[2]	辽代贵族夫妇	“官”款葫芦形壶	1 件
34	辽上京道	1018 年	内蒙古奈曼旗陈国公主与驸马合葬墓[3]	辽景宗孙女陈国公主耶律氏及圣宗仁德皇后之兄驸马都尉萧绍矩	注碗 9、“官”款罐、盒	11 件
35		1049 年	内蒙古巴林右旗庆州白塔[4]	释迦佛舍利塔	盘 9、碟	10 件
36			内蒙古赤峰市巴林右旗床金沟 M5[5]	推测为辽皇室后妃萧氏	盘 2、方盘 9	11 件
37			巴林左旗哈达图村[6]		方盘、“官”款酒台子	2 件
38			吉林双辽桑树墓[7]		方盘	2 件

1　辽宁大学历史系考古教研室：《辽宁法库叶茂台 8、9 号辽墓》，《考古》1996 年第 6 期。

2　铁岭市文物办公室等：《辽宁康平县后刘东屯二号辽墓》，《考古》1988 年第 9 期。

3　内蒙古文物考古研究所：《辽陈国公主驸马合葬墓发掘简报》，《文物》1987 年第 11 期；内蒙古自治区文物考古研究所等：《辽陈国公主墓》，文物出版社，1993 年；张柏主编：《中国出土瓷器全集》第 4 卷，图版 39、40、41。

4　德新、张汉君、韩仁信：《内蒙古巴林右旗庆州白塔发现辽代佛教文物》，《文物》1994 年第 12 期；张柏主编：《中国出土瓷器全集》第 4 卷，图版 44、45。

5　内蒙古文物考古研究所：《巴林右旗床金沟 5 号辽墓发掘简报》，《文物》2002 年第 3 期。

6　张柏主编：《中国出土瓷器全集》第 4 卷，图版 48、49。

7　张柏主编：《中国出土瓷器全集》第 4 卷，图版 168。

编号	古地名	年代	出土地点	墓主身份	出土陶瓷器及数量	件数
39	宋河北西路	977 年	河北定县静志寺塔塔基[1]		碗 13、盘 9、碟 2、盒 30、炉 12、瓶 3、净瓶 19、罐 3、柳斗杯 4、盏托 2、海螺、龟、洗 4、渣斗、黄釉鹦鹉壶、绿釉净瓶、抬轿俑等	115 件
40		995 年	河北定县净众院塔塔基[2]		盒 15、瓶 19、净瓶 5、罐 8、壶等	55 件
41			河北曲阳灵山村[3]		刻花罐	1 件
42			河北曲阳南镇村[4]		黑釉茶碾	1 件
43	宋京西北路河南府	1000 年	河南巩县宋太宗元德李后陵[5]		碗 18、“官”款碗 8、盘 3、“官”款盘 8	37 件
44	宋永兴军路坊州		陕西黄陵县康崖底村北宋墓[6]		盏和盏托	2 件

1　定县博物馆：《河北定县发现两座宋代塔基》，《文物》1972 年第 8 期；出光美术馆编：《地下宫殿的遗宝——中国河北省定州北宋塔基出土文物展》，平凡社，1997 年；穆青：《定瓷艺术》，河北教育出版社，2002 年。

2　定县博物馆：《河北定县发现两座宋代塔基》，《文物》1972 年第 8 期；出光美术馆编：《地下宫殿的遗宝——中国河北省定州北宋塔基出土文物展》，平凡社，1997 年；穆青：《定瓷艺术》，河北教育出版社，2002 年。

3　张柏主编：《中国出土瓷器全集》第 3 卷，图版 141。

4　张柏主编：《中国出土瓷器全集》第 3 卷，图版 150。

5　河南省文物研究所、巩县文物保管所：《宋太宗元德李后陵发掘报告》，《华夏考古》1988 年第 3 期。

6　张柏主编：《中国出土瓷器全集》第 15 卷，图版 120。

表 2：第二阶段北宋晚期（11 世纪 50 年代后半至 12 世纪 20 年代）出土定瓷统计

编号	古地名	年代	出土地点	墓主身份	出土陶瓷器及数量	件数
1	辽南京道	1058 年	天津蓟县独乐寺[1]		盘 25、碟 6、刻花罐	32 件
2		1113 年	北京百万庄丁文逌墓[2]	潞县商鞠铁都监	碗、盘残片	2 件以上
3		1113 年	北京大兴马直温夫妇合葬墓[3]	辽金紫光禄大夫右散骑常侍柱国开国公马直温及妻清河郡张氏	碟残片	1 件以上
4		1115 年	河北易县净觉寺塔[4]		碟	1 件
5			北京百万庄 M2[5]		瓷片	1 件以上
6			河北廊坊西永丰辽墓[6]		钵、碗 2、碟 3	6 件
7	辽中京道	1032 ~ 1064 年	辽宁义县清河门 M4[7]		罐 2	2 件

1 天津历史博物馆考古队、蓟县文物保管所：《天津蓟县独乐寺塔》，《考古学报》1989 年第 1 期；张柏主编：《中国出土瓷器全集》第 2 卷，图版 7、8，科学出版社，2008 年。

2 北京市文物工作队：《北京西郊百万庄辽墓发掘简报》，《考古》1963 年第 3 期；马希桂：《北京辽墓和塔基出土白瓷窑属问题的商榷》，《北京文物与考古》总 1 期，1983 年。

3 北京市文物工作队：《北京市大兴县辽代马直温夫妻合葬墓》，《文物》1980 年第 12 期。

4 河北省博物馆等：《河北易县净觉寺舍利塔基地宫清理记》，《文物》1986 年第 9 期。

5 北京市文物工作队：《北京西郊百万庄辽墓发掘简报》，《考古》1963 年第 3 期

6 张兆祥：《试析廊坊西永丰辽墓白瓷器》，《中国古陶瓷研究》（第七辑），第 247-252 页，紫禁城出版社，2001 年。

7 李文信：《义县清河门辽墓发掘报告》，《考古学报》1954 年，总第八册，第 163-202 页；李文信：《辽瓷简述》，《文物参考资料》1958 年第 2 期。

编号	古地名	年代	出土地点	墓主身份	出土陶瓷器及数量	件数
8	辽中京道	1057 年	辽宁义县清河门 M2[1]	左监门卫上将军	注碗、罐、方盘及瓶残片	4 件
9		1072 年	内蒙古宁城萧府君墓[2]	一般节度使、高级贵族家庭成员	酱釉碗 3、酱釉盏托 2	5 件
10		1075 年	辽宁阜新萧德温墓[3]	左金吾卫上将军	酱釉碗	1 件
11		1099 年	内蒙古昭乌达盟尚暐符墓[4]	中京大定府少尹	碗 3、盘	4 件
12		1099 年	内蒙古敖汉刘祜墓[5]	奉陵军节度使	碗 3、盘 2	5 件
13			内蒙古敖汉羊山 M3[6]		碟 4、盒盖、盘 2	7 件
14			辽宁朝阳西上台墓[7]	推测为地位较高的僧人	碟 2、黑釉斗笠碗	3 件
15	辽西京道		内蒙古察右前旗（集宁）豪欠营子 M6[8]	中级官吏与一般契丹贵族家族墓	提梁壶 2	2 件

1 李文信：《义县清河门辽墓发掘报告》，《考古学报》1954 年，总第八册，第 163-202 页；李文信：《辽瓷简述》，《文物参考资料》1958 年第 2 期。

2 内蒙古文物考古研究所等：《宁城县岳家仗子辽萧府君墓清理记》，《内蒙古文物考古文集》（第一辑），第 548-552 页，中国大百科全书出版社，1994 年。

3 李文信：《辽瓷简述》，《文物参考资料》1958 年第 2 期。

4 郑隆：《昭乌达盟辽尚暐符墓清理简报》，《文物》1961 年第 9 期；马希桂：《北京辽墓和塔基出土白瓷窑属问题的商榷》，《北京文物与考古》总 1 期，1983 年。

5 邵国田：《敖汉旗羊山 1-3 号辽墓清理简报》，《内蒙古文物考古》1999 年第 1 期。

6 邵国田：《敖汉旗羊山 1-3 号辽墓清理简报》，《内蒙古文物考古》1999 年第 1 期。

7 韩国祥：《朝阳西上台辽墓》，《文物》2000 年第 7 期；张柏主编：《中国出土瓷器全集》第 2 卷，图版 60，科学出版社，2008 年。

8 乌兰察布盟文物工作站：《察右前旗豪欠营第六号辽墓清理简报》，《文物》1983 年第 9 期；乌盟文物工作站：《豪欠营辽墓第一次清理简报》，乌盟工作站、内蒙古文物工作队编：《契丹女尸》，内蒙古人民出版社，1985 年；冯永谦：《辽宁省建平、新民的三座辽墓》，《考古》1960 年第 2 期。

编号	古地名	年代	出土地点	墓主身份	出土陶瓷器及数量	件数
16	辽西京道		河北怀安西坪山窖藏[1]		盘 4、碗 3	7 件
17	辽东京道	1090 年	辽宁法库肖袍鲁墓[2]	北宰相	碗 2、碟 2	4 件
18			辽宁辽阳南林子墓[3]	方形小型砖墓，火葬墓	提梁壶 2	2 件
19			辽宁新民法哈牛镇巴图营子村辽墓[4]		酱釉碗、酱釉盏托	2 件
20	辽上京道	1080 年	内蒙古库伦旗前勿力布格 M1[5]	推测为肖孝惠 / 里近族的晚辈	碗 7、注壶 2 等	17 件
21			吉林双辽骆驼岭[6]		碟 13	13 件
22			内蒙古巴林左旗林东西门外辽墓[7]		碗 3	3 件
23	宋河北西路	1112 年	河南林州刘朝宗墓[8]		碟 15、酱釉碗 5	20 件

1　刘建华、徐建忠：《怀安县西坪山发现辽代窖藏瓷器》，《文物春秋》1990 年第 3 期。

2　冯永谦：《辽宁法库前山辽肖袍鲁墓》，《考古》1983 年第 7 期。

3　辽阳市文物管理所：《辽阳发现辽墓和金墓》，《文物》1977 年第 12 期。

4　李文信：《辽瓷简述》，《文物参考资料》1958 年第 2 期；冯永谦：《辽宁省建平、新民的三座辽墓》，《考古》1960 年第 2 期；张柏主编：《中国出土瓷器全集》第 2 卷，图版 58、136，科学出版社，2008 年。

5　吉林省博物馆等：《吉林哲里木盟库伦旗一号辽墓发掘简报》，《文物》1973 年第 8 期；王建群、陈相伟：《库伦辽代壁画墓》，文物出版社，1989 年。

6　段一平：《吉林双辽骆驼岭辽墓清理简报》，《考古与文物》1983 年第 6 期。

7　李文信：《辽瓷简述》，《文物参考资料》1958 年第 2 期。

8　张增午、李银录：《河南林州市北宋墓葬出土陶瓷器考略》，《中国古陶瓷研究》（第八辑），第 84-93 页，紫禁城出版社，2002 年。

编号	古地名	年代	出土地点	墓主身份	出土陶瓷器及数量	件数
24	宋河北西路	1117 年	河北曲阳南平罗村墓[1]		碗 5、盂、酱釉罐 2	8 件
25			河北曲阳涧磁村 M7：1[2]		罐	1 件
26			河北定州市粮局宋墓[3]		注壶及注碗	2 件
27			河北望都西堤乡沈家庄窖藏[4]		碗 6、碟 2、盒	9 件
28			曲阳北镇村[5]		白釉卧女枕	1 件
29			河北定州定西窑[6]		枕	1 件
30	宋两浙路	1071 年	江苏镇江章岷墓[7]	光禄卿直秘阁	酱釉梅瓶	2 件
31		1115 年	浙江温州白象塔塔基[8]		盒 2	2 件

1　保定地区文物管理所等：《河北曲阳南平罗北宋政和七年墓清理简报》，《文物》1988 年第 11 期。

2　河北省文化局文物工作队：《河北曲阳涧磁村发掘的唐宋墓葬》，《考古》1965 年第 10 期。

3　顾会芹：《定州市出土定窑白釉注壶温碗》，《文物春秋》1998 年第 4 期；穆青：《定瓷艺术》第 95 页，图 127，河北教育出版社，2002 年。

4　裴淑兰、冀艳坤：《沈家庄出土文物介绍》，《河北省考古文集》（二），第 307-310 页，北京燕山出版社，2001 年。

5　张柏主编：《中国出土瓷器全集》第 3 卷，图版 143。

6　孙彦平、杜会平、吕波：《定州市博物馆收藏瓷枕介绍》，《文物春秋》2004 年第 1 期。

7　镇江市博物馆：《镇江市南郊北宋章岷墓》，《文物》1977 年第 3 期；张柏主编：《中国出土瓷器全集》第 7 卷，图版 96。

8　温州市文物处等：《温州市北宋白象塔清理报告》，《文物》1987 年第 5 期。

编号	古地名	年代	出土地点	墓主身份	出土陶瓷器及数量	件数
32	宋两浙路		江苏金坛市茅麓镇石马坟北宋砖室墓[1]		酱釉梅瓶	1件
33			江苏镇江群盛大厦工地[2]		酱釉渣斗	1件
34			江苏丹阳司徒公社[3]		盒	1件
35			江苏江阴市夏港东园村北宋墓[4]		梅瓶	1件
36	宋江南西路吉州	1086年	江西永新刘瑾墓[5]		梅瓶	2件
37	宋江南东路	1111年	江西波阳施氏墓[6]	中大夫龙图阁待制熊本之妻	碗2、钵、盒2、太白尊	6件
38		1127年	江西婺源乐平汪路妻张氏墓[7]		黑釉瓶	1件
39			江苏南京明陵西村明墓[8]		梅瓶	2件

1　张柏主编：《中国出土瓷器全集》第7卷，图版129。

2　张柏主编：《中国出土瓷器全集》第7卷，图版128。

3　冯先铭：《中国陶瓷·定窑》附录二《各地出土定窑瓷器》表，上海人民美术出版社，1983年；张柏主编：《中国出土瓷器全集》第7卷，图版142。

4　张柏主编：《中国出土瓷器全集》第7卷，图版103。

5　范凤妹：《记江西出土的北方名窑瓷器》，《江西历史文物》1986年第2期。

6　余家栋：《江西波阳宋墓》，《考古》1977年第4期，286页；范凤妹：《记江西出土的北方名窑瓷器》，《江西历史文物》1986年第2期。

7　范凤妹：《记江西出土的北方名窑瓷器》，《江西历史文物》1986年第2期；见《中国陶瓷》陶瓷研究专辑，1982年第7期《婺源两座宋代纪年墓的瓷器》图版捌之十三。

8　张寄菴：《南京市附近发现明墓》，《考古通讯》1956年第3期；张柏主编：《中国出土瓷器全集》第7卷，图版143。

编号	古地名	年代	出土地点	墓主身份	出土陶瓷器及数量	件数
40	宋梓州路梓州		四川三台窖藏[1]		盘、水盂、印莲花纹碗 2	4 件
41	宋秦凤路渭州		甘肃平凉水洛城窖藏[2]		碗 11、盘 6	17 件
42	宋淮南西路庐州		安徽肥西县将军岭乡李家村[3]		酱黄釉瓶	1 件
43	宋淮南东路楚州		江苏淮安世纪佳苑人防工程 M4[4]		直口碗	1 件
44	宋京西北路西京		洛阳中州路宋代宫殿址[5]		盘	1 件
45	宋荆湖南路潭州		长沙市袁家岭[6]		碗	1 件

1 景竹友：《三台出土的白定“官”字款瓷器》，《四川文物》1996 年第 1 期；易立《关于四川三台出土“官”款白瓷的几个问题》，《四川文物》2009 年第 1 期；程晓钟：《晶莹隽秀的宋代瓷器珍品》，《丝绸之路》1996 年第 5 期。

2 张柏主编：《中国出土瓷器全集》第 8 卷，图版 115。

3 张柏主编：《中国出土瓷器全集》第 7 卷，图版 127。

4 中国社会科学院考古研究所洛阳唐城队：《河南洛阳市中州路北唐宋建筑基址发掘简报》，《考古》2005 年第 2 期。

5 张柏主编：《中国出土瓷器全集》第 13 卷，图版 209。

表 3：第三阶段金代 / 南宋前期（12 世纪 20 年代后半至 12 世纪 70 年代）出土定瓷统计

编号	古地名	年代	出土地点	墓主身份	出土陶瓷器及数量	件数
1		1127 年	河北新城时丰墓[1]	礼宾使	碗、盘、碟残片	3 件以上
2		1143 年	河北新城时立爱墓[2]	钜鹿钜王	碗、盘、碟等残片	3 件以上
3	金中都路	1153 ~ 1160 年	北京海淀南辛庄 M1 张□震墓[3]	宣武将军骑都尉	碗 2、盘、碟 3、盒 2、瓜棱执壶	9 件
4		1153 ~ 1160 年	北京海淀南辛庄 M2[4]	张氏家族成员	碗 4、盘、碟 11、小罐 6、盒 2、葫芦形注壶	25 件
5		1161 ~ 1167 年	北京磁器口吕恭墓[5]		碗 2、盒、“皇统”“凤”“北”太白尊 2	5 件
6	金西京路	1150 年	山西蔚县金墓[6]	遣祖葬祭墓，郭仲谦	碗 4、盘 3、碟 5、杯	13 件
7		1157 ~ 1159 年	山西大同陈庆夫妇合葬墓（云大 M2）[7]	定霸军左一副兵马使，敕加进义校尉	注碗 2、注壶、盘 4、单柄洗、杯	9 件

1 河北省文化局文物工作队：《河北新城县北场村金时立爱和时丰墓发掘记》，《考古》1962 年第 12 期。

2 河北省文化局文物工作队：《河北新城县北场村金时立爱和时丰墓发掘记》，《考古》1962 年第 12 期。

3 北京市海淀区文化文物局：《北京市海淀区南辛庄金墓清理简报》，《文物》1988 年第 7 期；张柏主编：《中国出土瓷器全集》第 1 卷，图版 20，科学出版社，2008 年。

4 北京市海淀区文化文物局：《北京市海淀区南辛庄金墓清理简报》，《文物》1988 年第 7 期；张柏主编：《中国出土瓷器全集》第 1 卷，图版 19、23，科学出版社，2008 年。

5 王清林、王策：《磁器口出土的金代石椁墓》，《北京文物与考古》第五辑，第 88-91 页，北京燕山出版社，2002 年；张柏主编：《中国出土瓷器全集》第 1 卷，图版 62，科学出版社，2008 年。

6 蔚县博物馆：《河北省蔚县元代墓葬》，《考古》1983 年第 3 期。

7 大同市博物馆：《大同市南郊金代壁画墓》，《考古学报》1992 年第 4 期；张柏主编：《中国出土瓷器全集》第 5 卷，图版 78、79。

编号	古地名	年代	出土地点	墓主身份	出土陶瓷器及数量	件数
8	金西京路	1161 年	山西大同徐龟墓[1]		瓜棱注壶及注碗（1 套）、葵口盏	3 件
9			山西大同云大 M1[2]	陈庆家族墓	碟 2、杯	3 件
10	金北京路大定府	1170 年	内蒙古敖汉旗金博州防御史墓[3]	降金契丹人，曾任博州防御使	碟 4	4 件
11	金上京路会宁府	1143 年	吉林舒兰完颜希尹墓[4]		瓶 2、盘 2	4 件
12	金临潢府路		内蒙古昭盟巴林左旗林东镇 M1[5]	八面形单室火葬墓	碗、碟 2、杯	4 件
13			内蒙古昭盟巴林左旗林东镇 M2[6]	方形单室火葬墓	盘	1 件
14	金咸平路韩州		梨树偏脸城址[7]		提梁壶	1 件
15	金河北西路	1143 年	河南林县赵处墓[8]		碗	1 件
16			定州南关[9]		绿釉莲纹游鸭枕	1 件
17			定州大渡河村[10]		酱釉划菱格纹卧狮枕	1 件

1　大同市博物馆：《山西大同市金代徐龟墓》，《考古》2004 年第 9 期；张柏主编：《中国出土瓷器全集》第 5 卷山西卷，图版 80、81、82。

2　大同市博物馆：《山西大同市金代徐龟墓》，《考古》2004 年第 9 期。

3　朱志民：《内蒙古敖汉旗老虎沟金代博州防御使墓》，《考古》1995 年第 9 期。

4　陈相伟：《完颜希尹家族墓地的调查和发掘》，《博物馆研究》1990 年第 3 期；吉林省文物考古研究所：《吉林省近十年的文物考古工作》，《文物考古工作十年（1979-1989）》第 81 页，文物出版社，1990 年；国家文物局主编：《中国文物地图集—吉林分册》第 141 页，中国地图出版社，1993 年。

5　李逸友：《昭盟巴林左旗林东镇金墓》，《文物》1959 年第 7 期。

6　李逸友：《昭盟巴林左旗林东镇金墓》，《文物》1959 年第 7 期。

7　吉林省文物管理委员会：《吉林梨树县偏脸古城复查记》，《考古》1963 年第 11 期；张柏主编：《中国出土瓷器全集》第 2 卷，图版 183，科学出版社，2008 年。

8　张增午：《河南林县金墓清理简报》，《华夏考古》1998 年第 2 期。

9　孙彦平等：《定州市博物馆收藏瓷枕介绍》，《文物春秋》2004 年第 1 期；张柏主编：《中国出土瓷器全集》第 3 卷，图版 196。

10　孙彦平等：《定州市博物馆收藏瓷枕介绍》，《文物春秋》2004 年第 1 期。

编号	古地名	年代	出土地点	墓主身份	出土陶瓷器及数量	件数
18	金河北西路		定州城西黄宫城村墓[1]		白釉卧狮枕	1件
19			定州八兄村[2]		白釉褐彩长方枕	1件
20			定州西关窑厂[3]		白釉褐彩牛纹枕	1件
21			河间县城关外[4]		白釉划牡丹花腰圆形枕	1件
22			河间县城关外[5]		白釉划花长方形枕	1件
23			定州城区中军帐[6]		酱釉划花卷枝纹椭圆形枕	1件
24			定州西关窑厂[7]		白釉珍珠地划花如意头形枕	1件
25	宋江南东路		江苏南京张保墓[8]		碗盘等	6件
26	宋两浙西路临安府		浙江杭州墓葬[9]		碗	1件
27	宋荆湖南路潭州	1170年	湖南长沙杨家山南宋王趯墓[10]	广南东路经略安抚	炉	1件

1　孙彦平等：《定州市博物馆收藏瓷枕介绍》，《文物春秋》2004年第1期。

2　孙彦平等：《定州市博物馆收藏瓷枕介绍》，《文物春秋》2004年第1期。

3　孙彦平等：《定州市博物馆收藏瓷枕介绍》，《文物春秋》2004年第1期。

4　刘超英、冀艳坤：《河北省文物研究所藏陶瓷枕选介》，《文物春秋》2000年第5期；张柏主编：《中国出土瓷器全集》第3卷，图版118。

5　张柏主编：《中国出土瓷器全集》第3卷，图版144。

6　张柏主编：《中国出土瓷器全集》第3卷，图版121。

7　张柏主编：《中国出土瓷器全集》第3卷，图版121。

8　张柏主编：《中国出土瓷器全集》第7卷，图版142。

9　张柏主编：《中国出土瓷器全集》第7卷，图版142。

10　高至喜：《长沙东郊杨家山发现南宋墓》，《考古》1961年第3期；作铭：《长沙东郊杨家山南宋墓墓主考》，《考古》1961年第4期；湖南省文物考古研究所编：《湖南古墓与古窑址》第201页、第391页及图版267，岳麓书社，2004年；河北省文化局文物工作队：《河北新城县北场村金时立爱和时丰墓发掘记》，《考古》1962年第12期。

表 4：第四阶段金代 / 南宋后期（12 世纪 70 年代至 13 世纪 60 年代末）出土定瓷统计

编号	古地名	年代	出土地点	墓主身份	出土陶瓷器及数量	件数
1	金中都路	1177 年	北京通县 M1 石宗璧墓[1]	宣威将军石宗璧	碗 3、碟 3、玉壶春瓶、杯	8 件
2			北京西城区福绥境大玉胡同金墓[2]		碗 2、盘 2、碟 5	9 件
3			北京丰台桥南金墓[3]		注壶、盘 6、碟 2、盏托	10 件
4			北京先农坛育才中学金墓[4]		碗 2、盘、碟 4、折沿盘	8 件
5			北京通县 M2[5]	推测为石宗璧家属	碗 4、盘 4、碟 10、玉壶春瓶、杯 2	21 件
6			北京顺义区天竺乡[6]		盘、单柄洗	2 件
7			河北承德三沟村窖藏[7]		杯 2、提梁注壶 2、器盖	5 件

1 北京市文物管理处：《北京市通县金代墓葬发掘简报》，《文物》1977 年第 11 期；张柏主编：《中国出土瓷器全集》第 1 卷，图版 61，科学出版社，2008 年。

2 北京市文物管理处：《近年来北京发现的几座辽墓》，《考古》1972 年第 3 期。

3 北京市文物管理处：《近年来北京发现的几座辽墓》，《考古》1972 年第 3 期。

4 北京市文物管理处：《北京先农坛金墓》，《文物》1977 年第 11 期。

5 北京市文物管理处：《北京市通县金代墓葬发掘简报》，《文物》1977 年第 11 期。

6 张柏主编：《中国出土瓷器全集》第 1 卷，图版 15、16，科学出版社，2008 年。

7 田淑华：《承德县三沟村发现辽金窖藏》，《文物》1986 年第 6 期。

编号	古地名	年代	出土地点	墓主身份	出土陶瓷器及数量	件数
8	金中都路		河北三河行仁庄 74SJM1[1]	火葬墓	刻花碗 5、注碗及注壶	7 件
9			保定直隶总督署[2]		碗 2、宋黑釉碗片	5 件以上
10			宣武区育才学院金墓[3]		双系罐	1 件
11	金西京路	1190 年	山西大同阎德源墓[4]	玉虚观宗主大师阎德源道士	碗、碟、罐 5	7 件
12			大同南郊[5]		提梁壶	1 件
13			山西省朔州市北关小康村 M2[6]		盘	1 件
14			山西广灵县南城门[7]		碗、盘	2 件
15			乌兰察布市察右前旗土城子古城[8]		盘、盖碗	2 件
16			河北怀安下王屯墓[9]	似为下级官吏墓	碗	1 件

1 河北省文物研究所等:《河北三河县辽金元时代墓葬出土遗物》,《考古》1993 年第 12 期;张柏主编:《中国出土瓷器全集》第 3 卷,图版 161。

2 田宝玉:《保定直隶总督署出土瓷片介绍》,《文物春秋》2007 年第 2 期。

3 张柏主编:《中国出土瓷器全集》第 1 卷,图版 17,科学出版社,2008 年。

4 大同市博物馆:《大同金代阎德源墓发掘简报》,《文物》1978 年第 4 期;张柏主编:《中国出土瓷器全集》第 5 卷,图版 84。

5 张柏主编:《中国出土瓷器全集》第 5 卷,图版 70。

6 张柏主编:《中国出土瓷器全集》第 5 卷,图版 112。

7 张柏主编:《中国出土瓷器全集》第 5 卷,图版 99、100。

8 张柏主编:《中国出土瓷器全集》第 4 卷,图版 119、122。

9 张家口地区文管所:《河北怀安下王屯壁画墓发掘简报》,《考古》1990 年第 3 期。

编号	古地名	年代	出土地点	墓主身份	出土陶瓷器及数量	件数
17	金东京路		辽宁清原县二道沟窖藏[1]		盘4、碟10、杯	15件
18			辽宁岫岩长兴辽金遗址[2]		碗2、盘2、碟2	6件
19	金北京路	1177年	内蒙古敖汉旗小柳条沟墓[3]		洗、碟3	4件
20		1184年	辽宁朝阳马令夫妇合葬墓[4]		碟	2件
21			敖汉旗牛古吐乡小坑子村[5]		酱釉碗	1件
22			敖汉旗敖润苏莫苏木墓[6]		玉壶春瓶	1件
23	金上京路	1182年	吉林农安赵景兴墓[7]		碗、碟2	3件
24			吉林农安窖藏[8]		碗5、盘18、碟4、钵8、双系罐、提梁壶	37件

1　清原县文化局：《辽宁清原县二道沟出土定窑系统瓷器》，《文物》1980年第10期。

2　辽宁省文物考古研究所等：《辽宁岫岩县长兴辽金遗址发掘简报》，《考古》1999年第6期。

3　王建国：《敖汉旗小柳条沟金代墓葬》，《内蒙古文物考古》1986年总第4期。

4　辽宁省博物馆：《辽宁朝阳金代壁画墓》，《考古》1962年第4期。

5　张柏主编：《中国出土瓷器全集》第4卷，图版109。

6　张柏主编：《中国出土瓷器全集》第4卷，图版62。

7　此墓早年发现，参田村实造：《庆陵的壁画——绘画、雕刻、陶瓷》第228页，同朋社，1977年；刘涛：《宋辽金纪年瓷器》第11、18页，文物出版社，2004年；《满蒙の遗迹出土の陶片》，《陶器讲座》第12卷，雄山阁，1936年。

8　吉林省博物馆等：《吉林农安金代窖藏文物》，《文物》1988年第7期；张柏主编：《中国出土瓷器全集》第2卷，图版178、179、180、181，科学出版社，2008年。

编号	古地名	年代	出土地点	墓主身份	出土陶瓷器及数量	件数
25	金上京路		吉林德惠 揽头窝堡六号房址[1]		碗 2、碟 2、器盖	5 件
26			黑龙江哈尔滨窖藏[2]		碗、盘 2	3 件
27			前郭尔罗斯 辽金塔虎城[3]		碗 4、盘 2、提梁壶、酱釉匜等	8 件
28	金胡里改路		黑龙江绥滨 中兴墓地 M2[4]	火葬墓	瓷片	不详
29			黑龙江绥滨 中兴墓地 M3[5]	金代贵族	盘 2、碟 7	9 件
30			黑龙江绥滨 中兴墓地 M5[6]	推测为 M3 墓主的护卫	碗 2	2 件
31			黑龙江绥滨 中兴墓地 M7[7]	推测为 金代贵族的妻妾	碗	1 件
32			黑龙江绥滨 奥里米古城城址[8]		瓷片	3 件以上

1 吉林省揽头窝堡考古队：《吉林德惠市揽头窝堡遗址六号房址的发掘》，《考古》2003 年第 8 期。

2 黑龙江省博物馆田华等：《黑龙江哈尔滨市郊发现元代瓷器窖藏》，《考古》1999 年第 5 期。

3 何明：《记塔虎城出土的辽金文物》，《文物》1982 年第 7 期；张柏主编：《中国出土瓷器全集》第 2 卷，图版 187，科学出版社，2008 年。

4 黑龙江省文物考古工作队：《黑龙江畔绥滨中兴古城和金代墓群》，《文物》1977 年第 4 期。

5 黑龙江省文物考古工作队：《黑龙江畔绥滨中兴古城和金代墓群》，《文物》1977 年第 4 期。

6 黑龙江省文物考古工作队：《黑龙江畔绥滨中兴古城和金代墓群》，《文物》1977 年第 4 期。

7 黑龙江省文物考古工作队：《黑龙江畔绥滨中兴古城和金代墓群》，《文物》1977 年第 4 期。

8 黑龙江省文物考古工作队：《松花江下游奥里米古城及其周围的金代墓群》，《文物》1977 年第 4 期；胡秀杰：《黑龙江绥滨奥里米古城及其周围墓群出土文物》，《北方文物》1995 年第 2 期。

编号	古地名	年代	出土地点	墓主身份	出土陶瓷器及数量	件数
33	金胡里改路		黑龙江绥滨奥里米古城墓地 M7[1]		盘	1 件
34			黑龙江绥滨奥里米古城墓地 M24[2]		碗	1 件
35	金临潢府路		内蒙古林西县冬不冷乡温都村窖藏[3]		盘 2	2 件
36			吉林哲里木盟奈曼旗窖藏[4]		酱釉碗 3、同出碗 44、盘、盖钵等	47 件
37			哲里木盟霍林河矿区金界壕边堡[5]		碗 2、盘	3 件
38			内蒙古巴林左旗查干哈达苏木白音宝力格嘎查[6]		盘	1 件
39	金咸平路	1204 年	辽宁铁岭前下塔子冯开父母墓[7]	金北京路转运户判冯开父母墓	盘 4、碟 4	8 件
40			辽宁铁岭西丰凉泉 2 号窖藏[8]		盖碗、盘 7、器盖 3、盒	12 件

1 黑龙江省文物考古工作队：《松花江下游奥里米古城及其周围的金代墓群》，《文物》1977 年第 4 期；胡秀杰：《黑龙江绥滨奥里米古城及其周围墓群出土文物》，《北方文物》1995 年第 2 期。

2 黑龙江省文物考古工作队：《松花江下游奥里米古城及其周围的金代墓群》，《文物》1977 年第 4 期；胡秀杰：《黑龙江绥滨奥里米古城及其周围墓群出土文物》，《北方文物》1995 年第 2 期。

3 王刚：《林西县金代瓷器窖藏》，《内蒙古文物考古》1996 年第 1 期；王刚：《林西县发现金代瓷器窖藏》，《文物》1996 年第 8 期。

4 吉林省博物馆：《窖藏“紫定”印花碗》，《文物》1985 年第 8 期。

5 哲里木盟博物馆：《内蒙古霍林河矿区金代界壕边堡发掘报告》，《考古》1984 年第 2 期。

6 张柏主编：《中国出土瓷器全集》第 4 卷，图版 47。

7 铁岭市博物馆等：《铁岭县前下塔子金墓》，《辽海文物学刊》1988 年第 2 期。

8 张大为、王奇等：《西丰凉泉金代窖藏》，《辽海文物学刊》1997 年第 1 期。

编号	古地名	年代	出土地点	墓主身份	出土陶瓷器及数量	件数
41	金咸平路		吉林怀德秦家屯古城[1]		碗3、盘7、碟2	12件
42			辽宁昌图八面城[2]		碗、盘、盒等	3件以上
43			吉林公主岭市毛城子窖藏[3]		碗4、盘、盖碗	6件
44	金蒲与路		黑龙江克东县金蒲与路古城[4]		碗2、盘	3件
45	金河北西路		河北曲阳北镇村法兴寺旧址[5]		碗3、盘9、碟	13件
46			河北曲阳涧磁M9[6]		青釉罐、酱釉罐、黑釉梅瓶、酱釉盘	4件
47			河北曲阳县西燕川村[7]		提梁壶	1件
48			河北曲阳南马古庄村[8]		盘	1件
49			河北定州市怀德营村[9]		钵2	2件

1 陈相伟：《吉林怀德秦家屯古城调查记》，《考古》1964年第2期。
2 许志国：《辽宁昌图县八面城址调查》，《博物馆研究》1997年第2期。
3 武中宝等：《公主岭市新发现两处金代窖藏文物》，《博物馆研究》1989年第2期。
4 黑龙江省文物考古研究所：《黑龙江克东县金代蒲峪路故城发掘》，《考古》1987年第2期。
5 妙济浩、薛增福：《河北曲阳北镇发现定窑瓷器》，《文物》1984年第5期。
6 河北省文化局文物工作队：《河北曲阳涧磁村发掘的唐宋墓葬》，《考古》1965年第10期。
7 张柏主编：《中国出土瓷器全集》第3卷，图版140。
8 张柏主编：《中国出土瓷器全集》第3卷，图版170。
9 贾敏峰：《定瓷中的艺术精品——记定州市博物馆馆藏的两件大碗》，《文物春秋》2001年第4期。

编号	古地名	年代	出土地点	墓主身份	出土陶瓷器及数量	件数
50	金河北西路		河北平山[1]		盘	1件
51			河南安阳墓葬[2]		斗笠碗2	2件
52	金河北东路沧州		河北沧州金墓或窖藏[3]		碗4、盘9、碟	14件
53	金山东东路益都府		山东临淄窖藏[4]		碗19、盘25、碟12、杯2、直口直腹盖碗	59件
54	金河东北路汾州		山西汾阳冯家庄高速公路指挥部[5]		盘	1件
55	宋两浙西路	1195年	江苏吴江叶棐妻邹氏墓[6]	承信郎叶棐之妻	碗、盘9	10件
56		1239年	浙江吴兴南宋墓[7]		炉	1件
57		1268年	浙江德清城关镇乾元山墓[8]		盘	1件
58			江苏江阴夏港宋墓[9]	推测为北宋工部尚书葛宫家族墓	碗3、盘、碟3	7件
59			江苏武进村南宋墓[10]	观文殿大学士，浙东安抚使薛极家属墓	碗4、盘	5件

1　张柏主编：《中国出土瓷器全集》第3卷，图版134。

2　考古所安阳工作队：《河南安阳西郊唐、宋墓的发掘》，《考古》1959年第5期。

3　卢瑞芳：《河北沧州出土的金代瓷器》，《收藏家》2004年第2期。

4　淄博市博物馆等：《山东临淄出土宋代窖藏瓷器》，《考古》1985年第3期。

5　张柏主编：《中国出土瓷器全集》第5卷，图版102。

6　苏文：《江苏吴江出土一批宋瓷》，《文物》1973年第5期。

7　冯先铭：《中国陶瓷·定窑》附录二《各地出土定窑瓷器》表，上海人民美术出版社，1983年。

8　施兰：《德清出土的宋元时期瓷器》，《东方博物》（第三十一辑）第94-100页，浙江大学出版社，2009年；袁华：《浙江德清出土南宋纪年墓文物》，《南方文物》1992年第2期。

9　高振卫、邬红梅：《江苏江阴夏港宋墓清理简报》，《文物》2001年第6期；张柏主编：《中国出土瓷器全集》第7卷，图版102。

10　陈晶、陈丽华：《江苏武进村前南宋墓清理纪要》，《考古》1986年第3期。

编号	古地名	年代	出土地点	墓主身份	出土陶瓷器及数量	件数
60	宋两浙西路		浙江杭州北大桥宋墓[1]		碗 2、洗	3 件
61			浙江杭州恭圣仁烈皇后宅遗址[2]		碗、盘、碟等 532 件 / 片	100 以上
62			浙江杭州南宋临安府衙署遗址[3]		碗 3	3 件
63			浙江杭州南宋太庙遗址[4]		碗 2、洗等	8 件以上
64	宋两浙东路绍兴府		绍兴缪家桥宋井[5]		碗 5、盘、碟 9	15 件
65	宋江南西路吉州	1237 ~ 1254 年	江西吉水张宣义（重四）墓[6]		碗	2 件
66	宋江南东路		江苏南京江宁牧龙镇秦桧家族墓[7]		斗笠碗	1 件
67	宋淮南西路		安徽凤台“连城”遗址[8]		印花盘 2、划花碟	3 件
68	宋淮南东路和州	1199 年	江苏江浦张同之妻章氏墓[9]	朝请郎、直秘阁、江南西路转运判官张同之妻	碗 3、盘	4 件

1 浙江省文物考古研究所：《杭州北大桥宋墓》，《文物》1988 年第 11 期。

2 杭州市文物考古所：《南宋恭圣仁烈皇后宅遗址》第 96 页，文物出版社，2008 年。

3 杭州市文物考古所：《杭州南宋临安府衙署遗址》第 32-46 页，《文物》2002 年第 10 期。

4 杭州市文物考古所：《临安城遗址考古发掘报告——南宋太庙遗址》第 38 页，文物出版社，2007 年。

5 绍兴县文物管理委员会：《浙江绍兴缪家桥宋井发掘简报》，《考古》1964 年第 11 期。

6 陈定荣：《吉水县宋代纪年墓出土文物》，《江西历史文物》1985 年第 2 期；陈定荣：《江西吉水纪年宋墓出土文物》，《文物》1987 年第 2 期。

7 南京市博物馆：《南京江宁县牧龙镇宋秦桧家族墓清理简报》，《东南文化》1988 年第 2 期。

8 南京博物院：《安徽凤台“连城”遗址内发现一批唐——元时代的文物》，《文物》1965 年第 10 期。

9 南京市博物馆：《江浦黄悦岭南宋张同之夫妇墓》，《文物》1973 年第 4 期；张柏主编：《中国出土瓷器全集》第 7 卷，图版 132。

编号	古地名	年代	出土地点	墓主身份	出土陶瓷器及数量	件数
69	宋成都府路		四川成都南宋窖藏[1]		碟 2	2 件
70			四川简阳东溪园艺场窖藏[2]		碗 13、盘 2、碟 60、酱釉碗 9、黑釉碗 5	89 件
71			四川峨眉山市罗目镇[3]		碟 8	8 件
72			四川成都宋墓[4]		盘	1 件
73			四川温江宋墓[5]		盘	1 件
74	宋潼川府路		重庆荣昌窖藏[6]		碗 3、洗 5	8 件
75			四川遂宁金鱼村窖藏[7]		碗 8、盘 6	14 件
76	宋凤翔路德顺州		甘肃庄浪县[8]		盘	1 件
77			甘肃庄浪县物资局[9]		碗、盘	2 件
78	宋京西南路襄阳府		湖北谷城宋墓[10]		碗 2、盘	3 件

1 翁善良：《成都市发现的一处南宋窖藏》，《文物》1984 年第 1 期。

2 四川省文物管理委员会：《四川简阳东溪园艺场元墓》，《文物》1987 年第 2 期。

3 四川省文物考古研究所等：《峨眉山市罗目镇宋代窖藏发掘简报》，《四川文物》2003 年第 1 期。

4 冯先铭：《中国陶瓷·定窑》附录二《各地出土定窑瓷器》表，上海人民美术出版社，1983 年。

5 冯先铭：《中国陶瓷·定窑》附录二《各地出土定窑瓷器》表，上海人民美术出版社，1983 年。

6 重庆市博物馆等：《重庆市荣昌县宋代窖藏瓷器》，《四川考古报告集》第 406-413 页，文物出版社，1998 年；张柏主编：《中国出土瓷器全集》第 10 卷，图版 204。

7 遂宁市博物馆等：《四川遂宁金鱼村南宋窖藏》，《文物》1994 年第 4 期；陈德富：《遂宁金鱼村窖藏宋瓷三议》，《四川文物》1997 年第 5 期；庄文彬：《遂宁市金鱼村南宋窖藏的发现与初步研究》，《四川文物》1999 年第 6 期；何瀛中：《遂宁窖藏宋瓷探微》，《四川文物》2003 年第 1 期。

8 张柏主编：《中国出土瓷器全集》第 16 卷，图版 13，科学出版社，2008 年。

9 张柏主编：《中国出土瓷器全集》第 16 卷，图版 12、16，科学出版社，2008 年。

10 李广安：《湖北谷城县宋墓出土定窑印花瓷器》，《考古》2003 年第 1 期。

仿古与博古
——从定窑看宋代陶瓷的复古潮流[1]

韩倩　故宫博物院

内容摘要：本文以定窑瓷器为核心，以历史文献作补充，从器物造型、装饰上的仿古和博古切入，通过与同时代汝窑、官窑、耀州窑、龙泉窑、景德镇窑瓷器的比较，进而揭示宋代工艺美术复古潮流在陶瓷制作上的表现，并指出从礼器到陈设器再到日用器，从崇古、慕古到赏古、玩古，宋人对古典的热爱，使上古礼器从贵族坐拥的国家重器走入庶民的现世生活。从“仿古”到“博古”，虽与宋人恢复三代礼制的精神理想渐行渐远，但它们以恢复古代传统的名义，为自北宋以来的陶瓷复古风潮带来新的气象，也为陶瓷造型和装饰提供了更为丰富的表现语言，更对后世影响深远。

关键词：复古　仿古　博古　造型　装饰

一　引言

中国古人常有执着的复古情结，他们相信，理想的社会出在上古，那时，制度合宜、民风淳厚，一切都好，文学、艺术自然也好，而所处时代却有种种弊端。“当他们厌倦或失望于现在，第一想法总是回到古代，即过去的盛世和‘黄金时代’”[2]。

1　按：本文中的“宋代”为时间而非疆域概念，涵盖960至1279年间宋、金统治下的瓷窑。
2　李零：《铄古铸金——考古发现和复古艺术》第10页，香港中文大学出版社，2005年。

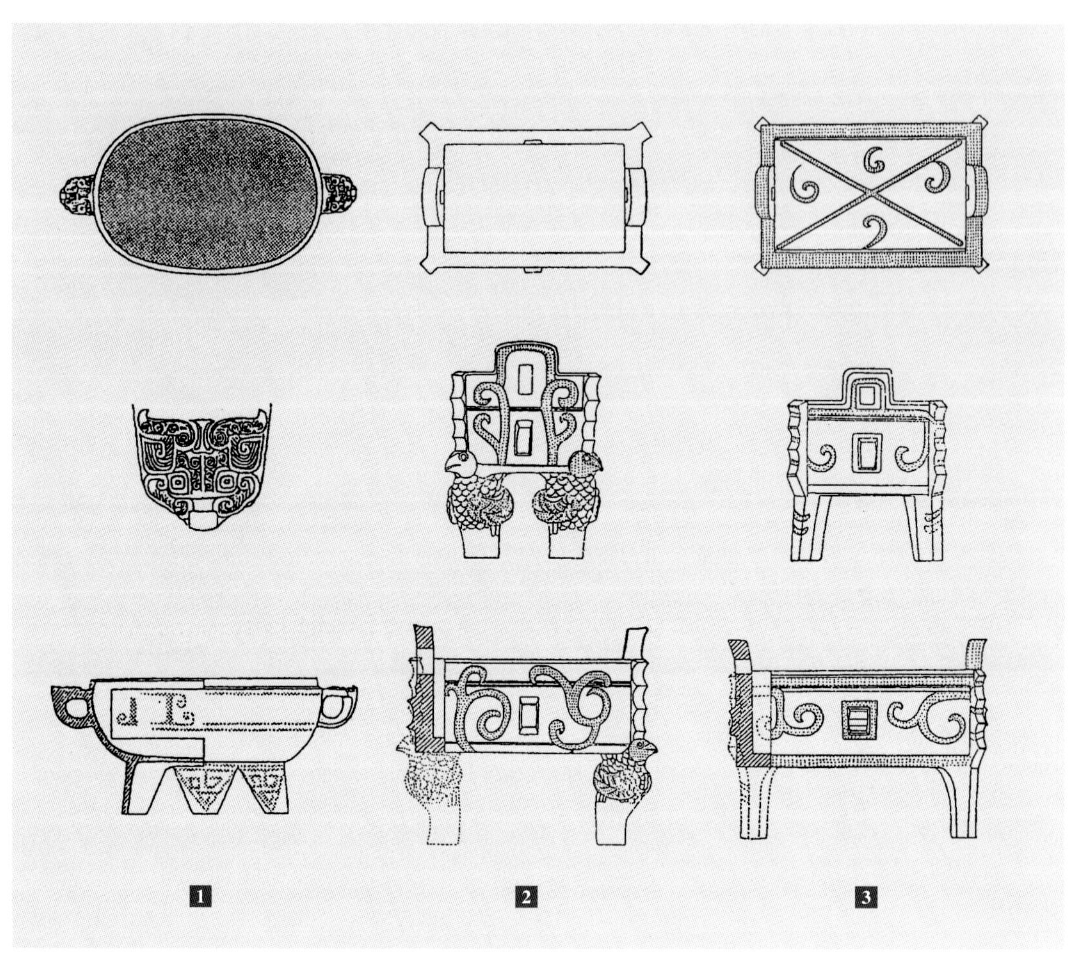

图 1-1. 燕下都 16 号墓、30 号墓出土的仿古陶器线描图

复古是两宋工艺美术一个重要潮流，它发端于北宋立国初恢复“三代之治”的政治诉求，得到了地下发现与金石学的大力支持和推动。在北宋晚期，因徽宗朝的隆礼作乐，达到顶峰，成就典范。徽宗以后，不少官府和民间的工艺美术制作均以商周青铜器为楷模，复古之风从此连绵不绝，影响深远。

在陶瓷艺术领域，复古表现为仿古与博古。仿古指造型、装饰上追摹古代制作，尤以模仿三代青铜器为常见；博古是将古代铜器的形象演化成纹样，作为装饰题材。需要提请注意的是，宋人虽慕古、好古，但对古代的继承，若时代毗邻，代代相传，属自然的延续；若时代悬隔，中断后重新出现，便是自觉的继承。自然延续是常态，这叫承古，它成就了中国连绵不断的文化传统；自觉继承基本表现为复古，强调“失而复得，断而复续”，是中断后的

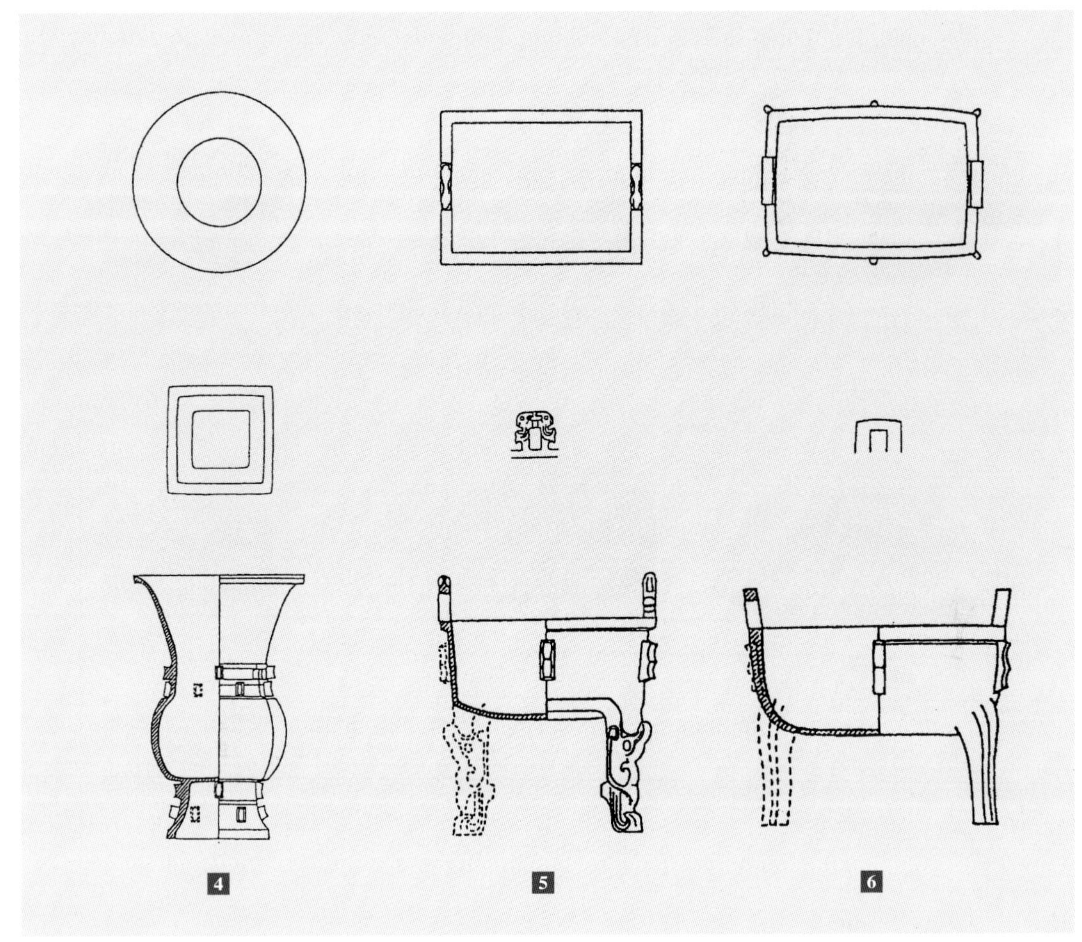

图 1-2. 燕下都 16 号墓、30 号墓出土的仿古陶器线描图

再生和复兴。

陶瓷摹仿铜器的现象并不罕见，基于贪恋奢华的心理，材料珍稀的金属器常成为陶瓷器造型、装饰取法的对象，相反的情形固然存在，但根本不足与材质低档仿高贵的规律抗衡。战国时期，仿铜陶器曾非常流行，河北易县燕下都 16 号墓、30 号墓出土过大量仿青铜器的彩绘泥质红陶 [1]，包括食器、酒器、水器、乐器等门类的数十种造型。它们主要以战国青铜器为范本，只有个别方鼎、方尊、罍具有商周风格（图 1-1、图 1-2），且在前代和同一时期的其他墓葬中基本绝迹。若以这批器物为例，那么前者只能说是同时代工艺美术

1　河北省文物研究所：《燕下都》第 684-731 页，文物出版社，1996 年。

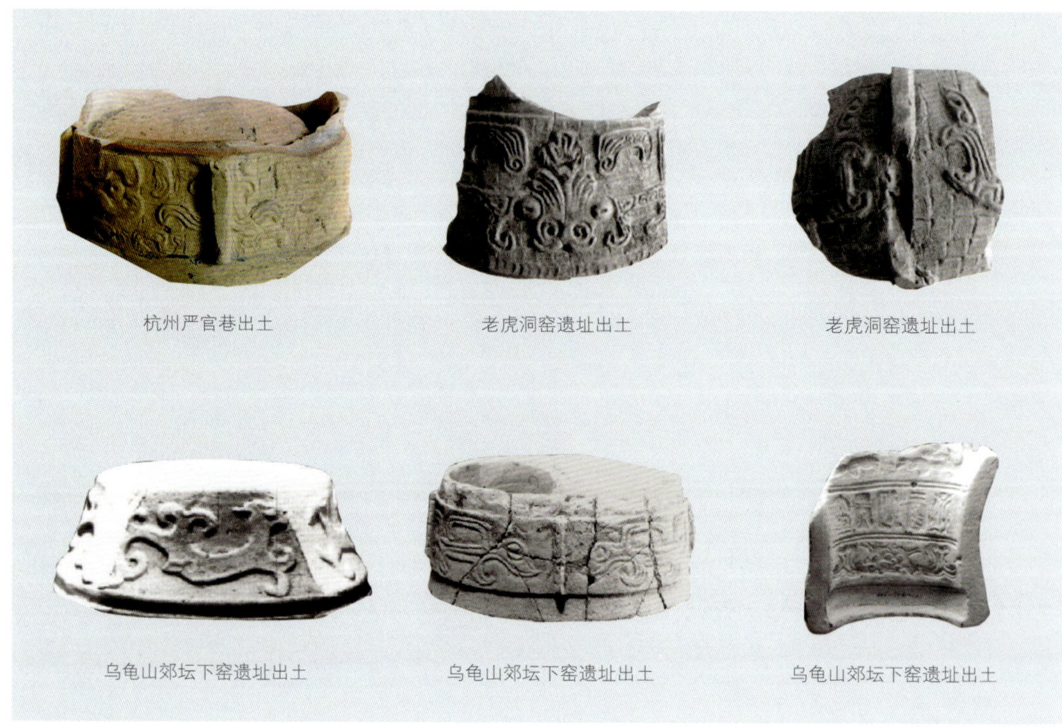

图 2. 素陶祭器残片

品间的相互影响，后者才可视为中断后的恢复，属于复古作品。不过，这样的例证毕竟零散，不够典型，陶瓷复古形成潮流，演为时尚，还是在宋代。

二　仿古

（一）祭礼器

严格来讲，那种有文献印证、有古器或当时图录对照，造型、装饰均效法古代器物才算是确切的仿古。按照这样的理解，宋代典型的陶瓷仿古器莫过于 2004 年杭州严官巷出土的 1 件器物圈足，它无釉并饰以繁缛的饕餮纹、雷纹，与《宣和博古图》中的周代饕餮大尊非常相似。1999 年，在凤凰山老虎洞窑址的考古调查中，曾发现一处南宋小型窑炉遗迹，出土大量黄色陶片，胎质细腻，器表大都模印饕餮纹、夔龙纹、雷纹等，质地、造型、装饰均与严官巷发现的器足相似。发现于 1930 年的乌龟山郊坛下窑址，也曾出土少量类似产品和模范残片（图 2）。由于这些器物造型、装饰特殊，且伴出遗物中有大篆“甸”字铭文的模范以及“礼器局”字样的铭文砖，致使学者们相信，它们并非当年的日用品，而是被用于国家祭典，属于服务礼仪的制品[1]，它们的生产有着宋人恢复三代礼仪和器物制度的大背景。

唐末五代，军事集团成了中国最有权势的政治力量，他们旷日持久的争斗导致了政权的不断易手，赵匡胤当上宋朝的开国皇帝，靠的也是兵变。但在中国，“武力赋予的合法性只是在疆域上支持了王朝存在的事实”[2]，对政权合理性与合法性的确认、对国家权威与秩序的重建，自然得到统治者的重视，加之赵宋的北方和西方始终有强邻，异族外敌的存在与壮大，令这种诉求愈加强烈。封建王朝历来强调“奉天承运”，赵氏也希图通过礼制的恢复与重建，用一系列仪式确立权利的天赋正当性。礼仪制度详备于西周，自北宋立国之初，士大夫就开始要求重建一个理想的社会秩序，称为“三代之治”，即以周朝为代表的礼制时代、太平盛世。这种政治理想在汉族传统文化里持续占有地位，只是，在宋代特殊的历史情境中更加凸显。无论是真心相信三代曾经出现过完美的秩序，还是借远古为乌托邦，总之，在宋人眼中，汉唐不足法，他们要超越汉唐，直接与理想化的三代接续，以形成具有历史深度的礼乐教化制度。

行的是古礼，用品也该具古风，两宋大规模的仿古制作正是伴随着朝廷的礼制讨论而展开。聂崇义在后周时曾主持检讨摹画郊庙祭器，北宋初，他向太祖进呈《三礼图》，是为恢复三代礼仪和器物制度的发端。不过，北宋末年以前，慕古进而复古每每限于制度考订、古物收藏、金石研究。1100年，徽宗即位，仿古实践终于打破千年的沉寂，呈现复兴三代的气象。赵佶满怀对古代的向往，要按古代制度重造国家祭器，终于铸成了大批型纹肖似的仿古铜器。产品主要为大晟编钟以及政和（1111～1118年）、宣和（1119～1125年）礼器两类。据宋人记载，大晟编钟是仿制端州出土的“宋成公之钟”[3]，它与大宋国号正合，在当时应属祥瑞。政宣礼器做工考究，不但造型、装饰仿古，铭文也用仿古的金文，就连

1 唐俊杰：《祭器、礼器、邵局——关于南宋官窑的几个问题》，《故宫博物院院刊》2006年第6期。

2 葛兆光：《中国思想史》第二卷《七世纪至十九世纪中国的知识思想与信仰》第170页，复旦大学出版社，2001年。

3 （清）徐松辑：《宋会要辑稿·乐五》：（元符四年八月）二十七日诏曰：“乃者，得隐逸之士于草茅之贱，获英茎之器于受命之邦（双行注：时端州上古银器，有乐钟，验款识乃宋成公时），适时之宜，以身为度，铸鼎以起律，因律以制器，按协于庭，八音克谐。宜赐名曰大晟，其旧乐可更不行用。”第342页，中华书局，1957年；（宋）蔡絛：《铁围山丛谈》卷四：“始端州上宋成公之钟，而后得以作《大晟》。”《宋元笔记小说大观》册3，第3095页，上海古籍出版社，2001年。

遣词用语，也在尽量模仿商周，它们令博雅的徽宗满意之极。可惜，北宋灭亡，这批器物被迫遗弃，为显示其为徽宗朝改制，南宋称它们为“新成礼器”。

上古礼器的材质不只青铜，北宋时，士大夫已根据《礼记》中“器用陶匏，以象天地之性”的说法，提出恢复陶瓷祭器的古制。庆历七年（1047年），新造祭器中已出现改用的匏爵、瓦登、瓦罍等[1]；元丰六年（1083年）再次强调，“今郊祀簠、簋、尊、豆皆非陶”，不合礼意，请“圜丘方泽正配位所设簠、簋、尊、豆改用陶器”[2]；大观四年（1110年），议礼局讨论郊祀祭天地古制应该“牲以兰栗，席以藁革禾，器以陶匏”，并“请自今此感生帝神州地祇并用陶匏”[3]。陶瓷为祭器的呼声虽未断，但北宋礼器造作主体仍是青铜。

靖康二年（1127年），金人入主中原，宋廷南迁，高宗即位。当时，二圣尚在，宋金又战争不断，赵构对彰显政权合法性的要求更加迫切。中兴修复，彪炳周礼，在绍兴年间，尤其是前半段，谨循三年一祀，迫切需要大量礼器。但客观上，原有礼器法物已散失殆尽，重铸又铜料稀缺[4]。陶瓷祭器烧制简便，又合古制，成为特殊时期的权宜之计。从绍兴四年（1134年）情况看，共计用陶瓷器710多件，铜器15件，竹木器超过6000余件（套），

1 （清）徐松辑：《永乐大典》卷五四五四引《郊庙奉祀礼文》记“庆历七年，礼院奏准修制郊庙祭器所状……臣等参详古者祭天，器皆尚质，盖以极天下之物，无以称其德者……臣等再详……今伏见新修祭器改用匏爵、瓦登、瓦罍之类，盖亦追用古制，欲乞祭天神位……臣等谨案《礼记》曰，礼以少为贵，以其内心者也，德产之致也，精致观天下之物，无可以称其德者，唯至诚为可以报之。故扫地而祭，器用陶、匏，席以藁、秸，因天地自然之性，贵诚尚质，不敢修其文也”。《永乐大典》第3册，第2513-2514页，中华书局，1986年。

2 陈梦雷编：《古今图书集成·经济汇编礼仪典》卷一五五《天地祀典部》汇考九之七引《宋朝仪注》载：“（元丰六年）郊之祭也，器用陶匏，以象天地之性，木单用白木，以素为质，今郊祀簠、簋、尊、豆皆非陶，又用龙杓，未合于礼意。请圜丘方泽正配位所设簠、簋、尊、豆改用陶器，仍以木单为杓。”台北鼎文书局，1976年；（元）脱脱等：《宋史》卷九八《礼志一》载：“元丰六年，详定礼文所言：本朝昊天上帝、皇地祇、太祖位各设三牲，非尚质贵诚之义。请亲祠圜丘、方泽正配位皆用犊，不设羊豕俎及鼎匕，有司设祀亦如之。又簠、簋、尊、豆皆非陶器，及用龙杓，请改用陶，以木单为杓。”第2429-2430页，中华书局，1977年。

3 《宋会要辑稿·礼一四》载：“大观四年四月二十八日，议礼局言……又言祭法曰，燔柴于泰坛祭天也，瘗埋于泰折祭地也，诸儒皆以为祭天即南郊，所祀感生之帝，祭地即北郊，所祭神州之神。历代崇奉以为天地大祠。故牲以兰栗，席以藁革禾，器以陶匏。其仪必与昊天上帝皇地祇等。今太常祠感生帝神州地祇仪注，牲以兰栗，席以藁革禾，以合古礼，而所用之器与宗庙同，则为非称。伏请自今此感生帝神州地祇并用陶匏。”第619页。

4 按：铜料稀缺仅从《宋会要辑稿》中记载的铜禁情况即可窥见，绍兴年间就有数次：绍兴四年五月十九日（《刑法二》之一四八，第6569页）、绍兴八年八月二十七日、绍兴十年五月十三日、绍兴十二年四月三日、绍兴二十八年七月二十四日、十月十日禁限铜器（《刑法二》之一四九，第6570页）、绍兴三十三年十月二十七日（《刑法二》之一五六，第6573页）。

铁器千余件[1]。竹木数量最多，显然也与制作简便相联系。《中兴礼书》明确记载了祭祀天地所用陶瓷造型有豆、簠、簋、尊、罍、登几类，又更细致地划分为六尊六罍，分别是牲尊、象尊、著尊、壶尊、大尊、山尊、牲罍、象罍、著罍、壶罍、大罍、山罍[2]。

为便于朝廷掌控，承担南宋陶瓷祭器新作的窑口均设在都城临安（今浙江杭州）附近[3]，此时，随着女真人领土南扩，定窑等北方名窑尽入金国版图，自然不会参与南宋的祭礼器制作。北宋时，它们是否承担过类似任务，至少在目前，文献尚未提供确凿的证据。从零星的考古发现看，定窑、汝窑[4]均出土过造型、装饰摹仿青铜器的陶瓷残片，联系两窑在当时的特殊地位，它们极可能是北宋陶瓷祭器产地之一。其实，即便在陶瓷祭器一度流行的南宋，大规模生产的延续时间也不长，政局稳定后，铜礼器地位便逐渐恢复[5]。尽管如此，"器以陶匏"仍意义重大，它令复古不再局限于青铜材质，为陶瓷陈设器仿古树立了典范。

（二）陈设器

形纹逼肖商周青铜器的陶瓷祭器存世虽少，宋代却有大量造型仿古的陶瓷陈设器，如鼎式炉、鬲式炉、簋式炉、觚、出戟尊、贯耳壶等，模仿又不止于三代铜器，还有汉代酒樽（奁），上古的玉琮。陈设器并不特指日用品，只是对有别于青铜礼器、素陶祭器产品的统称。因为笔者相信，早期它们或许也曾作为供器进入宋人的祭祀大典，但后来却用于焚香、插花，成为生活的优雅点缀。

宋代的仿古造作基本是自上而下，由官府到民间，祭礼器自不必说，陶瓷陈设器仿古

1 《宋会要辑稿·礼二四》，第 942-943 页。

2 （宋）叶宗鲁纂修、（清）徐松辑：《中兴礼书》卷九，《续修四库全书》册 822，第 37-38 页。

3 《中兴礼书》卷五九载："绍兴四年（1134 年）四月十九日，权工部侍郎苏迟等言：勘会近奉圣旨陶器令绍兴府余姚县烧造，余并令文思院制造。"《续修四库全书》册 822，第 243 页；《中兴礼书》卷九载："绍兴十三年（1143 年）四月二十九日，礼部太常寺言，勘会国朝祖宗故事……内陶器下平江府烧变，铜爵坫令建康府铸镕，其竹木祭器令临安府制造。"第 36 页；秦大树先生认为平江自唐以来就不是重要陶瓷产区，至今也未发现过陶瓷窑址。他推测《中兴礼书》关于平江府烧造的记录可能有误，当时礼器局尚未成立，所以不会是它主持的中央官窑造作，比较可能仍按前例，在附近越窑系统的青瓷窑口生产，如低岭头窑、寺龙口窑，只不过由平江府出面组织定做；秦大树：《老虎洞官窑刍议》，秦大树、杜正贤主编：《南宋官窑与哥窑——杭州南宋官窑老虎洞窑址国际学术研讨会论文集》第 72 页，浙江大学出版社，2003 年。

4 按：据河南省文物考古研究所孙新民所长介绍，在近年宝丰清凉寺遗址的考古工作中，发现一类模印纹饰的素陶残片，其造型、装饰均摹仿青铜器，这类器物集中在一个区域发现，可能是为特殊目的而生产。

5 按：绍兴十五年拟定祭器改造，陶器合计三百多件，铜器合计超过九千五百件（副），竹木器合计五千八百余件。《中兴礼书》卷九，第 37-38 页。

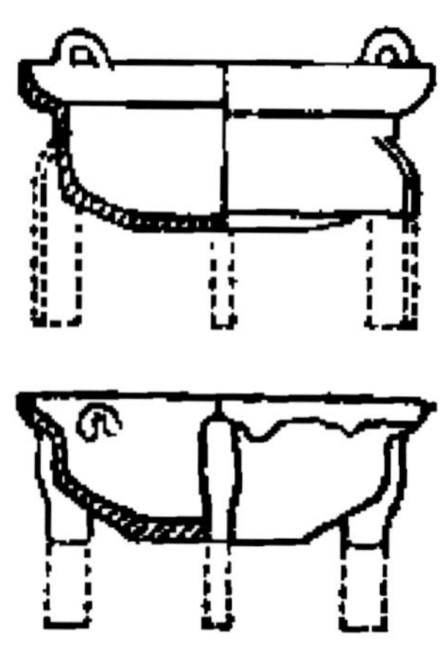

图 3. 定窑白釉三足炉线描图
（河北曲阳涧磁村晚唐至五代墓出土）

也较早出现于与宫廷、官府联系密切的窑场，典型作品虽多出自南宋，但北宋已见端倪。定窑自晚唐、五代时已在贡御，其生产宫廷和官府用瓷的时间更延续至金代，长达三个多世纪。若要追究，河北曲阳涧磁村晚唐至五代墓曾出土两件白瓷炉（图 3），双耳、三足的构成元素已彰显了古风，但其造型毕竟与古鼎还有差距[1]。至于兽足、兽面等古代元素，在定窑瓷器上确实屡见不鲜（图 4），但它们在前代陶瓷器上亦时时出现（图 5），并非“失而复得，断而复续”，不算严格意义上的仿古。

就已刊布资料看，除去出土和传世的大小不一的奁式炉外（图 6），考古工作提供的关于定窑仿古资料仍十分有限[2]。据河北省文物研究所工作人员介绍，在 2009 年对定窑遗址发掘中，于北宋后期和金代地层发现仿青铜器的白瓷残片，北宋作品尤为精美（图 7）。辽宁朝阳南塔街金代晚期窖藏出土过 1 件白釉三兽足香炉，应属定窑产品（图 8）。它直口，平沿，双立耳，束颈，鼓腹，兽足，腹部贴饰三个兽面纹，白釉泛黄，气泡明显，足底无釉[3]。炉体与金代耀州窑产品相仿（图 9），束颈鼓腹、带兽足、贴饰兽面纹等，是此时北方民窑仿古瓷炉的常见特征。建立金朝的女真人本不善烧陶，毋庸置疑，金代定窑仿古与汉文化传统关系密切。女真虽是北方少数民族，但他们早就有农业生产，过定居生活。立国之后，疆土逐渐向南拓展，政治中心不断南移，不论机构设置还是典章制度，都极力效仿南宋，复古风气自然也不例外。

尽管遗物的稀缺令今人难睹定窑仿古制作的真容，但明代高濂在《遵生八笺·论定窑》中提到“定窑……至佳者”是仿古制作，“如兽面彝炉、子父鼎炉、兽头云板脚桶炉、胆瓶、花尊、花觚，皆略似古制，多用己意，此为定之上品”。其他如盒、枕、瓶、盘类的日用

1　河北省文化局文物工作队：《河北曲阳涧磁村发掘的唐宋墓葬》，《考古》1965 年第 10 期。
2　刘涛：《依据纪年资料对宋金定窑的观察研究》，《中国古陶瓷研究》第七辑，第 237-246 页，紫禁城出版社，2001 年。
3　朝阳市博物馆：《辽宁朝阳南塔街出土的金代窖藏文物》，《北方文物》2005 年第 2 期。

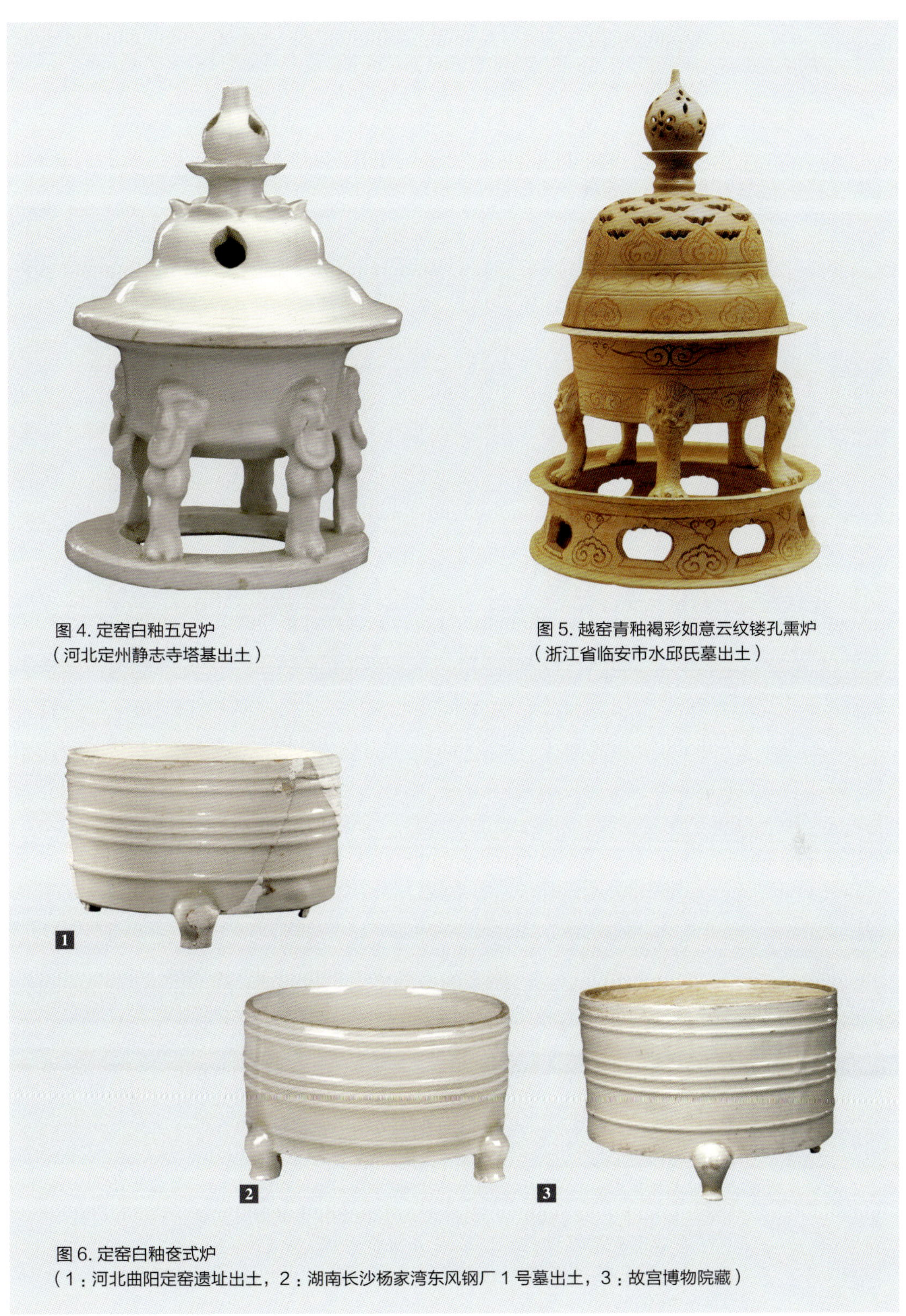

图 4. 定窑白釉五足炉
（河北定州静志寺塔基出土）

图 5. 越窑青釉褐彩如意云纹镂孔熏炉
（浙江省临安市水邱氏墓出土）

图 6. 定窑白釉奁式炉
（1：河北曲阳定窑遗址出土，2：湖南长沙杨家湾东风钢厂 1 号墓出土，3：故宫博物院藏）

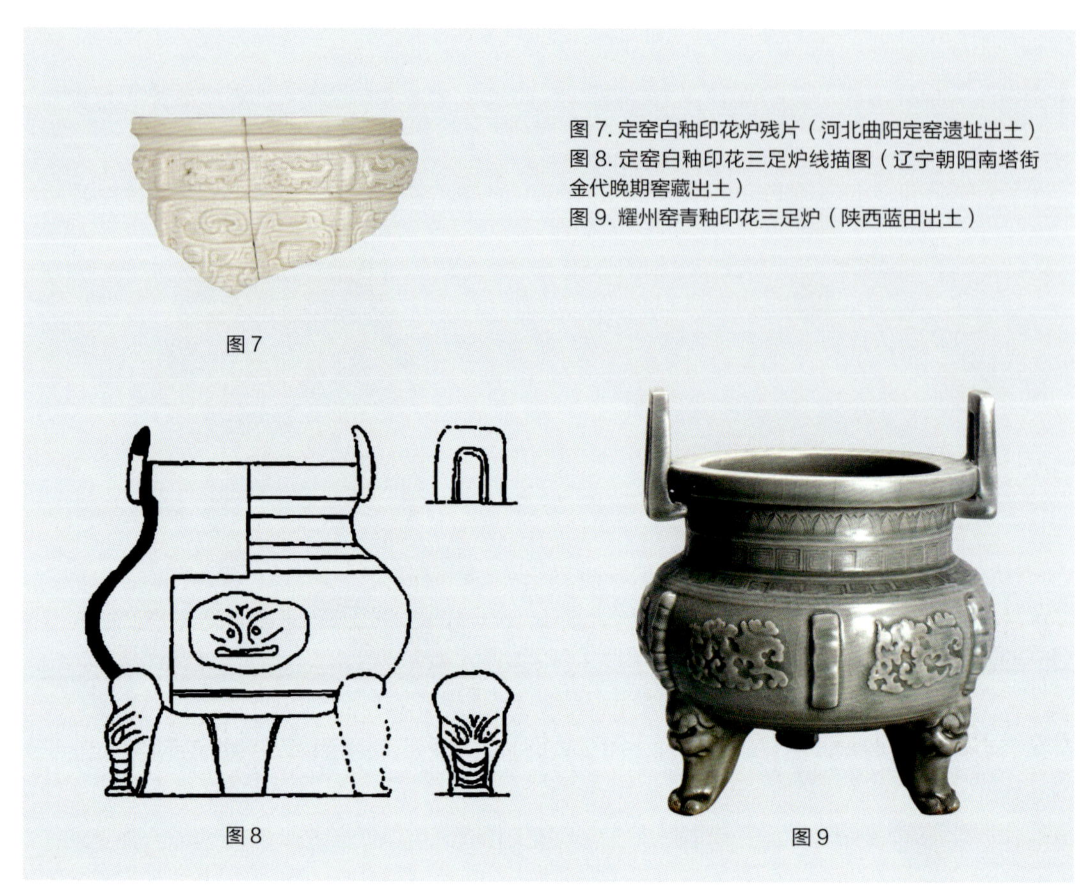

图 7. 定窑白釉印花炉残片（河北曲阳定窑遗址出土）
图 8. 定窑白釉印花三足炉线描图（辽宁朝阳南塔街金代晚期窖藏出土）
图 9. 耀州窑青釉印花三足炉（陕西蓝田出土）

图7

图8

图9

器物，却是“制出一时工巧，殊无古人遗意，以巧惑今，则可以制胜，古则未也”。又说到了明代的仿制：“近如新烧文王鼎炉、兽面戟耳彝炉，不减定人制法，可用乱真。若周丹泉初烧为佳，亦须磨去满面火色……又若继周而烧者，合炉、桶炉，以锁子甲球门锦龟纹穿挽为花地者，制作极工，不入清赏，且质较丹泉之造远甚……”[1] 高濂为万历年间名士，他记周丹泉等仿定窑属当时人记当时事，可信程度较高。高氏称明代烧造的文王鼎炉、兽面戟耳彝炉等“可用乱真”，既说明仿制水平甚高，似乎也暗示着，摹仿应有宋代实物为样本，起码对于明人而言，定窑这些仿古产品的“真”并不陌生。高濂记宋代定窑属较晚的追记补叙，难免存在辗转抄袭、以讹传讹的弊病，但其对修内司窑的记载已被考古工作

1 （明）高濂：《遵生八笺》卷十四“论定窑”，《文渊阁四库全书》电子版，上海人民出版社，迪志文化出版有限公司，1999 年。

证实，那么对定窑的讨论也应有相当的可信度。如此看来，仿古产品是定器中的“上品”，造型十分丰富，有彝炉、鼎炉、桶炉、胆瓶、花尊、花觚等，它们均非刻板的摹仿古代器物，而是“略似古制，多用己意”。

“循古”而不“泥古”是宋人仿古实践的重要理念。早在大观二年（1108年），徽宗诏曰：“因时之宜，御今之俗。”认为仿古应该“善法古者，不法其法，法其所以为法之意”。政和三年（1113年），他为《五礼新仪》御制序时又称：“循古之意而勿泥于古，适今之宜而勿牵于今。”

对官府制作而言，“法古者法意”的主张更多体现在祭礼器之外的仿古产品上。老虎洞窑址南宋中晚期地层曾出土的1件镂雕奁式炉，造型虽仍取自青铜器，却以流行的缠枝花卉纹为饰，迥异于早期古雅无纹的作风（图10）。研究者称，老虎洞窑址南宋地层可分为早、晚两期，分别属于南宋前期和中后期，晚期仿古造型比例相对减少[1]，镂花产品出自此期，反映的正是官窑在仿古制作趣味上的变迁。从摹古到创新，变化的发生与时代及产品性质相关。高宗退位，祭祀礼仪也逐渐弛废，大规模官府仿古礼器造作不复有绍兴年间的盛况。高宗、孝宗之后，各朝对礼制的尊崇似乎较为怠慢，使用的礼器数量也大幅减少。理宗在位长达41年，仅举行过郊祀大礼一次[2]。早期，仿古陈设器礼制含义更浓，每每展现出刻意摹古的追求，转为生活日用后，对“仿古”的理解才会溢出更多时尚的需求。

“循古之意而勿泥于古”的原则性纲领在民窑仿古制作中得到了具体注解。对普通大众而言，既无礼制复兴的政治诉求以及礼学传统的限制，又缺少严格的金石学常识和仿古样本，但由宫廷官府、士大夫引领的慕古仿古的世风必须追随。尤其在南宋中期以后，上古的鼎、鬲、簋、觚、琮、尊等早已陌生，兽面纹、夔龙纹、云雷纹等更不知所云，于是移挪拼凑，或截取某些特征，或配以流行纹饰，每每展现出翻新的面貌。古朴作风与官窑肖似的龙泉窑青瓷亦不乏古器新风之作（图11），民间色彩更浓的景德镇窑青白瓷更将纹样满布器身（图12）。民窑瓷器那些源自上古青铜器的造型特征，无疑是强调“我在仿古”；而那些附加的流行纹饰和吉祥图案，则是标榜“我也时尚”。它们虽已与士大夫恢复三代的精神理想渐行渐远，却以古雅的面貌出现在宋人的日常生活中，丰富着仿古艺术的表现形式，促进了复

1 《南宋官窑与哥窑——杭州南宋官窑老虎洞窑址国际学术研讨会论文集》第141-152页，浙江大学出版社，2003年。

2 《宋史》卷九九《礼志二》：“理宗四十一年，一郊而已。”第2445-2446页。

图 10. 官窑青釉奁式炉（左：老虎洞窑 H3 出土，右：老虎洞窑 H5 出土）

图 11. 龙泉窑青釉奁式炉（左：四川遂宁人民医院工地窖藏出土，右：浙江绍兴环翠塔地宫出土）

图 12. 景德镇窑青白釉鼎式炉（四川遂宁金鱼村窖藏出土）

古潮流的形成。

自宋代开始的陶瓷仿古，在后世连绵不绝，形成风气。即使蒙元，仿古之制也受到少数民族权贵的珍视，典型例子是死在洛阳的高官赛因赤答忽，他以大批制作考究的仿古陶礼器陪葬[1]（图 13）。朱元璋早在立国之初就定下“祭器皆用瓷”的规矩，因此，特别在明初御器厂遗址的考古发掘中，出土了大量型仿商周的甜白釉爵。入清，陶瓷仿古之风更盛，深入官府造作，也广布民间生产，作品档次越高，仿制也更逼肖。乾隆时古铜彩的发明，除造型、装饰外，连釉色都在摹仿青铜甚至锈斑（图 14），以精湛的技艺表达了对古代典范的向往。

宋代陶瓷仿古常以商周青铜器为样本，元明清效仿的对象则除了上古制作，还有此时已经名声大作的包括定窑在内的宋瓷。元代彭君宝善仿定瓷的折腰式样，“土脉细白，与定相似”；浮梁磁局匠户烧造的仿定窑器物非常逼真，“博古者往往不能辨”。明后期，苏州人周丹泉在景德镇仿烧古瓷，所造仿定文王鼎炉、兽面戟耳彝炉，能以假乱真，千金争市，供不应求。唐英担任督陶官时的御窑厂，仿古加创新瓷器达五十七种，其中“白定釉，止仿粉定一种，其土定未仿”。

就开创风气而言，宋人仿古的影响有积极的一面，又有消极的一面。假如说官府制作是在表达对古代的景仰，不含经济目的，民间的情况却不同。徽宗以后，中国工艺美术的摹古做旧发展为专业，形成了传统，并且，时代愈后，风气愈盛，手段愈高明，高明的赝品足可乱真。以“作伪”为目的仿古很难不被诟病，因为它们招致了真赝难辨，也阻遏了艺术创新，甚至每成奸商牟利的尤物。应当认清的是，宋人仿古的初衷是基于对古代典范的向往，故明言其新作为“仿”，至于后世的耽迷泥古、巧诈牟利，全是不肖子孙的作为。

三　博古

（一）名词与表现

“博，大通也。”[2]

“古，故也。”[3]

1　洛阳市铁路北站编组站联合考古发掘队：《元赛因赤答忽墓的发掘》，《文物》1996 年第 2 期。

2　（汉）许慎著、（清）段玉裁注：《说文解字注》第 88 页，上海古籍出版社，1988 年。

3　（汉）许慎著、（清）段玉裁注：《说文解字注》第 89 页，上海古籍出版社，1988 年。

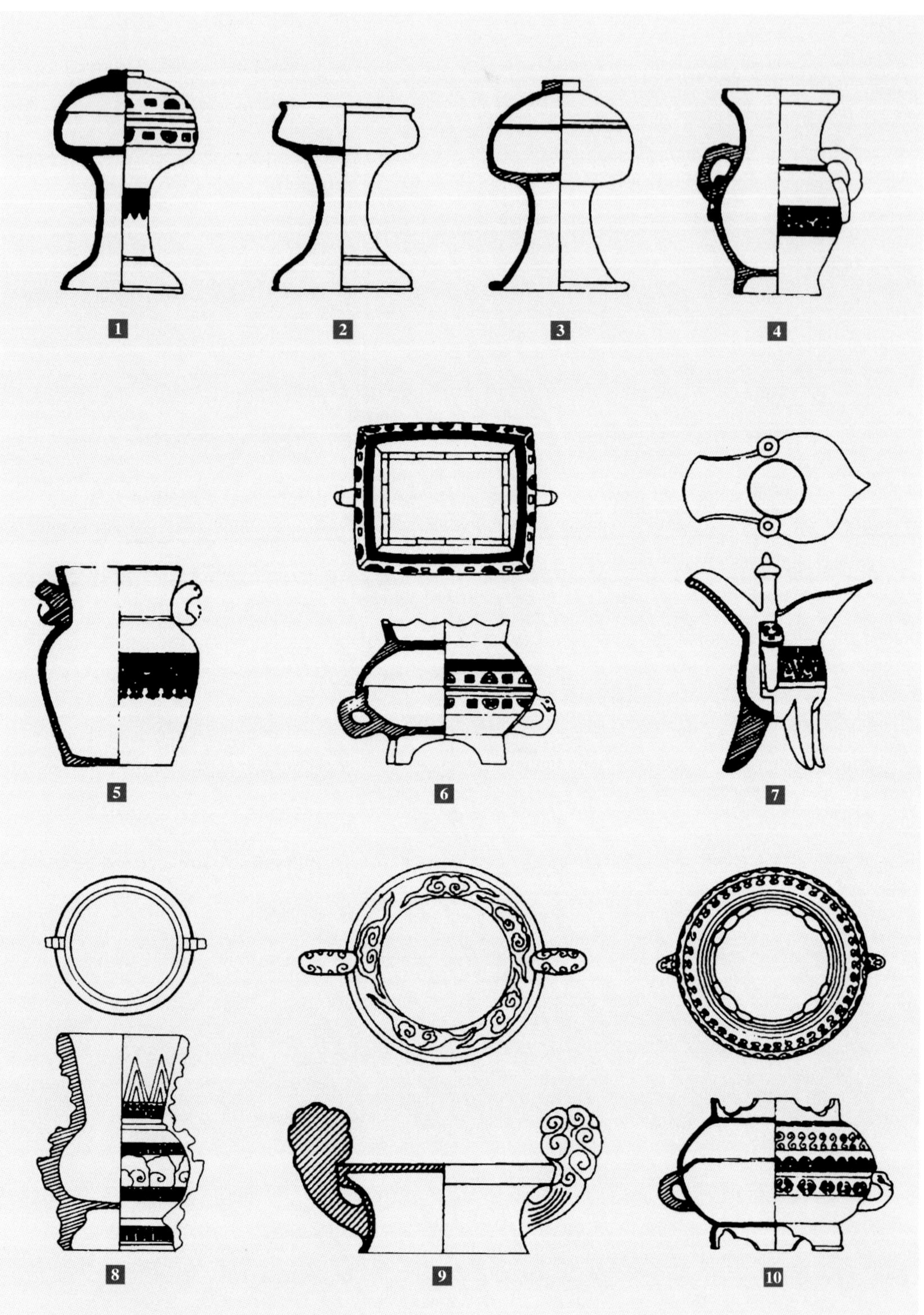

图 13. 赛因赤答忽墓出土的仿古陶礼器线描图

图 14. 乾隆款仿古铜彩出戟尊（故宫博物院藏）

“博古”即通晓古代的知识[1]。

词语由来虽早，但作为一种艺术表现形式的“博古图”，却是伴随着金石学的发展而来。北宋中期，以地下发现为契机、以古代器物为研究对象的金石学兴起，成就斐然。宋代王俅说：“元祐以竣，地不爱宝，颓堤废墓，埋鼎藏敦，所触呈露，由是考古博古之书生焉。”[2] 王国维也说：“汉代孔子壁中书出，而有古文经之学；宋代古器物出，而有金石学。”[3] 历史上，古物出土的例子很多，但往往被视为天降祥瑞。汾阴出铜鼎，汉武帝改元元鼎（前116年），还是同一地点，汉元鼎四年（前113年）又出铜鼎，于是修后土祠，汉以后还一直保持祭祀。“魏、晋、六朝、隋、唐，亦数数言获古鼎器”，但收藏古器仅只是个别行为，“梁刘之遴好古爱奇，在荆州聚古器数十百种，又献古器四种于东宫，皆金错字，然在上者初不大以为事”[4]。

宋代最早的铜器出土，可能是真宗咸平三年（1000年）五月，同州（今陕西大荔县）出方缶，九月乾州（今陕西永寿县）出方甗。此后，地下发现日益丰富，士大夫收藏、研究古物蔚然成风。“始则有刘原父侍读公为之倡，而成于欧阳文忠公，又从而和之，则若伯父君谟、东坡数公云尔”[5]，在真宗到哲宗年间，完成了《集古录》、《考古图》等

1 如（汉）张衡《西京赋》载：“有冯虚公子者，心奢体忲，雅好博古，学乎旧史氏。”（南朝）梁沈约《与何胤敕》载：“吾虽不学，颇好博古。”《汉语大词典》第一册，第909页，上海辞书出版社，2011年。

2 （宋）王俅：《啸堂集古录》，《宋人著录金文丛刊》第208页，中华书局，1986年。

3 王国维：《最近二三十年中中国新发现之学问》，《海宁王静安先生遗书》册4，第1875页，台北商务印书馆，1940年。

4 《铁围山丛谈》卷4，《宋元笔记小说大观》册3，第3095页。

5 《铁围山丛谈》卷4，《宋元笔记小说大观》册3，第3095页。

图 15. 定窑白釉印花博古纹盘（故宫博物院藏）

一批重要著述[1]。徽宗即位后，利用皇权，成为三代古器的最大收藏家。大观初，内府所藏大小礼器已逾五百，政和间最盛，尚方所贮竟达六千余。在宣和殿后又辟保和殿，设立稽古、博古、尚古等诸阁，用以贮藏古玉玺印、鼎彝礼器、法书图画，并命人将宫廷收藏依《考古图》体例编纂成集，即后来的《宣和博古图》。自此，这种描摹古代器物的绘画才叫做“博古图”，并被陶宗仪在《南村辍耕录》中列为中国画“十三科”之一。

陶瓷器上的博古纹样，较早见于定窑和景德镇窑瓷器上的印花装饰，时间要晚到金代。北宋中后期，随着支圈覆烧法的流行，印花技法在定窑逐渐成熟[2]，到金代更为普及。

1 按：这些著述主要包括僧湛洤《周秦古器图碑》（1017 年）、杨元明《皇祐三馆古器图》（1051 年）、刘敞《先秦古器记》（1063 年）、欧阳修《集古录》（1063 年）、胡俛《古器图》（1068 年）、李公麟《考古图》（1088 或 1089 年）、《周鉴图》（1091 年）、吕大临《考古图》和《考古图释文》（1092 年）。参见李零：《铸古铄今——考古发现和复古艺术》，第 53 页。

2 按：有学者提出，印花的流行与支圈覆烧法有密切关系。支圈覆烧法是将碗、盘类器物口部朝下装烧，器物间用支圈间隔，层层相叠，它对器坯规格统一要求高，这正可通过模制实现；另一方面，模范成型的碗盘等，器壁可以更薄，为防止在焙烧中变形，也不得不使用覆烧法。参见刘涛：《宋辽金纪年瓷器》第 13 页，文物出版社，2004 年。

图 16. 定窑白釉印花博古纹盘（台北故宫博物院藏）

考古发现的定窑印花模子，不少带有金代纪年，如“大定二十四年（1184 年）”、“大定二十九年（1189 年）”、“泰和三年（1203 年）”等，进一步证明其流行时间。博古纹饰通常复杂，印花工艺用整块模范法令烦琐的花纹与造型一次完成，为复古艺术在陶瓷装饰上提供了新的表现手段。北京和台北故宫博物院藏传世定窑瓷器中均有表现古代器物的纹样，或以一件作主体装饰（图 15），或罗列数件组合成图案（图 16），古器中都满插鲜花。辽宁清原二道沟金代后期窖藏出土一件定窑印花平底碟，碟心印古鼎一枚，内插莲花[1]（图 17）。紧邻曲阳的井陉窑遗址，曾发现过博古图案的印花碗模，底面是博古式鼎炉插花，周壁以同向飘拂的四条扎花彩带四等分，分别填刻牡丹、莲、菊、梅等四季花卉（图 18），制作时间大概在金大定到大安年间[2]。景德镇窑在支圈覆烧法等技术方面深受定窑影响，四川遂宁窖藏出土一件印花青白瓷盘的边饰上也有类似题材（图 19）。此种古代面貌

1　王运至：《辽宁清原县二道沟出土定窑系统瓷器》，《文物》1980 年第 10 期。
2　孟繁峰、杜桃洛：《井陉窑遗址出土金代印花模子》，《文物春秋》1997 年增刊。

图 17. 定窑白釉印花博古纹碟（辽宁清原二道沟窖藏出土）

图 18. 井陉窑博印花古纹碗模（河北井陉窑遗址出土）

图 19. 景德镇窑青白釉印花双凤纹盘（四川遂宁金鱼村窖藏出土）

图 20. 山西侯马牛村古城 29 号金墓北壁墓主人夫妇像

的鼎、瓶插花的图像在金墓砖雕里也有出现，如山西侯马牛村古城 29 号金墓北壁墓主人夫妇像，男主人面前桌上雕一瓶一鼎炉，瓶内插花一束，炉内冉冉出烟[1]（图 20），这与当时古器新用，以古鼎、古瓶或其仿品来焚香、插花的现象必有联系。

（二）渊源与演绎

宋人慕古，但北宋时，金石学家们对古代器物的关注主要在礼及礼器的范畴内。他们眼中，器物本身是古代圣人用以载道之物，有直接晓以礼教而稳定统治秩序的作用。李公麟言："圣人制器尚象，载道垂戒，寓不传之妙于器用之间，以遗后人，使宏识之士，即器以求象，即象以求意……"[2] 吕大临在《考古图》中也说："予于士大夫之家所阅多矣……

1 山西文物管理委员会侯马工作站：《山西侯马金墓发掘简报》，《考古》1961 年第 12 期。
2 （宋）李公麟：《考古图》，《籀史》，《文渊阁四库全书》电子版《史部・目录类・金石之属》。

暇日论次成书，非敢以器为玩也。观其器，诵其言，形容仿佛，以追三代之遗风，如见其人矣。以意逆志，或探其制作之原，以补经传之阙亡，正诸儒之谬误。”[1] 可见，此时文人士大夫收藏、研究古物，纵然是好古进而考古，却仍力求避开“玩”古的态度。

到北宋末年，以徽宗为标志，古器被赋予新的内涵，赏玩意味更重。“宣和间，内府尚古器。士大夫家所藏三代秦汉遗物无敢隐者，悉献于上”，社会上古物数量激增，古物甚至成为邀功、减罪的工具[2]。王安中于宣和七年十二月二十一日赴宫廷元宵曲宴，其所陈列者，“虞敦、夏鼎、商盘、纪甗、龙文夔首”均系“古三代之物”[3]。《听琴图》（图 21）中赵佶对面叠石花几上所置花器，造型作鼎状，外古青铜色，表面凸凹似有繁复花纹，可能即为古铜器或仿古产品。

南宋以降，随着自上而下仿古制作的潮流，古器的礼制化色彩逐渐减弱，插花焚香之具，也在好古仿古的大时代中更换为三代的面孔。淳熙六年，南宋皇家幸聚景园，园中就安顿着白玉碾花商尊，约高二尺，径二尺三寸，独插照殿红十五枝[4]。舒岳祥有诗题作《十一月初三插梅花古罍洗中因成四绝》[5]；洪咨夔《夏初临》句云“铁瓮栽荷，铜彝种菊，胆瓶萱草榴花”[6]；范成大《古鼎作香炉》“云雷萦带古文章，子子孙孙永奉常。辛苦勒铭成底事，如今流落管烧香”[7]；舒岳祥《古铜炉》“殷彝周鼎几千年，土蚀苔封洗涤全。且与道人烧柏

---

1 （宋）吕大临：《考古图·后记》，《文渊阁四库全书》电子版《子部·谱录类·器物之属》。

2 （宋）叶梦得：《避暑录话》卷三载：“宣和间，内府尚古器。士大夫家所藏三代秦汉遗物无敢隐者，悉献于上。而好事者复争寻求，不较重价，一器有直千缗者。利之所趋，人竞搜剔山泽，发掘冢墓，无所不至。往往数千载藏，一旦皆见，不可胜数矣。吴珏为光州固始令，光，申伯之国，而楚之故封也，间有异物，而以僻远，人未之知。乃令民有罪，皆入古器自赎。既而，罢官，几得五六十器，与余遇汴上，出以相示。其间数十器尚三代物。后余中表继为守，闻之微用其法，亦得十余器，乃知此类在世间未见者尚多也。范之才为湖北仿察，有绐言泽中有鼎，不知其大小，而耳见于外，其间可过六七岁小儿。亟以上闻，诏本部使者发民掘之。凡境内陂泽悉干之，掘数十丈，讫无有。之才寻见谪。”《宋元笔记小说大观》册 3，第 2637-2638 页。

3 （宋）王明清：《挥麈录·后录》卷四载：“徽宗宣和七年十二月二十一日，就睿谟殿张灯预赏元宵，曲燕近臣。命左丞王安中、中枢侍郎冯熙载为诗以进。”《宋元笔记小说大观》册 4，第 3689-3672 页；（宋）王安中：《睿谟殿曲宴诗并序》载：“臣比蒙圣恩，召赴禁殿曲燕……已而陪促天步，至会宁殿。琼铺珠箔，合沓炳焕。其所陈列，则虞敦，夏鼎，商盘，纪甗，龙文夔首。云雷科斗，真若邃古三代之物……”北京大学古文献研究所：《全宋诗》册 24 卷一三九一，第 15971 页，北京大学出版社，1992 年。

4 （宋）周密：《武林旧事》卷七，第 164 页，中华书局，1991 年。

5 （宋）舒岳祥：《十一月初三插梅花古罍洗中因成四绝》，《全宋诗》册 65，第 41017 页。

6 （宋）洪咨夔：《夏初临》，《全宋词》册 4，第 2464 页。

7 （宋）范成大：《古鼎作香炉》，《全宋诗》册 41，第 26018 页。

图 21.《听琴图》(局部)(故宫博物院藏)

子,不须公子熟龙涎”[1]。绘画把这种尚古之情化为具体的形象,如《秋窗读易图》(图 22)、《瑶台步月图》(图 23)、《飞阁延风图》(图 24)等。

诗词绘画中的“古鼎”、“古瓶”既有古物,也有仿品,联系宋人陶瓷仿古制作主要为各式炉和瓶、壶,其功用不言自明。与宫廷关系密切的定窑、汝窑、两宋官窑,仿古陈设也许还有补充青铜礼器不足的意义。但到了龙泉、景德镇窑出品则应该是既可供奉于庙宇神坛,也可置于书斋闺房了。杨万里《烧香七言》曰“琢瓷作鼎碧于水,削银为叶轻如纸”[2],所言当系青瓷鼎式炉。南宋《竹涧焚香图》(图 25)描绘的大约即为奁式瓷炉。

1 (宋)舒岳祥:《古铜炉》,《全宋诗》册 65,第 26018 页。

2 (宋)杨万里:《烧香七言》曰:“琢瓷作鼎碧于水,削银为叶轻如纸。不文不武火力匀,闭阁下帘风不起。诗人自炷古龙涎,但令有香不见烟。素馨忽开抹利拆,低处龙麝和沉檀。平生饱识山林味,不奈此香殊妩媚。呼儿急取烝木犀,却作书生真富贵。”《全宋诗》册 42 卷二二八二,第 26181 页。

图 22.《秋窗读易图》(局部)(辽宁省博物馆藏)

图 23.《瑶台步月图》(局部)(故宫博物院藏)

图 24.《飞阁延风图》(局部)(故宫博物院藏)

图 25.《竹涧焚香图》(局部)(故宫博物院藏)

《南唐文会图》(图 26)中，大书案上，与书卷、笔山、镇纸、辟雍砚等共同安放的，即有鼎式炉、贯耳瓶，案旁高架上还有罐状花器。

到南宋中后期，追复三代早已不可能，恢复本朝北方的统治也存在巨大压力。此时的士大夫们少了壮志豪情，不复有北宋时期祖述三代、整顿礼制、变法革新以成就大业的气度，转而求诸内心修为，学术风气也不似北宋时期那般看重治国平天下。以赵希鹄《洞天清录》及张世南《游宦纪闻》为代表的古物新价值观逐渐成熟，那是一种三代关怀渐薄、古为今用渐浓的"玩古"心态，这种心态与北宋吕大临说的"非敢以器为玩"迥异。他们将古代铜器放置在人生体验的框架中，重视闲居的生活品位，强调"摩挲钟鼎，亲见商周"。"博古"——对古代知识尤其是古代器物的认知，成为士大夫的必备学养和心灵寄托。明窗净几，罗列古物，成为一种富有文化内涵和底蕴又极富感性随意之乐趣的文人娱乐活动和生

图 26.《南唐文会图》(局部)(故宫博物院藏)

活传统，传世绘画中那些博古、鉴古题材的作品正是这一风气的见证。如传刘松年《博古图》(图 27)表现的就是雅集的士大夫们议论鼎、鬲、盉、尊、瓶等，甚至女眷们也会围观。陶瓷装饰中的博古题材于是流行，出现在盘、碗等更多日用器皿上，而它所表现的内容与诗词、绘画一致，正是古器新用——焚香、插花。

博古风气在晚明尤盛，并延续至清。《遵生八笺·燕闲清赏笺》将好古、博古的目的说得十分清楚：为了养性怡年要过燕闲的生活，而燕闲的生活则自稽古中得到。经由仔细观察、考订古代器用，培养鉴古的“慧眼观法”，以知识的了解作为感性的依据，将古器物布置在自己的生活空间中，远离现世的烦嚣庸俗，沉醉于清静幽雅的古代世界中。博古不但是士大夫必备的学养，还深入生活，成为居室运用、游备品物、宝玩古器、书画花木等休闲赏玩之所在。明清的博古题材也不再如定窑单单描绘青铜器，而是表现为鼎、彝、

图 27.《博古图》(局部)(台北故宫博物院藏)

尊等青铜器与琴棋书画、瓷玩玉件、四时花卉等并置[1]，并出现在陶瓷、玉石、金属、漆木、牙角、织绣等各种材质的工艺美术上（图 28-1、图 28-2、图 28-3），成为被赋予种种美好寓意的流行纹饰。尤其在“图必有意，意必吉祥”的清代，因清供、杂宝、八吉祥、暗八仙等纹饰的介入，博古图“崇古”意味减弱，吉祥含义愈浓。

四 结语

1. 宋代陶瓷复古表现为仿古与博古。仿古指造型、装饰上追摹古代制作，尤其是模仿三代青铜器；博古是将古代器物的形象演化成纹样，作为装饰题材。定窑是宋金时期北方地区声誉最高、影响最大的白瓷窑场，仿古与博古在其陶瓷生产中均有体现。尽管考古工

1 冯先铭：《中国古陶瓷图典》第 263 页，文物出版社，1998 年。

黑漆嵌螺钿博古花卉山水图葵花式盒

匏制开光博古纹撇口碗

剔红山水人物图开光博古纹梅花式套盒

图 28-1. 清代工艺美术上的博古纹饰

黄地粉彩凸博古纹双耳大瓶

象牙雕开光博古纹笔筒

蓝色纳纱方棋博古纹女帔局部

铜胎嵌珐琅博古纹水烟袋局部

图 28-2. 清代工艺美术上的博古纹饰

紫檀木边嵌玉石博古纹挂屏

图 28-3. 清代工艺美术上的博古纹饰

作提供的定窑仿古遗物不多，但文献记载证明它不但仿古，而且产品种类还颇为丰富。定窑是已知较早运用博古题材作装饰的陶瓷窑场之一，虽然时间要晚到金代，但女真人本不善烧陶，其烧造技术和审美风尚显然与汉文化关系密切。

2. 以定窑为核心，联系同时代其他瓷窑，宋代陶瓷复古实践的发展脉络大致如下：北宋早中期，朝廷议定、恢复礼仪制度，陶瓷祭器的礼制意义开始受到关注，郊祀天地的祭器被讨论改用陶瓷以合古制，金石学的勃兴又为复古提供了实物和理论依据，宋瓷仿古实践处于酝酿、萌动期；北宋晚期，宋徽宗以皇家和政府力量大兴仿古，虽然重点在铜器，但也关注陶瓷祭礼器，仿古集中在官府造作，初现兴盛；南宋早期，历史情境特殊，宋高宗中兴复古，关注仿古陶瓷的礼制意义，将其推向顶峰，祭礼器生产带动了官窑仿古走向辉煌，并对民间造作产生广泛影响；南宋中晚期，官府仿古造作重心由礼仪制品转向宫廷日用，民间陶瓷生产也古风盎然，若说官府造作更忠实于古代典范，民间则将仿古造型与流行纹饰、吉祥图案结合，又或者直接将古器物的形象作为碗、盘等器皿上的装饰纹样，陶瓷复古潮流酝酿出新的风尚。

3. 推动复古艺术发展的核心是以士大夫为代表的宋人，他们满怀对古代理想的追求，慕古、好古进而仿古、博古的心情也随着历史的发展而不断变化。从北宋时期托古改革、议定礼制以达成盛世之治的雄心勃勃，逐渐变化成为南宋品味古意、游宦尘外的内省精神。“古”对于他们，曾经是实实在在的金石学研究对象，更是精神世界中的理想盛世，但当现实戳碎了幻境，“古”成为追忆，被改写在生活的现实之中，他们则既坚持好古的理想与典雅的审美追求，也乐于清雅精致的生活。于是才有了古器新用，仿古创新，拟古自造。在古今之间，宋人最终选择、也创造了根源于“古”的“今”，成为“新古”。

4. 从“仿古”到“博古”，从礼器到陈设器再到日用器，从支持古制到承载古风，从崇古、敬古到赏古、玩古，宋人的陶瓷复古实践虽与恢复三代礼制的精神理想渐行渐远，但它们以恢复古代传统的名义，为自北宋以来的陶瓷复古风潮带来新的气象，也为陶瓷造型和装饰提供了更为丰富的表现语言，更对宋徽宗“循古之意而勿泥于古，适今之宜而勿牵于今”那语意略显含糊的原则性纲领作了具体注解。宋代的陶瓷复古之风对后世影响深远。明清时期，陶瓷仿古的对象除了上古制作，还有包括定窑在内的宋代“五大名窑”；而博古题材也常表现为鼎、彝、尊等青铜器与琴棋书画、四时花卉等并置，成为被赋予种种美好寓意的流行纹饰。

| 二 |

各地出土和收藏的定窑瓷器

静志寺、净众院二塔基出土的定窑瓷器
——牡丹纹龙首大净瓶的启迪

叶佩兰　故宫博物院

内容摘要：通过静志寺、净众院两个北宋塔基出土的定窑瓷器，尤其是定窑刻花牡丹纹龙首大净瓶的出现，令人惊叹不已，从而进一步研究净瓶的用途，以及定窑瓷器的装饰艺术和胎釉特征。

关键词：定窑　净瓶　静志寺　净众院　瓷塑　胎　釉

笔者曾于1995年夏天陪同日本出光美术馆的弓场纪知先生及长谷部乐尔先生在定州博物馆审查和挑选赴日展的文物，主要是定州北宋塔基出土的文物。因此有幸借此机会仔细地观赏了静志寺、净众院两个宋代塔基出土的定窑瓷器，使笔者对定窑有了更进一步的认识和了解，尤其是牡丹纹龙首大净瓶非常罕见，让笔者十分惊奇和激动，现借研讨会之机谈点感受。

静志寺、净众院二塔基地宫文物的出现，是20世纪60年代考古重要发现。静志寺出土文物中有金器、银器、玉器、陶瓷器等约700余件。净众院出土文物中有银器、陶瓷器及石刻等约100余件。这两个塔基出土的文物无疑展示了宋代社会各方面的文化成就。定窑瓷器在出土物中数量最多，静志寺地宫中的定窑瓷器净瓶达20余件，其次是盒子、罐、炉、海螺、龟形水注等，都极为罕见。更为难得的是净众院地宫中的定窑刻花牡丹纹龙首大净瓶高达60厘米，是定窑存世中最大最精美之器。这两个地宫中还有10多件刻有“官”字或“新官”二字款的定窑瓷器，进一步证实了定窑是最早为北宋宫廷烧制御用瓷器的窑场。总之，静志寺和净众院两个地宫文物的出现，为净瓶的研究及定窑瓷器特征的研究提供了重要的实物资料。

一　浅释净瓶

对净瓶的认识过去仅知其为佛教用品，但它的由来、发展状况不清楚，经查阅相关资料得知早在南北朝时期一名高僧叫鸠摩罗什翻译过一本印度佛经《梵网经》，书中记载了净瓶是佛教僧侣外出游方时随身携带的“十八物”之一。还有唐代高僧义净著有《南海寄归内法传》一书，义净精通梵语，他在《南海寄归内法传》中记录了在印度和南海各地的所见所闻，有僧侣日常行事的法式，僧侣携带净瓶的名称、质地、形制及使用的方法等。《南海寄归内法传》中记载：瓶有二枚，若瓷瓦者是净用，若铜铁者是触用，“触”为“不净”的意思。其形制书中记载到：“瓶法盖需连口，顶出尖台可高两指，上通小穴，粗如铜箸，饮水可在其中。旁边则别开圆孔。拥口令上竖高两指。孔如钱许。添水宜于此处。”书中还记载了，为防止尘土、小虫从瓶口进入，可在这上下两个口中加盖。这两本古代文献的记载，不仅告诉我们唐代净瓶的式样，同时说明净瓶是佛教僧侣用来储水或“净”或“触”之用，它起源于印度，并随佛教一起传入中国。结合国内出土文物分析，净瓶在唐代逐步发展成为佛前供品或高僧随葬品。如在陕西高陵、西安市区、江苏扬州、湖南长沙等地，出土有白釉净瓶（图 1）、绿釉净瓶（图 2）、三彩净瓶（图 3）、长沙窑蓝绿釉净瓶（图 4）、黑釉净瓶（图 5）等，定州静志寺塔基及河南洛阳神会和尚身塔塔基均出土有铜质净瓶（图 6、图 7），这些净瓶都很优雅，与古书中记载的形制基本相符。在唐代基础上，辽、宋时期的净瓶更精美，如 1987 年北京密云县辽代冶仙塔塔基出土一件绿釉“杜家”款璎珞纹净瓶（图 8），此瓶采用堆贴及模印的方法进行装饰，颈部凸起多道弦纹，肩部装饰一周莲瓣衔上凸起的璎珞纹，交错的璎珞纹一直延至瓶的腹部。模印纹饰非常清晰。腹部一处有暗刻“杜家”二字款。另一件是定州静志寺塔基地宫出土的北宋绿釉水波纹净瓶（图 9）此瓶是采用模印篦划的方法装饰，肩部印一周朵兰花纹，腹部是篦划形成的水波纹。这两件绿釉净瓶造型端庄悦目，还保持了唐代净瓶的遗风，在工艺上更讲究艺术风貌，瓶身低温彩绿釉非常艳丽，划刻花及印花装饰精美，为罕见之器。

北宋定州塔基出土定窑净瓶达 20 余件，从造型看净瓶流的形状有两种，一种与唐代净瓶相同的圆形小口上加盖（图 10），另一种流塑成龙首形（图 11）。净众院的定窑龙首大净瓶（图 12），高达 60 厘米极为少见，称得上是“世界孤品”。这是北宋工匠在唐代净瓶的基础上，加以改进、创制出的更为新颖的佛教用品。此瓶通体施洁白温润如玉的釉，

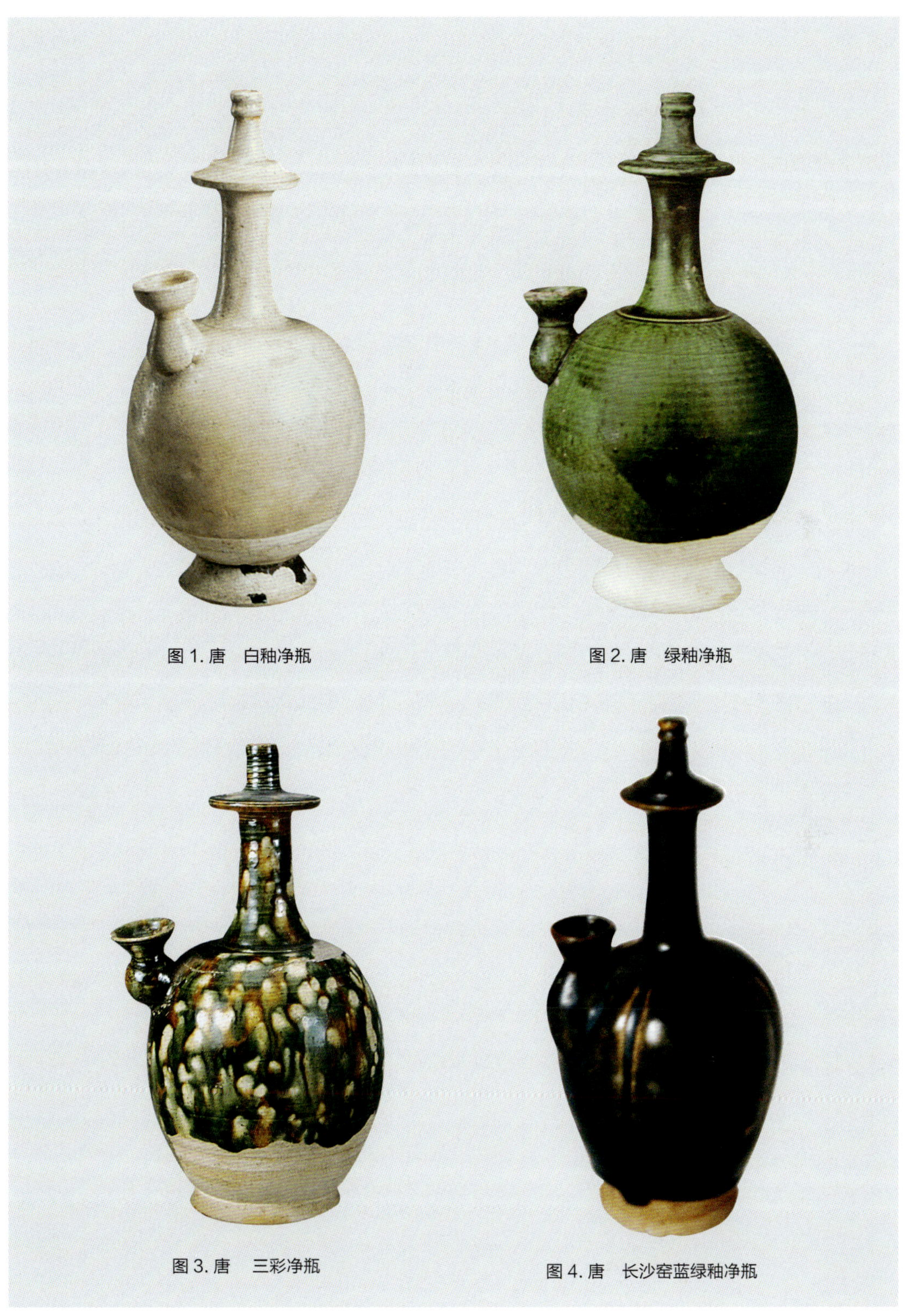

图 1. 唐　白釉净瓶

图 2. 唐　绿釉净瓶

图 3. 唐　三彩净瓶

图 4. 唐　长沙窑蓝绿釉净瓶

图 5. 唐　黑釉净瓶

图 6. 唐　铜质净瓶

图 7. 北宋　铜镀金莲瓣纹净瓶

图 8. 辽　“杜家”款绿釉璎珞纹净瓶

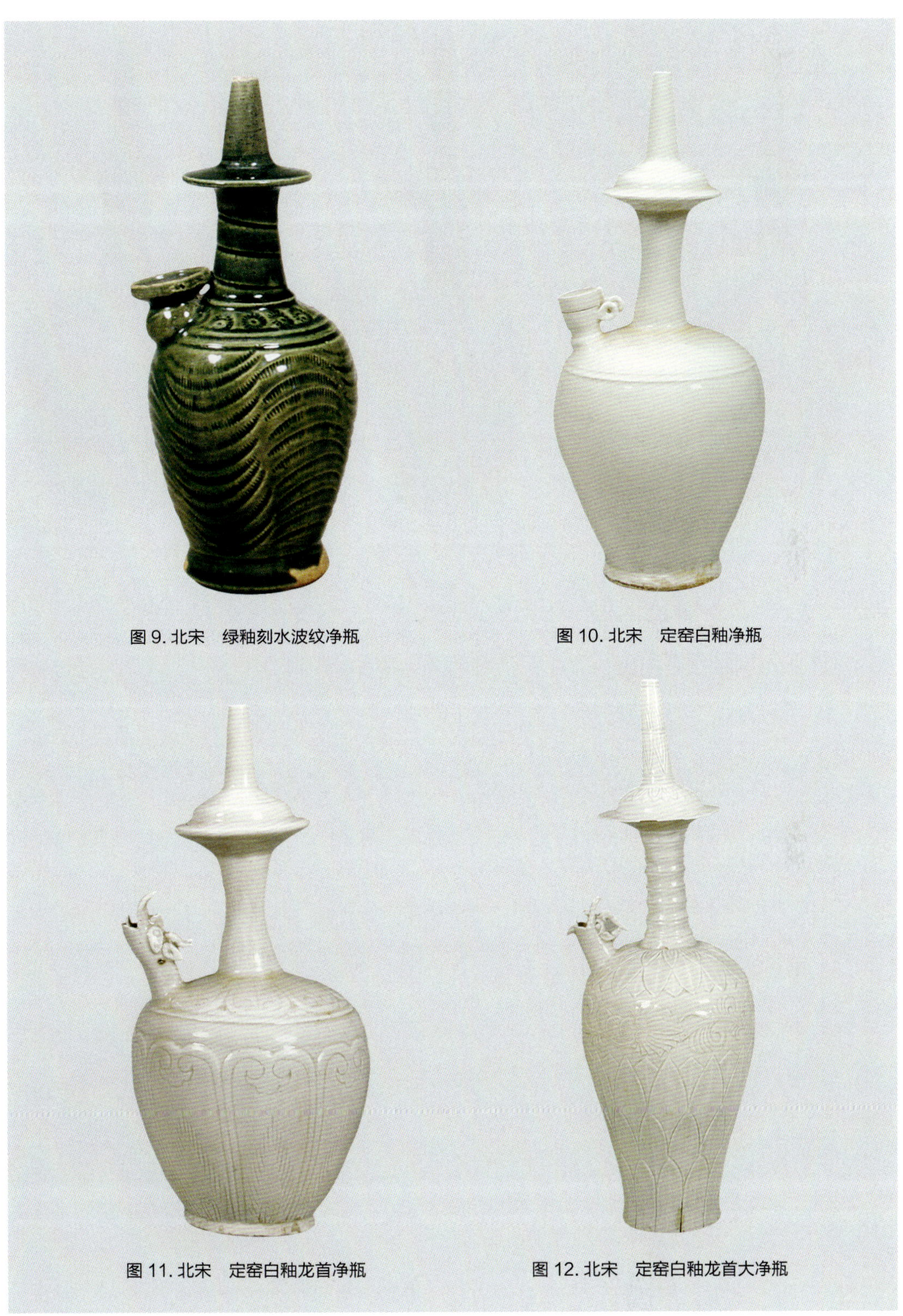

图 9. 北宋　绿釉刻水波纹净瓶

图 10. 北宋　定窑白釉净瓶

图 11. 北宋　定窑白釉龙首净瓶

图 12. 北宋　定窑白釉龙首大净瓶

图 13. 高丽青釉刻花牡丹纹净瓶

图 14. 高丽青釉刻柳树纹净瓶

图 15. 高丽青黄釉褐彩净瓶

素雅庄重，器身还有划刻花装饰，更增加了瓶的美感。此瓶通体划刻花纹饰达九层，突出反映了佛教艺术中层层叠叠的莲花瓣纹，足见百姓对佛教的信仰和崇敬，净瓶此时已成为佛前重要贡品，从另一侧面反映出佛教在中国的盛行。北宋定窑龙首大净瓶，无论是历史价值还是艺术价值都有着重要意义。11 ~ 12 世纪时净瓶传到高丽，高丽青瓷净瓶也非常精美（图 13、图 14、图 15），除精细的刻花外有的还加以黑白彩饰，可见净瓶在世界上的影响。

二　从龙首净瓶看定窑的瓷塑艺术

北宋定州静志寺和净众院两个塔基地宫出土的陶瓷器中，绝大部分为定窑的白釉瓷器。据出土器物中的墨书和器物上划刻的铭文研究，这批白釉瓷器最晚应是 977 年即太平兴国二年，或至道元年即 995 年烧制的（图 16、图 17）。因

图 16. 太平兴国二年 定窑白釉双蝶纹洗

图 17. 至道元年　定窑白釉小盖罐

图 18. 北宋　定窑白釉龙首执壶

此两个地宫中的供奉物年代可靠，多是北宋早期的定窑产品。从这批出土的定窑瓷器上的装饰技法看，过去人们对定窑的划花、刻花及印花最为称道，其实定窑在浮雕、捏塑等瓷塑艺术方面的成就也很突出。首先以雕龙为例，许多净瓶的流做龙首饰，如龙首大净瓶，其肩部一侧为龙首形流，龙的头部高昂，前额突耸，露门齿和舌尖，怒目而视，下颌饰一小撮龙须，表现出一股高傲、威严之气，其就是通过捏塑方法制作的。综观国内外藏品，法国吉美博物馆和河北定州博物馆各收藏一件宋代定窑白釉龙首执壶（图 18），均塑一龙首为流，龙嘴作张口状，但龙口内似含一小圆筒，形成壶内水的出口，龙首在壶的肩部，既是装饰又是形体的构件，这一捏塑的手法，极为生动精妙。在瑞典斯德哥尔摩远东古物博物馆收藏一件定窑雕龙座灯，雕有一条盘龙，龙的头部睁眼怒目前视，张嘴露齿，四爪着地，龙身饰鳞纹，整个龙体盘曲在瓷灯座上，气势逼人。这条龙也是运用捏塑雕刻而成。更值得提出的是故宫博物院标本陈列室中陈列一件定窑窑址中出土的白釉大龙首（图 19），嘴大张，上颌卷起，龙眼内凹，头部毛发仿佛向后飘动，颈部鳞甲纹清晰，整个龙头栩栩如生。另外笔者联想到在汝窑遗址中也发现过汝窑青釉瓷龙残件（图 20），在宋代瓷窑遗址中出现的瓷龙值得我们研究。

定窑瓷塑中另一突出成就就是工匠们利用婴儿和孩童的形象塑造出新颖的别有情趣

图 19. 北宋　定窑白釉瓷雕龙首(残件)

图 20. 北宋　汝窑青釉瓷雕龙爪(残件)

的器型，如孩儿枕、童子颂经壶等，构思非常巧妙。北京故宫博物院与台北故宫博物院各收藏的定窑孩儿枕即是使用模制附加划刻及浅浮雕制作而成（图 21），此二枕的孩儿形象体态丰满，身着华丽的服饰，均匍匐于椭圆形带莲花纹装饰的床榻上，孩儿的背部即为枕面，孩儿的神情相貌是一副悠然自得的富贵形象。美国旧金山亚洲艺术博物馆收藏一件仰卧婴儿灵芝枕（图 22），香港藏家藏一件仰卧婴儿持荷叶枕，制枕工匠塑造出婴儿手持硕大的灵芝或微卷的荷叶，仰卧于瓷座上，灵芝或荷叶为枕面，这两件用婴儿与灵芝、荷叶组成的瓷塑作品，不仅做工精巧，同时有“幸福长乐”、“连生贵子”等吉祥含义，犹如一幅怡然恬静的小品，妙趣横生。明代高濂著《遵生八笺》卷十“名枕”一节中提到“有孩儿捧荷偃卧用卷叶为枕者，此制精绝”，可见宋代仰卧婴儿荷叶枕在明代已很著名。此外香港私人藏家藏一件长达 50 厘米的定窑婴儿枕，是所见定窑瓷枕中最大者，婴儿侧卧于刻花镂空装饰的床榻上，右手持一长柄莲蓬，做睁眼侧听状，婴儿表情极为生动（图 23-1、图 23-2）。故宫博物院收藏一件墨书元祐元年款定窑婴儿侧卧枕。河北曲阳县文保所收藏一件北宋定窑侧卧侍女枕，这两件枕虽有伤残，但均具有重要的研究价值（图 24、图 25）。

首都博物馆藏宋代童子颂经壶为 1963 年北京顺义县一辽代塔基出土（图 26），这是

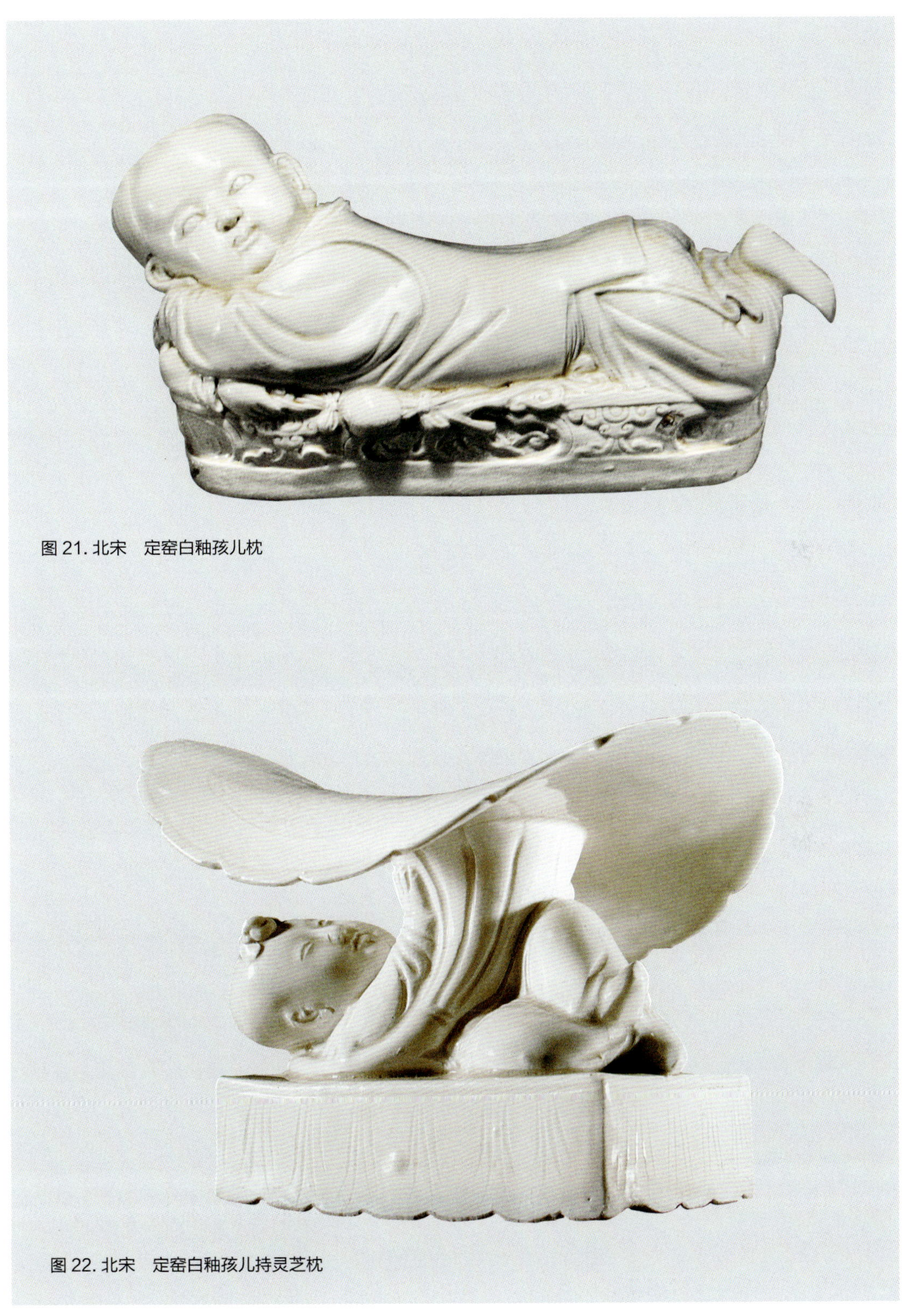

图 21. 北宋　定窑白釉孩儿枕

图 22. 北宋　定窑白釉孩儿持灵芝枕

图 23-1. 北宋　定窑白釉侧卧孩儿式大枕

图 23-2. 北宋　定窑白釉侧卧孩儿式大枕（局部）

图 24. 元祐元年　定窑侧卧婴儿枕（伤缺）

图 25. 北宋　定窑白釉侧卧侍女枕（伤缺）

图 26. 北宋　定窑白釉童子颂经壶

图 27. 北宋　定窑白釉提梁壶

一件以童子诵经的形象塑造出的一个壶体，童子头顶为莲花式发髻，脸型长圆典雅，微闭双目身着简朴衣饰双手捧起翻开的经卷而端坐，给人一种安详静谧之感。童子头顶设孔以注水，经卷为壶流，身体中空为壶腹，身后有一壶柄。整体构思极为巧妙，显示出匠师们的高超技艺。

定窑瓷塑中的其他成就还表现在优美的捏塑工艺上。如日本富士美术馆也收藏一件宋代定窑提梁壶（图 27），此壶用捏塑、划刻相结合的方法将模印好的两片瓜叶相结合，叶与瓜藤相互缠绕在一起，上面还凸起绳纹，仿佛一条带有瓜叶纹的绳带贴于壶口的两侧，形成别致的提梁，整体给人感觉既挺拔又秀丽。北京首都博物馆、山西博物院、英国维多利亚及阿尔伯特博物馆及香港收藏家均藏有此类壶。在国内外博物馆中还有许多定窑像生瓷，如静志寺、净众院出土的花轿、海螺（图 28）、龟形水注、五柱式兽足香炉，其次还有坐佛、拍鼓、暖盘等都是通过捏塑、雕刻、模印等工艺方法制作出来。

总之，这些定窑瓷塑作品，工匠们以逼真的手法模仿自然形态，达到惟妙惟肖的地步，更增强了器物的艺术性和趣味性。同时也不难看出800多年前定窑制瓷技术的娴熟，定窑在装饰技法上不仅有富丽的划刻花、印花工艺，同时还有极其生动而巧妙的捏塑、雕刻工艺，可见中国陶瓷装饰技法之多，这在世界文化发展史上都是少见的。

图28. 北宋　定窑白釉海螺

三　从龙首净瓶看定窑的胎和釉

宋代太平老人著《袖中锦》中列举当时全国二十八个天下第一中就有定窑。宋代著名文学家苏轼在诗作中就有“定州花瓷琢红玉”之句。元代文人刘祁《归潜志》一书中又有“定窑花瓷瓯，颜色天下白”。这些都是对定窑白瓷胎釉的赞美，可见定窑在当时社会的影响之大。

首先看定窑胎的特征。净众院定窑龙首大净瓶的胎质洁白，用放大镜观察定窑标本，看胎的断面，胎色洁白，胎质结合虽细腻，但有不规则的小气孔和黑色小渣点，这与科学研究人员用显微镜研究的结果相符。科学研究人员说“定窑白瓷胎的显微结构，大体上同邢窑和巩县窑白瓷相接近，胎中都可见到石英、方石英及少量闭口气孔”。再有定窑的圆器因覆烧口边无釉，露出白色的胎体。露胎处的口边宽窄不一。胎体显轻薄，但也有一定厚度。如果胎体过于轻薄，就值得研究了（透影瓷除外）。

其次看定窑釉的特征。净众院的龙首大净瓶通体白釉微微闪黄，釉质莹润悦目，施釉浑然一体，因施釉较薄器身突起的纹饰线部位显露白色的胎体，更增加了纹饰的立体感。不足之处为釉面有少数的黑色渣点，局部施釉有不够均匀的地方。大净瓶的底部，施一层薄釉，足边有粘砂及几道窑裂，表现出多年的陈旧感，进一步赏析瓶圈足处，足边不仅露胎同时也有不规整的感觉。以上特征不难看出制瓷工匠技艺的娴熟、随意，这也可以说是时代的神韵。

在观赏静志寺、净众院塔基出土的白釉瓷器时，发现定窑的施釉技法，虽然浑然一体但不够规范，在器物外部有的施满釉，有的施半截釉，有的器底刷釉薄厚不均匀，甚至露出部分胎体。

综合起来，定窑釉的特征主要表现在呈色、泪痕、覆烧和刷丝纹四个方面。釉的呈色一般的观感是白中闪黄，犹如奶白色，每件器物由于烧造时所处的条件不同，因而色度的深浅不同，而所有釉面的光感和玉质感是一致的，给人一种纯净质朴之美。科学研究认为“白瓷釉习惯上称为白釉，实际上它是一层很薄的接近于透明的釉。由于胎体本身是白色的，所以白瓷的色调实际上是釉色和胎体加在一起的合成色”。同时研究还表明“定窑白瓷的烧成温度，虽较邢窑和巩县窑稍低，但釉熔融较好，清澈透明，气泡少，偶见少量残留的石英颗粒”。

定窑的“泪痕”。所谓的泪痕即器物在浸醮釉的过程中，收釉时由于釉厚处在向下流淌产生聚釉现象，犹如泪痕。聚釉处呈淡青色。此类现象多表现在盘碗的外壁。明代曹昭《格古要论》、明人张应文的《清秘藏》、明人屠隆的《文房清玩》等文献中，都记录过宋定窑瓷器的特征，认为“有泪痕者是真”、“有泪痕者佳”。还有的认为“加之泑水有如泪痕者为上”。可见“泪痕”为北宋定窑瓷器的一大特征。

定窑的“覆烧”。“覆烧”的特征主要表现在盘碗类的口部无釉，露出白色的胎体，形成涩胎的口边，俗称“芒口”。这个口边对每件器物来说宽窄不一致，也有外宽内窄者，胎釉结合处的釉边非常随意自然，没有堆釉现象，这都是值得注意的地方。古代定瓷为了弥补“芒口”的缺陷，往往在盘碗的口边镶上金口、银口或铜口，使器物显得更精美。这就是文献中所说的“金装定器”。

定窑的“刷丝纹”。定窑瓷器的釉面，见有修胎时工匠用工具旋削留下的痕迹，形成胎上的旋纹，施釉后仿佛釉下有不规则的旋纹。明人田艺衡著《留留青》笔记里在定窑段落中称其为“竹丝刷纹”，也形成定窑瓷器的特色之一。

总之，通过仔细观赏静志寺、净众院两个宋代塔基出土的宋代定窑瓷器，与唐代邢窑相比，不仅在制瓷工艺的水平上有了很大的提高，而且在装饰上锐意创新。定窑瓷器虽然没有色彩的装饰，但通过精美的划花、刻花和印花结合捏塑的瓷雕工艺制造出无数含蓄雅致和妙趣横生的艺术瓷，显示出北宋定窑的卓越成就，并成为北方的重要瓷窑之一，进贡宫廷作为御用品。定窑的声名鹊起，许多临近瓷窑相继仿制，形成庞大的定窑系，在中国陶瓷史上占有重要地位，在海内外产生极大影响。

参考资料：

1. 叶喆民：《中国陶瓷史》，三联书店，2005 年。

2. 冯先铭：《中国古陶瓷论文集》，紫禁城出版社、香港两木出版社，1987 年。

3.《地下宫殿的遗宝——中国河北省定州北宋塔基出土文物展》，日本出光美术馆，1997 年。

4. 扬州博物馆编：《扬州古陶瓷》，文物出版社，1996 年。

5.《陕西历史博物馆珍藏陶瓷器》，陕西人民美术出版社，2003 年。

6. 周世荣：《长沙窑作品集》，湖北美术出版社，2004 年。

7.《故宫博物院藏文物珍品全集 32》，香港商务印书馆，1996 年。

8.《台北故宫博物院定窑白瓷特展》，台北故宫博物院，1992 年。

9.《故宫博物院陶瓷资料选粹》，紫禁城出版社，2005 年。

10.《首都博物馆藏瓷》，文物出版社，1991 年。

11.《中国文物精华》，文物出版社，1990 年。

12. 深圳博物馆：《中国历代黑釉瓷器珍品》，文物出版社，2012 年。

13.《汉唐陶瓷大全》，台北艺术家出版社，2002 年。

14. 瑞典艺术博物馆：《东方陶瓷——伟大的收藏》，故宫博物院图书馆藏书。

15.《中国的陶瓷——特别展》，东京国立博物馆，1994 年。

16.《宋瓷展》，日本朝日新闻社，1999 年。

17.《日本富士美术馆藏中国瓷器》，光村印刷株式会社，1991 年。

18.《东洋陶瓷名品》，日本松冈美术馆，1991 年。

19. 苏玫瑰编：《撷英萃珍·周利明藏精选》。

20.《东洋陶瓷名品展》，日本爱知县陶瓷资料馆，1994 年。

21.《韩国·中国青瓷比较展》，韩国国立中央博物馆，2005 年。

钱宽、水邱氏墓出土“官”、“新官”款白瓷器及相关问题探讨

朱晓东　张惠敏　临安市文物馆

内容提要：临安是吴越国王钱镠的故里，其父母钱宽、水邱氏墓相继出土了多件“官”、“新官”款白瓷器。文章对两墓出土的白瓷器的造型、胎釉特点进行了记录描述和比较分析，针对其款识特征、制作方法、烧造时间、产品窑口和器物金银釦等相关问题进行了讨论。

关键词：吴越国　钱氏家族墓葬　白瓷器

地处浙江省西北部的临安市是吴越国缔造者钱镠的故里（图 1）。自 20 世纪 50 年代以来，域内相继发现并发掘了钱元玩墓（临 M20 钱镠第十九子 普光大师）、戴氏夫人墓（钱镠王妃）、吴随□墓（临 M21 钱氏姻亲）、太庙山钱氏家族墓（临 M22）、钱宽墓（临 M23 钱镠父）、水邱氏墓（临 M24 钱镠母）、马氏康陵（临 M25 钱元瓘夫人）等多座吴越国王室成员墓或与钱氏王族相关的墓葬。其墓葬的形制结构和品类多样的随葬文物反映了吴越国钱氏王族的丧葬礼制，墓室彩绘或石刻写实天文图代表了唐五代吴越之地高度发达的天文学成就，丰富华美的浮雕彩绘体现了吴越国极富时代特点的艺术创造（图 2），釉色青润的越窑秘色瓷和洁白雅致的“官”、“新官”款釦银白瓷器呈现了唐五代炉火纯青的制瓷技艺，雕琢精细的玉器打破了考古界长期以来不见五代玉器出土的沉闷局面，富丽奢华的鎏金錾刻银器展现了唐五代娴熟精进的金银器制作工艺。这些弥足珍贵的文化瑰宝，显示出吴越国钱氏王族遗存文物的丰富和厚重。

图 1. 钱镠墓

图 2. 康陵浮雕彩绘

一　钱宽、水邱氏墓出土的白瓷器

临安出土的“官”、“新官”款白瓷器集中在钱镠父母亲钱宽、水邱氏墓中（图 3），其他钱氏王族成员墓或与王族相关墓葬及吴越国重臣墓中均未见白瓷器随葬，而多以越窑青瓷器入墓。钱宽、水邱氏墓是迄今已发现的钱氏王族墓中仅有的两座除有精工青瓷器随葬外，又有“官”、“新官”款白瓷器随葬的晚唐墓葬。

（一）钱宽墓出土白瓷器

钱宽墓（临 M23），位于临安市锦城街道西墅村明堂山，1978 年 11 月因村民取土制砖作业而发现。墓早年被盗，但墓室结构基本保存完整，不见贵重金属器，出土随葬瓷器 22 件，除盆、壶、盏三件越窑青瓷器外，其余均为白瓷器。19 件白瓷器有精粗之别，精制白瓷器 15 件，工艺精致，器物内外施满釉，釉色乳白或白中泛黄、白中闪青，胎质洁白细密，胎体轻薄，瓷化程度较高。器物素面，除其中的执壶无字款外，其余器物外底皆刻划“官”或“新官”款识。造型有碟、碗、壶、杯、盘[1]等。

1　浙江省博物馆、杭州市文管会：《浙江临安晚唐钱宽墓出土天文图及“官”字款白瓷》，《文物》1979 年第 12 期。

图 3. 钱宽、水邱氏墓封土

1. 碟（十件）

十瓣花口，斜曲腹，矮圈足。底、腹分界明显，内底径较圈足大，底平切，修坯痕迹明显。通体施釉，釉色白中泛黄。胎质坚致，胎体轻薄。10 件花口碟外底均刻“官”款。器物在高 3.4 厘米、口径 14.8 厘米、足径 5.5 厘米左右（图 4）。

2. 碗（两件）

敞口，斜腹骤收，内底径较小，矮圈足。两碗器型相同，大小不一，大者高 5.8 厘米，口径 20 厘米、足径 7.4 厘米；小者高 4 厘米、口径 15.5 厘米、足径 5.8 厘米。两碗外底均有“官”字款识。

3. 执壶（一件）

口微敞，弧颈略高，丰肩鼓腹，肩部弦纹数道。肩腹一侧置六棱长曲流，流口略低于壶口。对应一侧安有宽带式曲柄，曲柄中脊突起，柄端略高于口沿。底无釉露白胎，有明显修胎痕迹，其余部位施釉，微闪黄，胎体较薄，胎质坚实。器高 15 厘米、口径 5.2 厘米、底径 5.8 厘米，是同墓出土的 15 件精细白瓷中仅有的一件无款识器（图 5）。

4. 杯（一件）

海棠花式，平面近似椭圆，腰形弧腹。杯壁两侧有半圆形外突，里壁相应内凹，使杯口形成对称的大小不一的四对花瓣八曲花口，口沿微敛。高圈足外撇，外底刻“官”款。釉色乳白，润泽光亮，胎壁轻薄，胎质细密坚致。器高 6 厘米、口横 16.2 厘米、

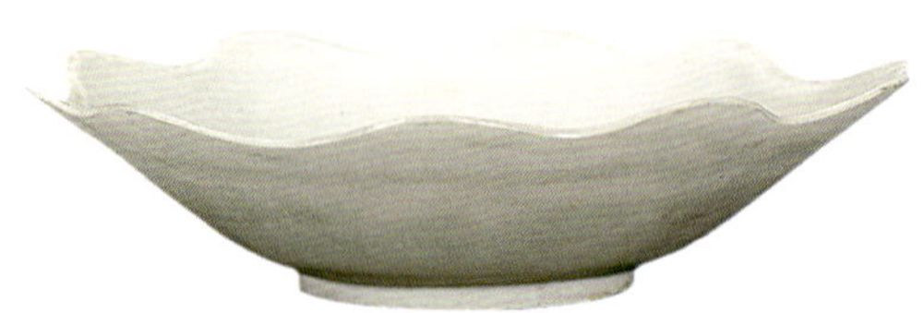

图 4. 白瓷花口碟

图 5. 白瓷执壶

图 6. 白瓷海棠形杯

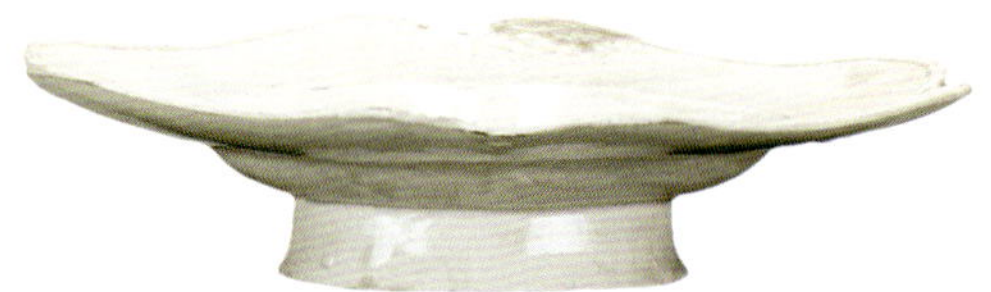

图 7. 白瓷花口盘

口纵 7.7 厘米、足横 6.1 厘米、足纵 5.5 厘米（图 6）。

5. 盘（一件）

菱形花口，平面呈腰形，折腹，上腹斜直，下腹弧收。盘沿内卷，对称四曲构成四瓣花口。器壁略厚，内壁平滑，外壁不甚平整，喇叭形高圈足。外底刻“官”款。釉色乳白，润泽光亮，胎质细密坚硬。器高 4.4 厘米、口横 18.2 厘米、口纵 15 厘米、足横 6.8 厘米、足纵 8 厘米（图 7）。

此外，尚有粗制白瓷器 4 件，皆为碗。两件碗口外撇，厚圆唇微外卷，器壁斜向内收，高圈足。釉色白中泛青，釉面粗糙，器壁粘有细砂和土渣，外足无釉露胎，胎厚且粗疏，胎色灰白。器高 5.7 厘米、口径 14 厘米、足径 5.2 厘米。另外两件口沿外折，弧腹缓收，高圈足。釉色灰白，釉层薄，釉面粗糙，胎薄而疏松。器高 5.7 厘米、口径 11.2 厘米、足径 4.6 厘米。

（二）水邱氏墓出土白瓷器

水邱氏墓（临 M24），位于钱宽墓东侧，与其夫钱宽墓同茔异穴，相距 6 米，同一封土堆，两墓结构形制相同，均为船形多耳室券顶砖室墓（图 8）。水邱氏墓于 1980 年 7 月发现，未遭侵扰，整体保存完好，发掘出土了瓷器、金银器、铜器、玉器、石器等 100 余件随葬文物，其中瓷器 42 件，包括青瓷器 25 件，白

图 8. 水邱氏墓（发掘）室内

瓷器 17 件。17 件白瓷器，制作皆精，造型轻巧优美。通体施釉，釉层匀润，釉色莹润光亮，胎壁轻薄，有的透光性极好，富有脱胎之感。胎色洁白细腻，瓷化程度相当高。白瓷器外底多数刻“官”或“新官”款识，且器物的口沿和圈足等部位大多存有鎏金银釦。造型有碗、杯、托、碟、执壶、水注[1]等。

1. 碗（两件，分为二式）

Ⅰ式　敞口，斜直腹，矮圈足，外壁近底处饰一道阴线弦纹，外底刻“新官”款，口沿、足沿均釦银。胎质细腻，胎体轻薄，透光性好。通体施釉，釉色白中闪黄，柔和滋润。造型规整，精致秀美。器高 5.2 厘米、口径 17.2 厘米、足径 6.7 厘米（图 9）。

Ⅱ式　花口，圆唇，斜直腹，矮圈足。口沿五处等距凹缺使碗口成五瓣葵花形。内底略下凹，圈足较宽厚。口沿、足沿均有鎏金银釦。白釉微泛黄，内壁满釉，釉层均匀，外壁施釉不及底，釉层不匀，且有滞釉现象。形体大，胎体厚，胎质较疏。无款识。器高 9 厘米、口径 22.3 厘米、足径 8.6 厘米（图 10）。

2. 杯（两件，分为二式）

Ⅰ式　造型与钱宽墓出土海棠杯相同，杯口平面呈椭圆形，口沿微敛，弧腹，腹两侧对称压制两条内凹弧线，使器物呈八曲海棠花形，喇叭形高圈足。外底刻划“官”字款。胎质细腻坚致，胎壁极薄，透光性强。釉色白中闪黄，釉面润泽匀莹，造型优雅。器高 6.3 厘米、口横 16.1 厘米、口纵 7.9 厘米、足横 6.4 厘米、足纵 5.7 厘米（图 11）。

Ⅱ式　直口，圆唇外侈，弧腹缓收，矮圈足。器身一侧置如意云纹压手和圆环形执手，压手略高出口沿，执手一面模印龙形，一面模印凤纹，寓意龙凤呈祥。足沿鎏金银釦，足

1　明堂山考古队：《临安县唐水邱氏墓发掘报告》，《浙江省文物考古所学刊》第 94 ~ 104 页，1981 年。

图 9. 白瓷敞口碗 I 式

图 10. 白瓷花口碗 II 式

底刻划行书“新官”款。胎质洁白，细腻坚致。满釉，釉色乳白闪青，釉面匀净润莹，杯壁极薄，透光性很强。造型精巧雅致。器高 4.2 厘米、口径 8.2 厘米、足径 4.2 厘米（图 12）。

3. 杯托（1 件）

盘口，圆唇内卷，浅弧腹，高圈足外撇。托内中心有一突起的柱形托座，座面微凹。托口沿、座沿、足沿皆镶鎏金银釦。圈足外底刻“新官”款。整器满釉，釉面润莹柔和，釉色洁白。胎质坚致细腻，造型精致典雅。器高 4.2 厘米、口径 16.6 厘米、足径 9.5 厘米。

杯托与云龙把杯组合成套（图 13）。

图 11. 白瓷海棠杯 Ⅰ 式

图 12. 白瓷龙凤纹把杯 Ⅱ 式

4. 碟（9 件，分为二式）

Ⅰ式　十瓣葵口 1 件。口沿作十处等距弧形凹缺，使碟口呈形状相同的十瓣花式。直唇，浅斜腹，矮圈足。内底有一道大于圈足的凹弦纹。外底刻划“官”字款。通体施白釉，釉色略闪黄，润泽光洁。胎体轻薄，胎质坚致。口沿、足沿釦银。造型精美。器高 3.12 厘米、口径 14.4 厘米、足径 5.8 厘米（图 14）。

Ⅱ式　十二瓣菱花口 8 件。口沿作两弧一尖对称 4 组 12 处不等距凹缺，构成碟口 12 片花瓣相间排列。直唇，腹壁斜直微弧，矮圈足。口沿和足沿均釦银。外底刻划“新官”款。器壁厚不足 2 毫米。胎色白，胎质细密坚致。釉色白中闪黄，釉面滋润柔和。

图 13. 白瓷龙凤纹连托把杯

釉面下有少量细沙粒。8 件器物大小略有差异，高 2.6 ~ 3.5 厘米、口径 14.8 ~ 16 厘米、足径 6.3 ~ 6.6 厘米（图 15）。

5. 执壶（两件）

带款瓜棱执壶 1 件。圆柱形盖钮，下承鎏金菊花座。浅盘口，器盖与壶口以子母口相合。溜肩，深腹，平底。肩部一侧置六棱形短流，流长 3.6 厘米，流口略高于壶口，与流对称一侧置扁条形执手，执手中间有一条突棱，突棱两侧微内凹，执手宽 1.7 厘米，执手上尚存鎏金银环一圈，说明执手与盖原有银链系连。肩部饰三周凹弦纹，腹部自上而下用八条内压弧线使器身呈八棱八弧面的香瓜形。最大腹径 10 厘米。盖钮、盖沿、壶口和流部均鎏金银釦，外底刻划“官”款。壶内壁、器盖内部及壶外底均未施釉，外底无釉处光滑平整，其他未及釉处较粗糙。釉色白中泛黄，润泽柔和。胎色白洁，胎质坚致细密。造型优美精致。器高 15.7 厘米、口径 4.2 厘米、底径 5.8 厘米（图 16）。

无款识瓜棱执壶 1 件。造型与“官”款鎏金银釦执壶相同，缺盖。壶口和流无釦，亦未见加釦痕迹。外底平整无款识，器表可见刷纹。器高 13.7 厘米、口径 4.5 厘米、底径 6 厘米（图 17）。

6. 注壶（1 件）

敛口，圆肩，球腹，宽把，短流，矮圈足。口沿处饰两圈凹弦纹，口沿下一侧置短圆

图 14. 白瓷花口碟 Ⅰ 式

图 15. 白瓷花口碟 Ⅱ 式

图 16.“官”款白瓷执壶

图 17. 无款白瓷执壶

图 18. 白瓷注壶

柱形流，短流微内弧，流口低于壶口。对应一侧置扁形执手，执手中间有一条突棱，执手高出口沿。器体内外旋纹明显。除足底无釉外，其余部位皆施釉，釉色白微泛黄，滋润光滑。胎色白，胎质细密坚致。器壁轻薄，造型精巧玲珑。器高 7.3 厘米、口径 5 厘米、足径 3.9 厘米（图 18）。

钱宽墓、水邱氏墓出土的白瓷器，造型丰富，类型多样，具有以下特点：

（1）器物多带款识。钱宽墓出土白瓷多落“官”款，少落“新官”款。水邱氏墓出土白瓷多落“新官”款，少落“官”款。

（2）造型风格鲜明。以瓜、花等为题材创意，皆以素面呈现，通过简洁的模压，线条压棱，等距内凹等工艺手法，造型生动，构思精妙，少了一分雍容，多了一分盈秀，使得这些器物的表现形式与生活情趣相谐，精巧秀美。

（3）造型规整，品质上乘。钱宽、水邱氏墓出土的白瓷大多釉层薄而匀润，釉色白净柔和，胎质紧致细腻，胎体轻薄，瓷化程度高，透光性好。

（4）器物用途明确。钱宽、水邱氏夫妇墓出土的白瓷碗、碟、杯、壶、注等，或为饮具，或为食具，皆系日常餐饮用具，器物规格与实际用途相符，当为墓主人生前使用之物。

二 钱宽、水邱氏墓出土白瓷器的相关问题分析

1. 钱宽、水邱氏墓出土白瓷器的特征

钱宽墓出土的 19 件白瓷器除 1 件执壶无款识、1 件碗落“新官”款外，其余 17 件均落“官”款。水邱氏墓出土的 17 件白瓷器除一件瓜棱执壶、1 件花口碗、1 件水注无款识及 1 件釦银瓜棱执壶、1 件海棠形杯、1 件葵口碟落“官”款外，其余 11 件均落“新官”款（图 19）。器物落款的位置都在器外底，均为行书体，除钱宽墓出土的四瓣菱花口盘呈阳刻“官”款外（图 20），余皆阴刻。

从刻字工具来看，分两种，一种较尖细，字迹细深而有力，钱宽墓的“官”款花口碟及水邱氏墓的“新官”款花口碟、盏、托和“官”款执壶皆以此类划刻工具题款（图21）。另一种工具较圆钝，运笔圆润而饱满，钱宽墓、水邱氏墓的“官”款海棠形杯和钱宽墓的“官”款菱花口盘均以同类工具落款（图22）。从刻划笔法来看，题刻出自多人之手，钱宽墓、水邱氏墓出土的“官”款海棠形杯、“官”款菱花口盘，笔法相同，应出自一人之手。钱宽墓、水邱氏墓出土的“官”款花口碟，明显带有两种不同的书法风格，当非一人所为（图23）。水邱氏墓出土的“新官”款云龙纹把杯、杯托、“新官”款花口碟，

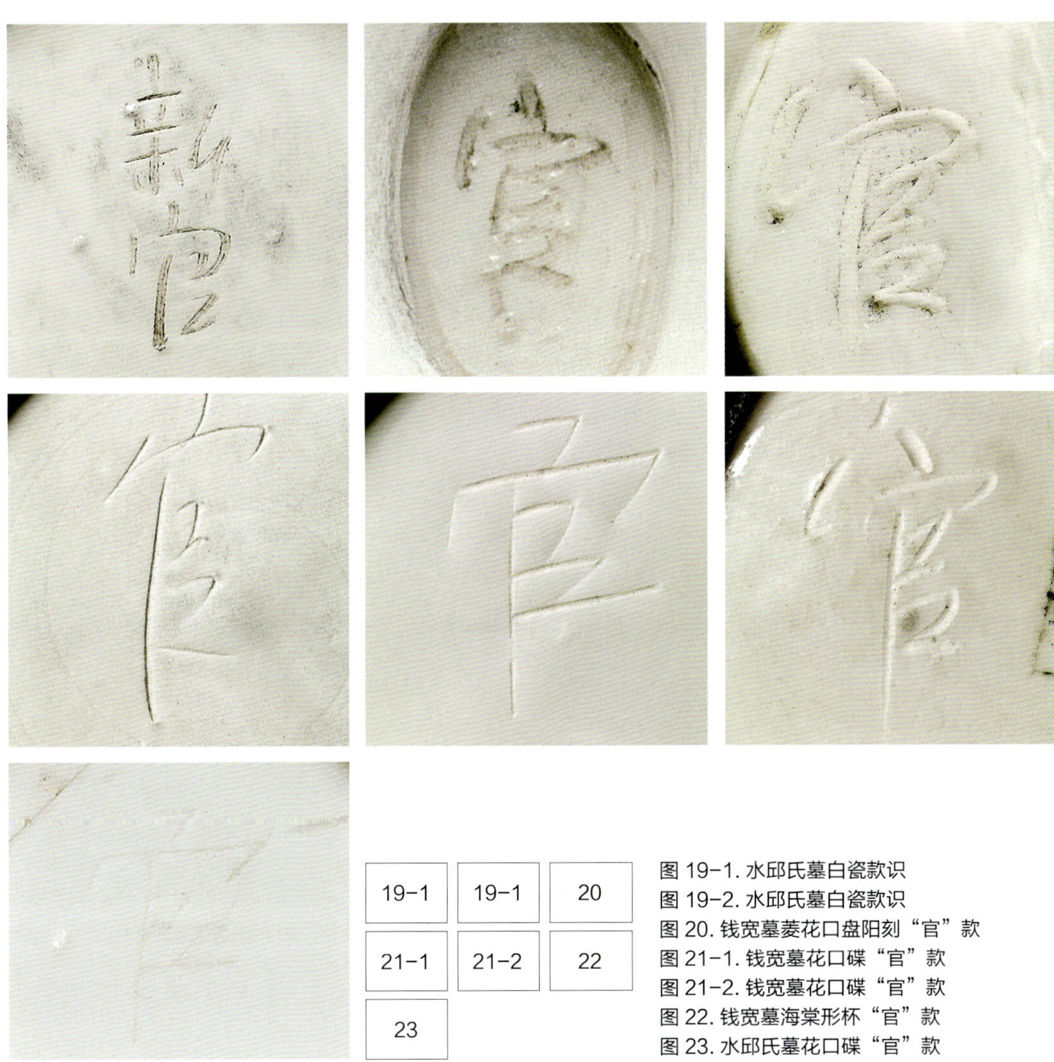

图 19-1. 水邱氏墓白瓷款识
图 19-2. 水邱氏墓白瓷款识
图 20. 钱宽墓菱花口盘阳刻“官”款
图 21-1. 钱宽墓花口碟“官”款
图 21-2. 钱宽墓花口碟“官”款
图 22. 钱宽墓海棠形杯“官”款
图 23. 水邱氏墓花口碟“官”款

不仅书写风格相同，笔法一致，甚至于直书“新官”两字的布局上均呈现出“新”字靠左，“官”字靠右的特点，故可断定为同一人题款。所有款字皆系器物成型后，施釉前题刻。题刻款识风格是研究器物烧制窑口的重要途径之一。

钱宽水邱氏墓出土的“官”、“新官”款白瓷器的制作方式主要分为两种，一种是轮制坯体，碗、壶、注、碟等器物的内外壁均有清晰的旋纹。另一种方式是模制，钱宽墓出土的“官”款菱花口盘和钱宽、水邱氏墓的“官”款海棠形杯、水邱氏墓的云纹把杯均体现出模制器物的典型特征。

钱宽、水邱氏墓出土的白瓷器多仿唐中期以前流行的金银器皿，钱宽、水邱氏墓的海棠形杯、连托把杯、执壶、菱形盘、花口碟等，在造型、纹饰、装饰技法上或多或少地带有模仿金银器的痕迹，是运用瓷器制作不同材质同型器物的工艺创造。

水邱氏墓出土的“官”款葵口碟与钱宽墓出土的“官”款葵口碟造型相同，皆为十瓣花口，但水邱氏其他“新官”款菱花口碟，均为十二瓣花口，工艺上“新官”款白瓷碟比“官”款白瓷碟更精致，造型更规整。

2. 钱宽、水邱氏墓白瓷器的烧造时期

钱宽墓志载：“有唐乾宁二年，钱府君以寿薨于临安茅山衣锦……年六十有一。光化三年庚申十一月己酉始卜吉于本县义成乡清风里之南原也。”《钱氏家乘》有记：“（钱宽）乾宁二年乙卯四月十八日乙巳薨……光化三年庚申十月二十五日葬安国县锦北乡清风里。”[1]说明钱宽卒于唐乾宁二年（895年），窆于光化三年（900年）。

水邱氏墓志载：“子鏐今镇海镇东两军□□□……”，“□□□九月四日薨于于浙西府”。《钱氏家乘》记：“天复元年辛酉九月四日王妣秦国夫人水邱氏薨于杭州大都督府。”“王父宽与夫人水邱氏合葬衣锦南乡清风里之南源。”文献资料记载与墓志可辨识文字基本一致，说明水邱氏卒于唐天复元年（901年），并于是年与钱宽并葬于衣锦南乡清风里[2]。

钱宽、水邱氏夫妇墓窆葬时间分别为唐光化三年和天复元年，也即900年和901年，因此钱宽墓所随葬白瓷器下限是900年，水邱氏墓随葬白瓷器的下限是901年。

钱鏐又是在什么时候获得这些“官”、“新官”款白瓷的呢？根据《钱氏家乘》中《武

1 浙江省博物馆、杭州市文管会：《浙江临安晚唐钱宽墓出土天文图及“官”字款白瓷》，《文物》1979年第12期。

2 明堂山考古队：《临安县唐水邱氏墓发掘报告》，《浙江省文物考古所学刊》第102页，1981年。

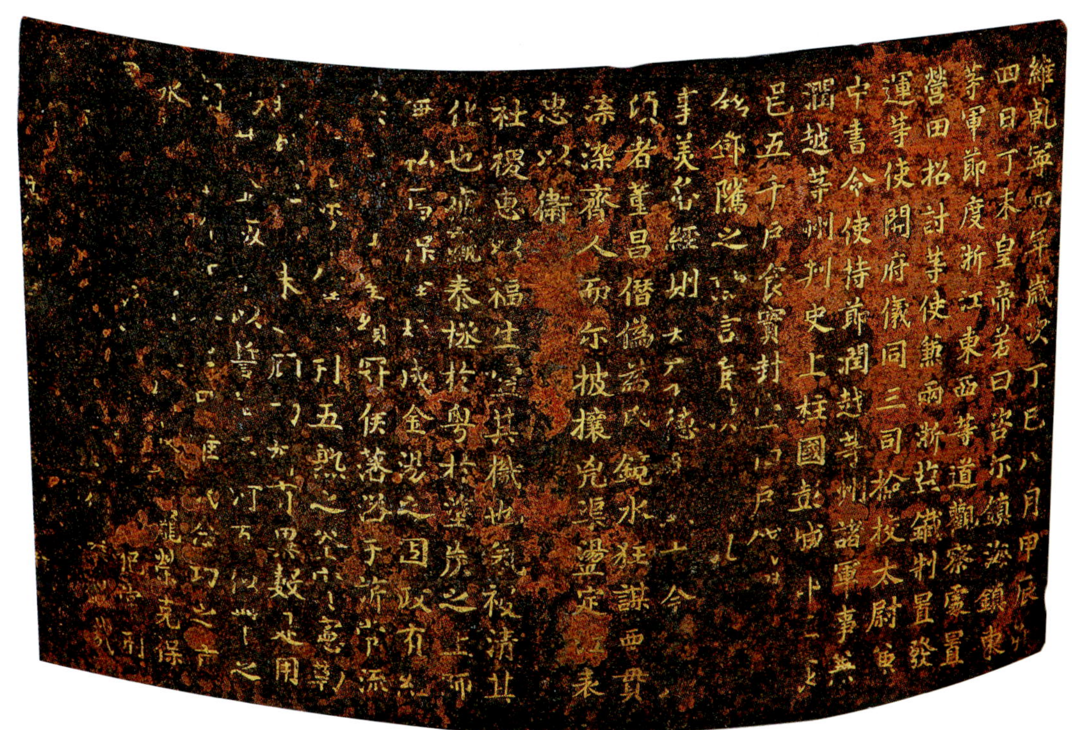

图 24. 吴越国金书铁券

肃王年表》记载，钱镠生于唐宣宗大中六年（852 年），唐咸通十三年（872 年）从军。唐乾符四年（877 年）授镇海军副使。光启三年（887 年），因平定浙东观察使刘汉宏而授杭越管内都指挥使、上武威大将军兼杭州刺史。景福二年（893 年）授镇东镇海军节度使、浙西道观察处置使、润州刺史。乾宁二年（895 年），钱镠奉诏剿灭董昌，唐昭宗赐铁券以示褒奖，并敕授检校太师、定乱安国功臣。后梁开平元年（907 年）受封吴越王，龙德三年（923 年）封为吴越国王[1]。从上述年表中可以看出，钱镠以三十五年的戎马征战，平定两浙战乱，创建吴越国。特别是光启三年（887 年）以后逐步被中原皇室所赏识和倚重（图 24）。由于当时浙江乃至于整个南方地区并不具备烧制如此高质量白瓷器的条件，因而考古资料和学术界就基本倾向于晚唐的“官”、“新官”款白瓷器是定窑产品，数据检测分析也支持了这一倾向性的观点。我们从水邱氏墓出土的白瓷器中择选了其中的一

1　钱文选：《钱氏家乘》第 113 ～ 139 页，民国十四年，上海书店出版社，1996 年。

件白瓷“新官”款花口碟、一件白瓷注壶委托上海博物馆采用无损成分分析法对两件瓷器的胎釉成分作了半定量检测，数据显示，白瓷“新官”款花口碟底足胎中的 Al_2O_3 含量较高为 32.30%，胎、釉中 MnO 含量都很低，为 0.01%、0.03%，而 MgO 含量稍高分别为 1.10%、1.51%，釉中 K_2O 含量很低为 0.85% 而 CaO 含量不高为 5.04%。白瓷注壶底胎中的 Al_2O_3 含量很高为 39.17%，K_2O 含量较低为 1.13%，胎中 MnO 含量低为 0.01%，而 MgO 含量稍高为 1.29%，釉中 K_2O 含量较低为 1.39%，而 CaO 含量不高为 5.76%。两件器物的表层特征都显示其为北方窑产品，且数据与定窑产品接近。鉴于学术界对钱宽夫妇墓出土白瓷倾向的产品窑口认识和两墓出土的“官”、“新官”白瓷器的造型、纹饰、烧造工艺及款式字体均与各地出土的“官”、“新官”款白瓷器相类的特征及成分数据测定的结果，可以确定其为晚唐时期定窑烧造的产品，那么我们对钱宽水邱氏墓“官”、“新官”款白瓷器的来源和时间是否可以作如下判断：这些白瓷器极有可能就是中原皇室赐予钱镠的物质奖赏，也即是说钱氏家族拥有这批“官”、“新官”款白瓷的时间上限是在唐乾符四年（877 年）至天复元年（901 年）之间短短的二十几年间。如果上述判断成立，则其烧造的大致时期也就相对明确了。

3. 钱宽、水邱氏墓白瓷器的鎏金银釦

钱宽墓与水邱氏墓出土的白瓷器落款上虽然有钱宽墓以“官”字款为多、水邱氏墓以“新官”款识为多的区别，但两墓出土的白瓷器从造型、纹饰、胎质、釉色等材质和制作工艺上似无本质的差异，应当是同一窑口、同一时期制作的产品，只是具体烧造时间上“官”与“新官”略有先后而已。或许钱氏家族拥有钱宽墓出土的这批白瓷器时间上比得到水邱氏墓出土的白瓷器略早。钱宽墓所有白瓷器均未存银釦，水邱氏墓有 14 件器物在口沿、足沿、流、钮等部位作鎏金银釦，花口碟釦体金属成分为 Ag95.79%、Au3.35%、Cu0.35%、Fe0.51%。钱宽墓“官”款白瓷碟沿口有镶金银釦的工艺痕迹，但没有一件有金银釦残留，而造型相同、同样落“官”款的水邱氏墓出土的花口碟圈足留有银釦一截（图 25），说明钱宽墓随葬的白瓷器入墓时部分瓷器亦镶有银釦（图 26），究竟是釦体金属成分和工艺上与水邱氏墓白瓷釦体存有差异的原因，还是钱宽墓因早期遭侵，墓室结构的局部破坏改变了原本相对恒定的保存环境而致使釦体剥落，抑或是其他什么原因，已难做定论。钱宽水邱氏墓出土的白瓷器采用匣钵仰烧，故非“芒口”，不加银釦不影响其日常使用，但这些器物又为何多釦呢？这是因为有以下两方面原因：一是这批“官”、“新官”款白瓷

图 25. 水邱氏墓白釉“官”款花口碟圈足残留银釦

图 26. 钱宽墓白釉花口碟口沿银釦痕迹

亦为晚唐“南青北白”背景下吴越之地钱氏王族拥有的稀罕之物，且极有可能是中原皇朝的赏赐之物。钱氏家族在得到这些制作精湛、造型优美的白瓷器后，采用金银釦的工艺，对其做了加工，以显殊荣和奢华，水邱氏墓出土瓷器加釦的一个现象是无款多无釦，有款皆有釦。考钱宽水邱氏墓以降的经发掘的十余座钱氏王族墓，随葬文物中均未有白瓷器的出现，这也说明“官”、“新官”款白瓷也非吴越国钱氏王族易得常用之物。二是在珍贵瓷器上加釦金银是吴越之地的一项特殊技艺，晚唐时进贡中原皇朝的越窑秘器就有了这样的工艺，钱氏王族将这项工艺逐步发挥到了极致。吴越国三世五王尤其是吴越国中后期，钱氏王室将越窑秘色器择作方物并加金银釦源源不断地输贡中原朝廷，《十国春秋》、《宋史》、《吴越备史》等史籍皆有详细记述，因此在钱氏家族日常使用的瓷器上镶加金银釦也便是顺理成章的事了。

高丽遗址出土定窑瓷器的分期研究

金英美　韩国国立济州博物馆

内容提要：在高丽时代的遗址中发现了高丽青瓷和景德镇窑、定窑、耀州窑、建窑、磁州窑、吉州窑等当时在中国各地生产的瓷器，由此可以了解那个时期的韩中陶瓷文化交流情况。其中，定窑白瓷的发现量不少。本文对高丽遗址中发现的定窑瓷器进行了类型分析并制定编年，通过这些定窑瓷的发现可以理解当时韩中两国间政治、外交、文化交流存在怎样的内在联系，并对了解当时高丽人的定窑瓷器消费倾向等问题起到辅助性作用。

关键词：定窑　瓷器　高丽遗址　瓷器消费　器物类型

一　出土定窑瓷器的高丽遗址

（一）开城遗址[1]

开城是高丽的首都，20 世纪初，在开城一带，包括王陵和遗址被盗墓者大量挖掘。被盗的高丽时代工艺品以及中国宋元时期的瓷器现在韩国国立中央博物馆收藏。宋元瓷器包括景德镇窑青白瓷、定窑白瓷和黑瓷及酱釉瓷、耀州窑和越窑青瓷、建窑及吉州窑黑釉瓷、河南天目和磁州窑白地黑花瓷等。其中定窑瓷器有 100 多件。这些瓷器反映了当时高丽首都开城的经济与文化的繁荣。

1　［韩］金英美：《韩国国立中央博物馆藏高丽遗址出土中国瓷器》，《文物》2010 年第 4 期。

（二）元香寺遗址 [1]

元香寺遗址位于京畿道骊州。据宁越兴宁寺遗址上矗立的澄晓大师宝印塔碑（944 年）碑文记载，骊州元香寺的建立时间可以追溯到 9 世纪统一新罗的末期。从 1999 年至 2001 年对该遗址进行的调查挖掘工作后大致可以推断，遗址始建于 8 世纪中叶，10 世纪到 12 世纪为兴盛期，12 世纪中叶以后渐渐走向衰败。与其他遗址相比，在此发现的高丽青瓷，白瓷和中国宋代瓷器数量众多，中国宋代瓷器包括景德镇窑青白瓷、定窑白瓷、耀州窑青瓷、建窑及吉州窑黑釉瓷等。

（三）大阜岛高丽古坟 [2]

大阜岛高丽古坟遗址位于京畿道安山市，发掘时部分墓穴已经被盗。从三国时代开始，安山就是连接中国山东半岛的海运中心地。在高丽后期，随着政府迁都至江华岛，大阜岛成为对蒙抗争的重点地区。从统一新罗时期到高丽时代的古墓被发现，其中在 7 号墓中发现了高丽青瓷、定窑白瓷片，同时还发现了崇宁重宝、政和通宝、景德元宝、元祐通宝、元丰通宝、天圣元宝等铜钱，以及封信件所用的“顿首愫封”铭青铜印章。透过这些资料可以看出墓葬存在于高丽中期，相当于 12 世纪。根据墓制来看，墓主可能是地方官吏，也有可能是与中国贸易有关系的商人。

（四）惠阴院遗址 [3]

惠阴院遗址位于京畿道坡州市。发掘工作从 2001 年开始至 2004 年结束。据《东文选》的《惠阴寺新创记》和《新增东国舆地胜览》记载，惠阴院始建于高丽睿宗十五年（1120 年），于睿宗十七年（1122 年）完工。惠阴院是建立在开京和南京交通要道上的一所国立宿泊机关，也做国王出行下榻的行宫用。《惠阴寺创新记》记载，1144 年慧阴寺因得到仁宗和任氏王妃的后援渐渐兴旺起来。在这里出土的遗物与开城的满月台结构相似，其中包括 1128 年定制的“戊申年”铭瓦片和高丽青瓷、景德镇窑青白瓷、定窑白瓷、耀州窑青瓷、当阳峪窑绞胎瓷等。

---

1 ［韩］畿甸文化才研究所：《骊州元香寺址发掘调查指导委员会议资料》，1999 年；《骊州元香寺址 2 次发掘调查指导委员会议资料》，2001 年。

2 ［韩］安山市汉阳大学校博物馆：《安山大阜岛六谷高丽古坟群发觉调查报告书》，2002 年。

3 ［韩］檀国大学校埋葬文化财研究所：《坡州惠阴院址发掘调查报告书》，2006 年。

（五）弥勒寺遗址[1]

弥勒寺遗址位于全罗北道益山市。据《三国遗事》记载，弥勒寺以百济的武王（600 ~ 641 年）之命创建，历经高丽时代至朝鲜时代（17 世纪以前）走向衰败。从 20 世纪 70 年代至 90 年代对该遗址进行发掘工作，先后出土了从百济时代至朝鲜时代期间的瓦片、瓷器和金属器等。在高丽时代的遗物地层中发现了不少定窑白瓷、景德镇窑青白瓷、耀州窑青瓷等。其中包括刻划楷体“官”款白瓷碗三件。据报告记载，这些官款白瓷碗是在统一新罗时期地层和高丽时代地层之间被发现。

（六）王兴寺遗址[2]

王兴寺遗址位于忠清南道扶馀。于百济法王二十年（600 年）创建，作为王室寺院，随着百济灭亡而消失在历史长河中。直至 2000 ~ 2002 年调查发掘工作的开展才证明了王兴寺在高丽时代之后存在的这一历史。在这里出土的有“王兴寺”铭瓦片、崇宁重宝、高丽青瓷和景德镇窑青白瓷、定窑白瓷等。

（七）三和里遗址[3]

三和里遗址位于江原道三陟郡北坪邑。在三和寺的后山是古坟密集地区，在此发现了 12 世纪的高丽青瓷、白瓷和青铜器，同时也发现了中国的定窑白瓷和景德镇窑青白瓷。

（八）水精寺遗址[4]

水精寺遗址位于济州岛济州市。水精寺是高丽末期济州岛的代表性寺庙。从 1998 年至 2000 年进行了试掘调查。在此出土的有瓦片、陶器、瓷器、青铜器等。出土遗物中，11 ~ 12 世纪的高丽青瓷居多，13 ~ 14 世纪的高丽青瓷数量较少。水精寺始建于 12 世纪，到 18 世纪中叶以后被废弃。遗址中发现有定窑白瓷、景德镇窑青白瓷、龙泉窑青瓷和景德元宝（1004 ~ 1007 年）、元丰通宝（1078 ~ 1085 年）、政和通宝（1111 ~ 1117 年）等中国铜钱。

1 ［韩］文化财管理局文化财研究所：《弥勒寺遗址发掘调查报告书 Ⅰ》，1989 年。
2 ［韩］国立扶馀文化财研究所：《王兴寺发掘中间报告 Ⅰ》，2002 年。
3 ［韩］郑良谟：《三郡北坪邑三和里出土高利时代遗物一括》，《考古美术》129.130，第 190-199 页，1976 年。
4 ［韩］济州大学校博物馆、济州市：《水精寺址》，2000 年。

（九）其他

在骊州高达寺遗址[1]、庆州黄龙寺遗址[2]、安城奉业寺遗址[3]、原州居顿寺遗址[4]、益山狮子庵[5]、保宁圣住寺遗址[6]等也发现了少量定窑白瓷。

二 器物分类

（一）白瓷

1. 盘

根据口部的形状和足部的不同，可分为八个类型。

A 型：敞口，浅腹，腹部略弧，圈足。根据口沿的不同，又分为两个亚型。

Aa 型：圆口。标本：国立中央博物馆（以下简称国博）德寿 4773 白釉印花缠枝莲花牡丹纹盘（图 1），开城出土品。内口沿下饰一周印花雷纹，内壁饰有印花缠枝莲花牡丹纹。高 3.0 厘米、口径 18.0 厘米、足径 6.2 厘米。这种浅腹印花盘在金代中晚期非常流行。山东淄博窖藏[7]、吉林农安窖藏[8]、湖北谷城县[9]、四川简阳东溪园艺场南宋后期墓[10]和涧磁村定窑遗址等均有发现。

Ab 型：花口，腹部略弧，圈足。标本：1. 国博德寿 1522 白釉印缠枝牡丹纹盘（图 2），开城出土品。内口沿下有印花雷纹，内壁饰有缠枝牡丹纹，内底印龙纹。高 3.7 厘米、口径 18.5 厘米、足径 5.9 厘米。标本：2. 国博德寿 699，开城出土品。六出花口，在内壁从花式口下至盘心弦纹凸起六条直线，内底有刻划折枝莲花纹。吉林农安窖藏、山东淄博窖藏、公主岭窖藏、涧磁村定窑遗址等均有发现。这件盘与山东淄博金代窖藏[11]出土的盘造型和纹饰风格最接近。

---

1 ［韩］京畿道博物馆、畿甸文化财研究院：《高达寺址 1》，2002 年。
2 ［韩］文化财管理局、文化财研究所：《皇龙寺遗址挖掘调查报告书 I》，1984 年。
3 ［韩］京畿道博物馆－安城市：《奉业寺》，2002 年。
4 ［韩］原州市－翰林大学校博物馆：《居顿寺址发掘调查报告书》，2000 年。
5 ［韩］扶馀文化财研究所－益山郡：《狮子庵发掘调查报告书》，1994 年。
6 ［韩］忠南大学校博物馆－保宁市：《圣住寺》，1998 年。
7 淄博市博物馆、淄博区文管所：《山东临淄出土宋代窖藏瓷器》，《考古》1985 年第 3 期。
8 吉林省博物馆、农安县文管会：《吉林农安金代窖藏文物》，《文物》1988 年第 7 期。
9 李广安：《湖北谷城县宋墓出土定窑印花瓷器》，《考古》2003 年第 1 期。
10 四川省文物管理委员会：《四川简阳东溪园艺场元墓》，《文物》1987 年第 2 期。
11 淄博市博物馆、淄博区文管所：《山东临淄出土宋代窖藏瓷器》，《考古》1985 年第 3 期。

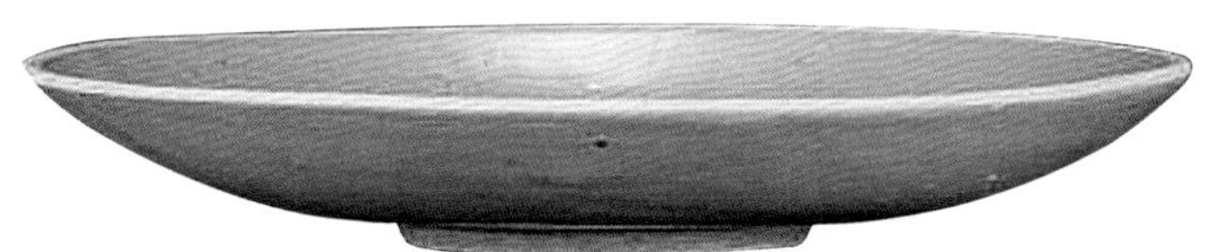

图 1. 白釉印花缠枝莲花牡丹纹盘

图 2. 白釉印花缠枝牡丹纹盘

B 型：侈口，浅腹，腹部斜直，圈足。根据口沿的不同，又可分为两个亚型。

Ba 型：圆口。装饰技法以及器物形态的变化分为二式。

1 式：圈足断面直壁，内底有刻花纹。标本：1. 坡州惠荫院遗址出土白釉刻花莲花纹盘(图 3)。有的内底有刻花萱草纹，有的内底有刻花莲花纹。标本：2. 济州水精寺遗址出土。内底有刻花荷花纹。

2 式：圈足端面较 1 式窄，断面呈三角形。标本：国博德寿 2578 白釉印花鸭戏莲池纹盘（图 4），开城出土品。内口沿下有印花雷纹，内壁有印花鸭戏莲池纹，内底有印花双鱼纹。高 3.7 厘米、口径 18.8 厘米、足径 6.1 厘米。

Bb 型：花口。标本：国博德寿 4449 白釉刻花萱草纹盘（图 5），开城出土品。内口沿下有两道弦纹，内底划一周刻圆线，内壁和内底有刻花萱草纹。高 4.2 厘米、口径 20.4 厘米、足径 6.4 厘米。

C 型：侈花口，深腹，圈足。标本：国博德寿 4938 白釉刻花萱草纹盘（图 6），开城出土品。接近内口沿有一道线刻纹，内底和内壁有刻花萱草纹。高 5.8 厘米、口径 19.4 厘米。

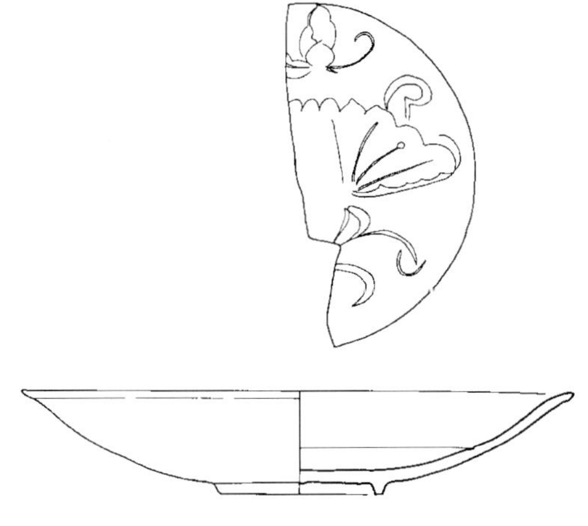

图 3. 白釉刻花莲花纹盘

图 4. 白釉印花鸭戏莲池纹盘

图 5. 白釉刻花萱草纹盘

图 6. 白釉刻花萱草纹盘

D 型：侈口，折腹，圈足。根据口沿的不同，又可分为两个亚型。

Da 型：圆口，芒口。标本：国博德寿 3614 白釉刻花水波双鸟纹盘（图 7），开城出土品。内壁和内底饰有左右对称的刻花水波双鸟纹。高 5.0 厘米、口径 21.2 厘米、足径 7.0 厘米。

Db 型：侈花口，芒口，圈足。标本：1. 国博德寿 4939 白釉刻花牡丹纹盘（图 8），开城出土品。内底和内壁有刻花折枝牡丹纹。高 4.5 厘米、口径 17.3 厘米、足径 5.8 厘米。这件盘与江苏江阴夏港北宋晚期墓[1]出土折腹盘的造型以及纹饰风格相似。花、叶的轮廓

1 高振卫等：《江苏江阴夏港宋墓清理简报》，《文物》2001 年第 6 期。

图 7. 白釉刻花水波双鸟纹盘

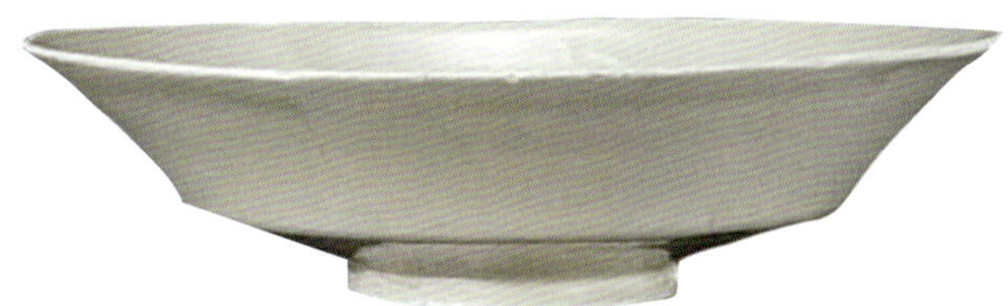

图 8. 白釉刻花牡丹纹盘

图 9. 白釉刻花萱草纹盘

线内用篦状工具划刻筋脉纹。

E 型：平底盘，敞口，直腹，平底，芒口。标本：国博德寿 627 白釉刻花萱草纹盘（图 9），开城出土品。内底刻一朵萱草纹。高 1.9 厘米、口径 11.6 厘米、足径 8.6 厘米。白瓷盘与辽宁朝阳马令夫妇合葬墓[1]（1184 年）出土的白釉盘造型、大小以及纹样风格等相似。

F 型：花瓣侈口，斜直腹，平底，芒口。标本：国博德寿 1334 白釉六瓣花口盘（图

1　辽宁省博物馆：《辽宁朝阳金代壁画墓》，《考古》1962 年第 4 期；朝阳市博物馆：《辽宁朝阳重型机器厂辽金墓》，《北方文物》2003 年第 4 期。

图 10. 白釉六瓣花口盘

图 11. 白釉折沿盘

10），开城出土品。六瓣式花口，内壁可分为有凸出的 6 个分隔线和平坦的两种。胎质洁白细腻，施釉均匀，釉色白中闪青。左：高 1.8 厘米、口径 12.1 厘米、底径 7.7 厘米。右：高 1.8 厘米、口径 12.1 厘米，底径 7.4 厘米。这件盘与河北易县净觉寺辽天庆五年（1115 年）舍利塔地宫[1]和沈家庄[2]出土的白釉盘相似。所出内壁花瓣间有六凸棱相间、内壁出脊的凸棱，

1　河北省文物管理所：《河北易县净觉寺舍利塔地宫清理记》，《文物》1986 年第 9 期。

2　裴淑兰等：《沈家庄出土文物介绍》，《河北省考古文集》（二），第 307-310 页，北京燕山出版社，2001 年。

应为仿金属器捶揲成形时在器物内壁形成的痕迹。

G 型：折沿，平底，芒口。标本：国博德寿 5517 白瓷折沿盘（图 11），开城出土品。高 1.9 厘米、口径 19.1 厘米、底径 12.8 厘米。内底有“饮”、“酒”、“长”、“生”字痕，与上海博物馆藏“长寿酒”铭盏可以对照。折沿刻花萱草纹盘发现于北京通县大定十七年（1177 年）石宗璧墓[1]，北京先农坛金墓发现了与此相似的盘，不同的是盘内底有刻花萱草纹。与此相似的在金代晚期的北京顺义区天竺乡[2]也曾出土。

图 12. 白釉印花缠枝花纹葵口盘

H 型：葵口，折沿，平底。标本：扶余王兴寺址出土白釉葵口印花缠枝花纹盘[3]（图 12），盘的沿部以及内壁有印花纹饰。内壁有细小的分格，里面有细细的缠枝纹，近口沿处饰有圆圈纹。胎较粗，呈褐白色。这件盘与河北省曲阳县文物保管所收藏的印花竹枝鹭鸶纹菊瓣盘和印花缠枝牡丹纹菊瓣盘[4]相似。

2. 碗

根据口部形状的不同，分为六个类型。

A 型：敞口，腹较浅，腹部斜直或者略弧，圈足较大。按装饰方法以及器物形态的变化可以分为两式。

1 式：腹部略弧，内底和内壁光素。标本：弥勒寺出土白釉“官”字款碗[5]（图 13），外底刻划楷体“官”字款，有光泽的釉面，足端面无釉。高 4.3 厘米、口径 16.2 厘米、足径 6.0 厘米。益山弥勒寺发现“官”字款有 3 件，这件在东院北回廊址北边基坛外部统一新罗和高丽时代的中间层位上被发现。时代可以定为五代末到北宋早期。

---

1 北京市文物管理处：《北京市通县金代墓葬发掘简报》，《文物》1977 年第 11 期。

2 张柏主编：《中国出土瓷器全集》第一卷北京卷，图 15，科学出版社，2008 年。

3 [韩] 国立扶馀文化财研究所：《王兴寺发掘中间报告 I》，2002 年，图版 103- ②；大邱博物馆：《우리문화속의 中国陶瓷器》2004 年，图版 96。

4 中国陶瓷编辑委员会编：《中国陶瓷·定窑》，上海人民美术出版社，1983 年。

5 [韩] 文化财管理局·文化财研究所：《弥勒寺遗址发掘调查报告书 I》，第 436 页，插图 129，1989 年。

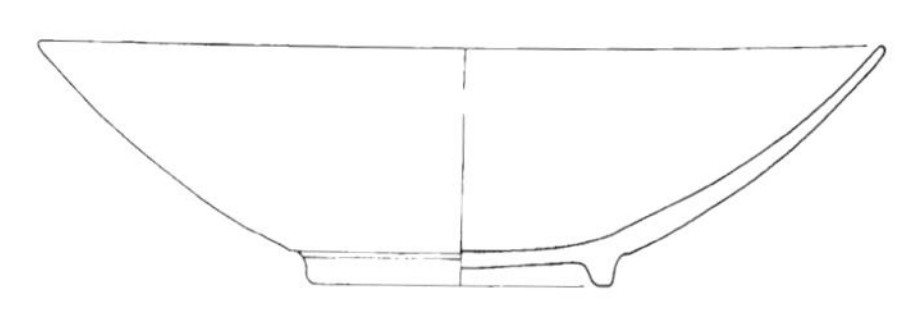
图 13. 白釉“官”字款碗

图 15. 白釉碗

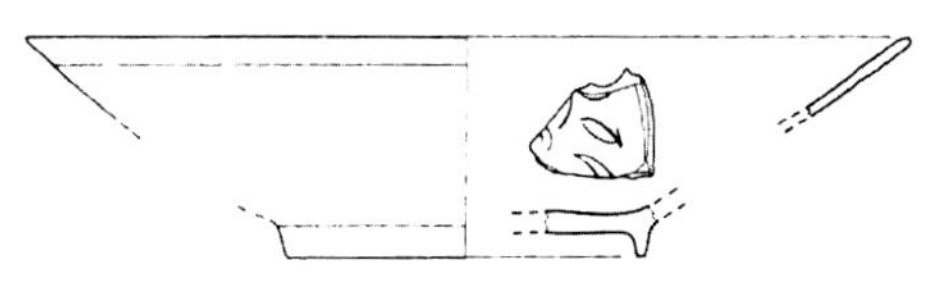
图 14. 白釉刻花萱草纹碗

图 16. 白釉刻花莲瓣纹碗

2 式：腹部斜直，内底有刻花萱草纹。圈足较 1 式高。标本：安山大阜岛高丽古坟出土品[1]（图 14）。推测口径 19.6 厘米。

B 型：口沿微侈，花口，直壁，圈足较高。标本：弥勒寺址出土白釉碗[2]（图 15）。内壁有凸线分格，器壁很薄，肉眼可以看出泪痕，圈足端面无釉。这件碗与河南洛阳高继蟾墓[3]出土的碗造型相近。素面无纹饰，外底刻“新官”，芒口，圈足端面没施釉，应为在匣钵内垫砂正烧。

C 型：敞口，腹部略弧，外腹部有刻花莲瓣纹，足部残。标本：弥勒寺址出土白釉莲瓣纹碗[4]（图 16）。这件白瓷片与太平兴国二年（977 年）静志寺塔塔基出土的“官”字款刻花莲瓣纹碗和“孟”字款刻花莲瓣纹碗的莲瓣风格很相似。

D 型：圆口，按装饰技法以及器物形态的变化又可分为两亚型。

Da 型：唇口，腹部略弧，圈足。可以分为两式。

1 式：标本：1. 国博德寿 4474 白釉刻花水波双鱼纹碗（图 17），开城出土品。芒口，

1 [韩]安山市·汉阳大学校博物馆：《安山大阜岛六谷高俪古坟群发掘调查报告书》，第 114 页，图 54，2002 年。

2 [韩] 扶馀文化财研究所：《弥勒寺遗址发掘调查报告书 II》，图版 316-5，1996 年。

3 洛阳市文物工作队：《洛阳后梁高继蟾墓发掘简报》，《文物》1995 年第 8 期；张柏主编：《中国出土瓷器全集》第十二卷河南卷，科学出版社，图 105，2008 年。

4 [韩] 扶馀文化财研究所：《弥勒寺遗址发掘调查报告书 II》，图版 316-6，1996 年。

内底有刻花水波双鱼纹。外壁有三道刻弦纹。高 6.7 厘米、口径 20.9 厘米、足径 6.9 厘米。标本：2. 国博德寿 635 白釉碗，开城出土品。光素无纹。高 8.2 厘米、口径 21.2 厘米。这两件碗与河北三河辽末金初石函墓中出土[1]的碗相似。

2 式：标本：国博德寿 4298 白釉印花双鱼纹碗（图 18），芒口，内口沿下有一圈印花雷纹，内底有印花双鱼纹，内壁有印花四只凤纹。开城出土品。高 6.7 厘米、口径 20.3 厘米、足径 6.5 厘米。

Db 型：花口，按纹饰风格和装饰技法的变化可以分为两式。

1 式：腹部微弧，小圈足。标本：国博德寿 734 白釉刻花牡丹纹碗（图 19），开城出土品。内底和内壁有刻花牡丹纹。口沿施釉，底部端面有垫砂的痕迹。高 8.3 厘米、口径 23.8 厘米、足径 6.2 厘米。这种装饰风格从北宋晚期到金初很流行，敖汉旗羊山刘祜墓[2]（1099 年）出土的刻花萱草纹碗，满釉，圈足底有旋削痕并露出白瓷胎。

2 式：腹部弧度较 1 式大，圈足较高。标本：1. 国博德寿 1354 白釉印花鸭戏水波纹纹碗（图 20），开城出土品。芒口，内口沿下有印花回纹，内壁有印花鸭戏水波纹。高 7.7 厘米、口径 20.3 厘米、足径 6.5 厘米。标本：2. 国博德寿 2980，开城出土品。芒口，碗内布满印花缠枝莲花、云朵及各种植物纹饰。外腹部有压印瓜棱。高 7.6 厘米、口径 19.1 厘米、底径 6.0 厘米。标本：3. 国博德寿 1177，开城出土品。芒口，内口沿下有印花雷纹，内壁和内底有模印各种花纹。高 7.6 厘米、口径 19.8 厘米、足径 6.3 厘米。德寿 1354 的印花纹样与定窑遗址发现的金大定二十四年（1184 年）印花模子纹样很接近。

E 型：也叫斗笠碗，侈口，腹壁斜直，小圈足。标本：国博德寿 124 白釉刻花菊瓣纹碗（图 21），开城出土品。芒口，内底下凹较深，中间刻有一曲笔“十”字符号，内壁有刻花菊瓣纹，釉色白中乏黄。圈足端面刮釉。左：高 3.5 厘米、口径 13.2 厘米、足径 2.2 厘米，右：高 3.6 厘米、口径 13.5 厘米、足径 2.3 厘米。故宫博物院收藏一件完整的此种装饰图案的刻花菊瓣纹碗[3]。碗内的装饰和公主岭毛城子窖藏出土的一样，公主岭毛城子金代窖藏出土的斗笠碗腹部较斜直而浅。高 2.7 厘米、口径 12.0 厘米、足径 3.0 厘米。内底下凹，中间刻有一曲笔“十”字符号。南宋晚期浙江绍兴缪家桥宋井[4]中也发现有这种图案的斗笠碗，为印花

1 河北省文物研究所、河北大学历史系等：《河北三河县辽金元时代墓葬出土遗物》，《考古》1993 年第 12 期。

2 邵国田：《敖汉旗羊山 1-3 号辽墓清理简报》，《内蒙古文物考古》1999 年第 1 期。

3 中国陶瓷编辑委员会编：《中国陶瓷·定窑》，上海人民美术出版社，图 72，1983 年。

4 绍兴县文物管理委员会：《浙江绍兴缪家桥宋井发掘简报》，《考古》1964 年第 11 期。

图 17. 白釉刻花水波双鱼纹碗

图 18. 白釉印花双鱼纹碗

图 19. 白釉刻花牡丹纹碗

图 20. 白釉印花鸭戏水波纹碗

图 21. 白釉刻花菊瓣纹碗

装饰。

F 型：敞口，唇沿，圈足，芒口。标本：坡州惠荫院址出土[1]白釉印花缠枝牡丹纹碗（图 22），外壁饰刻花莲瓣，内壁饰印花缠枝牡丹纹，口沿下部有雷纹，内底有双鱼纹。印花纹样较简单且技法不大成熟，釉色为乳白。 高 7.3 厘米、口径 10.5 厘米、足径 6.0 厘米。

1 ［韩］檀国大学校埋藏文化财研究所：《坡州惠阴院址发掘调查报告书》，图片 338，测图 245，2006 年。

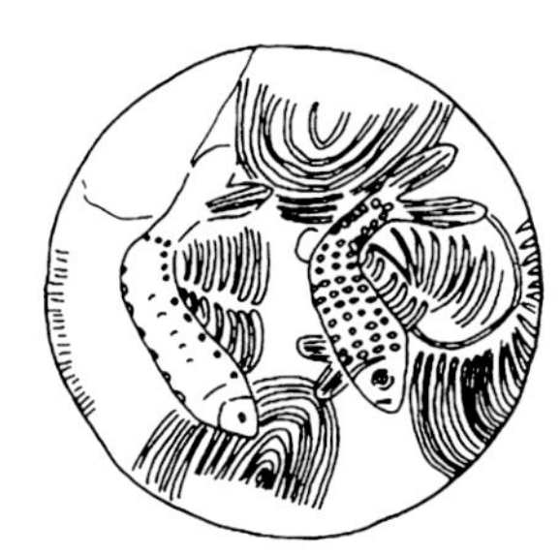

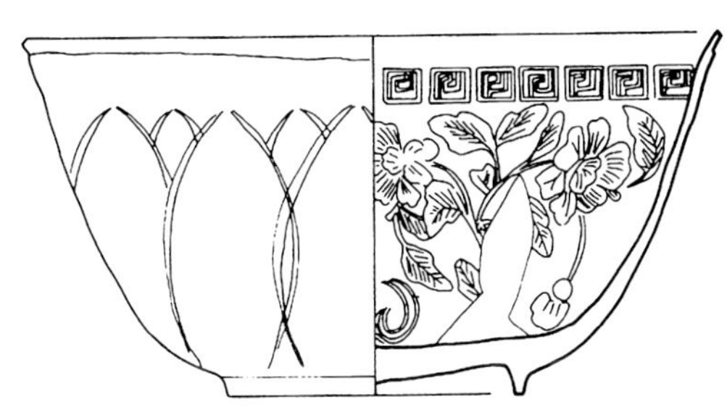

图 22. 白釉印花缠枝牡丹纹碗

江苏江阴夏港北宋晚期墓[1]出土的莲瓣纹碗，外壁饰刻花尖瓣仰莲纹，碗内壁饰弦纹一周，内底饰刻花团螭纹。内壁和内底饰刻花者年代比印花者早一些。这件与重庆市荣昌县南宋窖藏[2]出土白瓷碗类似，尤其是外壁有刻花莲瓣纹和内底饰有双鱼纹的风格很相似。这种纹样和造型在定窑白瓷中极少见。但整体风格上是定窑无疑。

3．盖碗

根据外壁纹饰，可分为两个类型。

A 型：直腹，圈足，腹外壁有莲瓣纹装饰，一般都带有盖子。按造型不同可分为两式。

1 式：腹外壁有莲瓣纹装饰。国博德寿 3439 白釉筒形碗（图 23），开城出土品。腹部深，圈足较矮。腹外壁上半部有刻双层莲瓣纹，接近底部有单层莲瓣纹。标本：盖碗外腹部上半部有刻双层莲瓣纹，接近底部有单层莲瓣纹，外底有旋坯痕。外壁腹部饰立体感强的莲瓣纹在北宋前期很流行。高 7.1 厘米、口径 10.3 厘米、足径 5.2 厘米。

2 式：圈足较一式高而外撇。标本：国博德寿 3616 白釉筒形盖碗（图 24），开城出土品。腹外壁则以密集的竖线凹凸纹作为莲瓣纹，高 8.8 厘米、口径 8.5 厘米。这件盖碗与涧磁村定窑遗址采集的盖钵相似。定窑瓷器上出现的这种刻花竖线装饰是定窑仿磁州窑的产品，根据目前的资料，不会早到北宋晚期。

B 型：外壁无纹，带盖。标本：国博德寿 1093 白釉筒形盖碗（图 25），开城出土品。素纹，带有宽沿上翘的盖，子口浅，盖面有刻花菊瓣纹。胎骨洁白，釉色稍闪青黄，极为润泽。高 9.1 厘米、足径 6.0 厘米。与这件碗相似的在山东淄博宋代窖藏也曾发现[3]。

1 高振卫等：《江苏江阴夏港宋墓清理简报》，《文物》2001 年第 6 期。

2 重庆市博物馆、荣昌县文化馆：《重庆市荣昌县宋代窖藏瓷器》，《四川考古报告集》，图二 -2，文物出版社，1998 年。

3 淄博市博物馆、淄博区文管所：《山东临淄出土宋代窖藏瓷器》，《考古》1985 年第 3 期。

图 23. 白釉筒形碗

图 24. 白釉筒形盖碗

图 25. 白釉筒形盖碗

图 26. 白釉刻花萱草纹盏

4. 盏

根据造型不同，可分为两个类型。

A 型:侈口,深腹,圈足。标本:国博德寿 1092 白釉刻花萱草纹盏(图 26),开城出土品。芒口,内壁有刻花萱草纹。高 4.0 厘米、口径 9.1 厘米、足径 2.4 厘米。与上海博物馆藏“长寿酒”铭萱草纹碗[1]相似。

B 型：葵口，外腹部有瓜棱，小圈足外撇。标本：国博德寿 3885 白釉葵口盏（图 27），高 4.8 厘米、口径 8.7 ~ 9.1 厘米、足径 3.3 厘米。

5. 钵

唇口,直壁,近底斜收,平底。大小不同。大型高 9.1 ~ 9.7 厘米、口径 21.3 ~ 22.6 厘米、底径 10.2 ~ 11.7 厘米。中型高 6.4 ~ 7.4 厘米、口径 16.6 ~ 18.5 厘米、底径 8.6 ~ 9.5 厘米。小型高 5.0 ~ 5.6 厘米、口径 13.4 ~ 15.0 厘米、底径 7.4 ~ 7.6 厘米。小型和中型无纹，大型有刻花纹饰，标本：1. 国博德寿 3951 唇口钵（图 28），开城出土品。内壁和内底有刻花萱草纹，高 9.7 厘米、口径 22.6 厘米、底径 11.7 厘米。2. 国博德寿 3952，开城出土品。内壁和内底饰有刻花水草鱼纹，高 9.1 厘米、口径 21.3 厘米、底径 10.2 厘米。平底钵在金代墓葬中常有发现,北京市海淀南辛庄 M1 和 M2[2]、北京通县金墓[3](M2)中就有发现。

1　中国陶瓷编辑委员会编：《中国陶瓷·定窑》，上海人民美术出版社，1983 年。

2　北京市海淀区文化文物局：《北京市海淀区南辛庄金墓清理简报》，《文物》1988 年第 7 期。

3　北京市文物管理处：《北京市通县金代墓葬发掘简报》，《文物》1977 年第 11 期。

图 27. 白釉葵口盏

图 28. 白釉唇口钵

与德寿 3951 相似的在敖汉旗小柳条沟金代后期的墓[1]中曾有发现。纹饰与造型很接近。

6. 罐

根据造型不同，可分为两个类型。

A 型：小口，折肩，圈足较高，带盖。标本：国博德寿 2867 白釉刻花莲瓣纹盖罐（图 29），开城出土品。肩部饰有浮雕感强的双层莲瓣纹，肩部和腹部交接处有两道刻弦纹，下腹部刻三层莲瓣纹。盖顶置宝珠式钮。通高 9.3 厘米、底径 4.3 厘米。至道元年（995 年）净众院塔基[2]发现的白釉刻花莲瓣纹罐，丰肩，腹部较深，宝珠式钮较大。这件罐与辽宁北票水泉辽代早期墓[3]、辽开泰二年（1013 年）顺义县净光舍利塔基[4]出土的浮雕刻

1 王建国：《敖汉旗小柳沟金代墓葬》，《内蒙古文物考古》1986 年总第 4 期。

2 定县博物馆：《河北定县发现两座宋代塔基》，《文物》1972 年第 8 期；刘涛：《宋辽金纪年瓷器》，文物出版社，第 5 页，图 1-24，2004 年。

3 辽宁省博物馆文物队：《辽宁北票水泉一号辽墓发掘简报》，《文物》1977 年第 12 期。

4 北京市文物工作队：《顺义县净光舍利塔基清理简报》，《文物》1964 年第 8 期。

图 29. 白釉刻花莲瓣纹盖罐

图 30. 白釉盖罐

莲瓣纹罐很接近，是定窑在 11 世纪初前后流行的作品。

B 型：小口，扁鼓腹，矮圈足。标本：国博德寿 4736 白釉盖罐（图 30），开城出土品。南瓜把儿钮盖。高 7.0 厘米、底径 3.4 厘米。这种罐在金墓中多有发现，其中北京市海淀区[1]出土小罐，只是盖之样子不同，罐的样子很相似。

7. 瓶

只有一种，即玉壶春式造型。标本：国博本馆 12430 白釉瓶（图 31），开城出土品。唇口，颈部细长，腹部椭圆形，圈足。高 25.7 厘米、口径 4.6 厘米、足径 7.5 厘米。这件白瓷瓶与北京通县金墓[2]（M2）出土瓶相接近。该墓为金大定十七年（1177 年）石宗璧的家族墓。

---

1 北京市海淀区文化文物局：《北京市海淀区南辛庄金墓清理简报》，《文物》1988 年第 7 期。

2 北京市文物管理处：《北京市通县金代墓葬发掘简报》，《文物》1977 年第 11 期。

图 31. 白釉瓶

（二）酱釉瓷

1. 碗

根据口部、腹部、足部等的不同，可分为两型。

A 型：敞口，直壁，圈足。标本：1. 国博本馆 2027 酱釉碗（图 32），开城出土品。内壁饰有银彩菊花蝴蝶纹。圈足墙部无釉。高 4.5 厘米、口径 15.7 厘米、足径 4.5 厘米。2. 国博德寿 3322，开城出土品。内壁口沿下有银彩缠枝忍冬纹，内壁饰有银彩凤凰戏缠枝菊花纹，内底有银彩莲子纹，圈足墙部无釉。高 5.2 厘米、口径 17.3 厘米、足径 4.4 厘米。

B 型：敞葵口，腹部略弧，圈足。标本：国博本馆 12440 酱釉碗（图 33），开城出土品。口部镶嵌锡变黑色，圈足墙部无釉。高 5.0 厘米、口径 13.0 厘米、足径 3.6 厘米。这件酱釉碗的造型与内蒙古宁城萧府君墓[1]（1072 年）和新民法哈牛镇巴图营子村辽晚期墓[2]出土的花口碗接近。不同的是后者口沿没有金属镶嵌装饰。

2. 盘

花口，折腹，圈足。标本：国博德寿 2000 酱釉盘（图 34），开城出土品。高 3.9 厘米、口径 17.6 厘米、足径 5.6 厘米。

3. 盏托

深腹钵与圆口圈足盘式托座的合体。标本：国博德寿 3823 酱釉盏托（图 35），开城出土品。宽沿上翘，钵形器口高出盘口沿。敛口，上腹内敛，下腹内收。高圈足外撇。足

1 内蒙古文物考古研究所、赤峰市博物馆：《宁城县岳家仗子辽萧府君墓清理记》，《内蒙古文物考古文集》第一辑，第 551 页，图四—4，中国大百科全书出版社，1994 年。

2 冯永谦：《辽宁省建平、新民的三座辽墓》，《考古》1960 年第 2 期；张柏主编：《中国出土瓷器全集》第二卷辽宁、吉林、黑龙江卷，图 58，科学出版社，2008 年。

图 32. 酱釉碗

图 33. 酱釉碗

图 34. 酱釉盘

部端面无釉。高 5.5 厘米、托台口径 5.7 厘米、足径 4.7 厘米。这件盏托与宁城萧府君墓[1]发现的酱釉盏托相似。不同的是后者盘形托座的口沿为花口。

（三）黑釉瓷

碗：根据造型不同，可分为两个类型。

A 型：敞口，斜直壁，深弧腹，圈足。标本：国博德寿 4342 黑釉瓷碗（图 36），开城出土品。高 3.5 厘米、口径 12.7 厘米、足径 3.5 厘米。这件黑釉碗与朝阳西上台辽墓[2]（1101 年后）出土的黑釉斗笠碗相似。

B 型：敞口，腹部较浅而微弧，矮圈足。标本：国博本馆 10011 黑釉瓷碗（图 37），开城出土品。内壁有 3 朵金彩牡丹和蜂纹，内底有菊瓣纹。高 3.8 厘米、口径 13.8 厘米、足径 5.6 厘米。

（四）绿釉瓷

枕：根据造型不同，可分为两个类型。

A 型：如意头形枕。标本：国博德寿 424 绿釉印花芭蕉鱼纹枕（图 38），开城出土品。上面有印花芭蕉纹，侧面有印花鱼纹和鱼子纹。高 13.6 厘米。戳印的鱼子纹装饰方法与太平兴国二年（997 年）静志寺塔基出土的绿釉净瓶、黄釉鹦鹉壶、黄釉盖罐相似。

B 型：长方形枕。标本：国博本馆 13750 绿釉枕（图 39），开城出土品。各面轮廓线里有三对印花鱼子纹，胎土白色。 高 12.2 厘米、宽 19.9 厘米。

三　流入高丽的定窑瓷器的分期

在高丽遗址中发现的定窑瓷器可以根据高丽与两宋、辽、金各朝代交流状况的变化，

1　内蒙古文物考古研究所、赤峰市博物馆：《宁城县岳家仗子辽萧府君墓清理记》，《内蒙古文物考古文集》第一辑，第 548-552 页，中国大百科全书出版社，1994 年。

2　韩国祥：《朝阳西上台辽墓》，《文物》2007 年第 7 期。

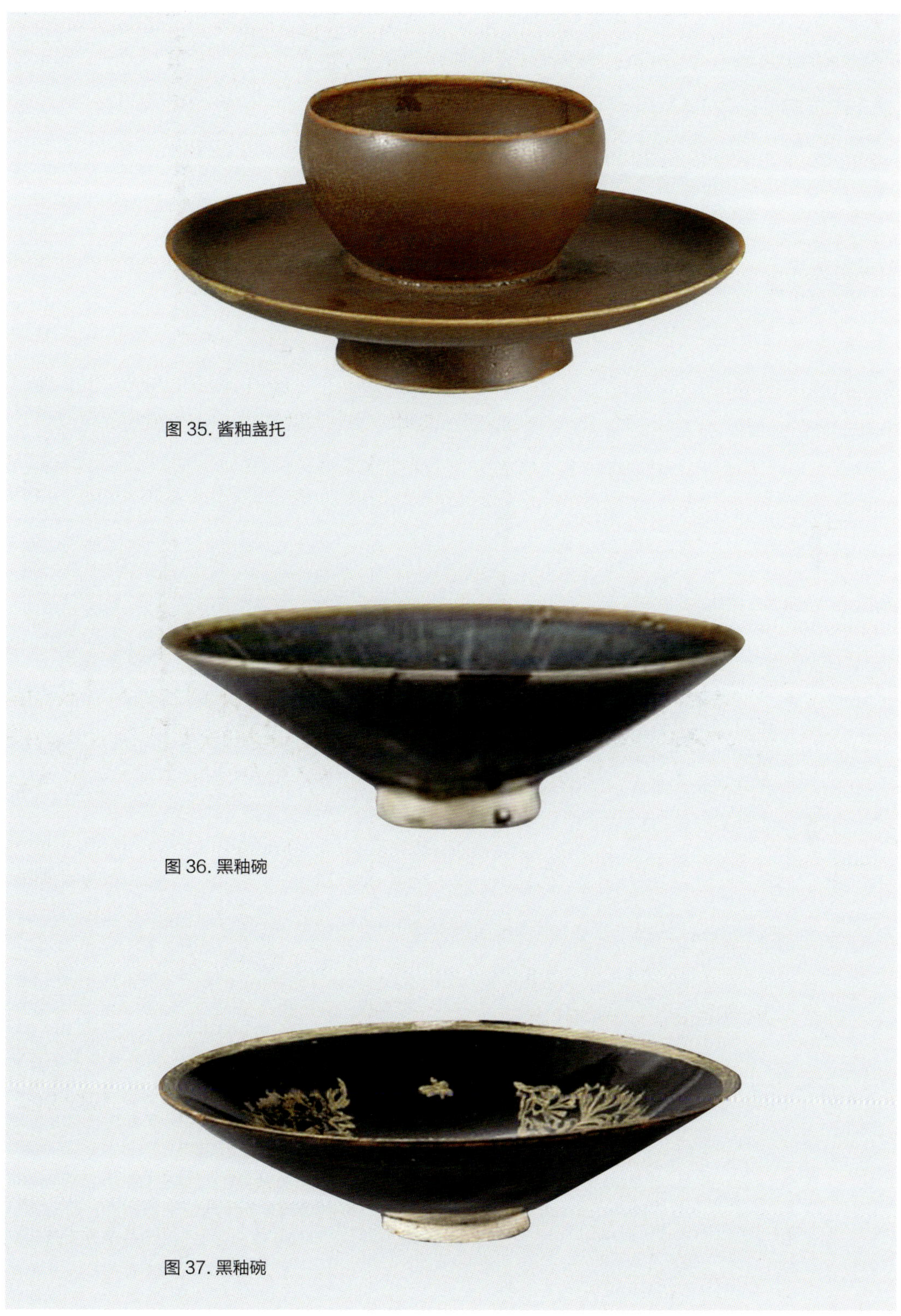

图 35. 酱釉盏托

图 36. 黑釉碗

图 37. 黑釉碗

图 38. 绿釉印花芭蕉鱼纹枕

图 39. 绿釉枕

以及高丽人对定窑瓷器的消费倾向变化大致分为三个时期[1]。

第一期：高丽光宗时期（949 ~ 975 年）至靖宗时期（1034 ~ 1046 年）。即五代晚期至北宋前期，有关这个时期考古发掘定窑瓷器的资料非常少。这个时期在高丽遗址中

1　不少学者已经对定窑做了分期，其中代表性的分期有以下几种：冯先铭先生分为唐、五代、北宋、金、元代共五期（冯先铭：《中国陶瓷·定窑》，上海人民美术出版社，1983 年）。李辉柄先生分为晚唐至五代、北宋至金哀宗天兴三年（1234 年）、金天兴三年至元至正二十八年（1368 年）共三个阶段（李辉柄：《定窑的历史以及与邢窑的关系》，《故宫博物院院刊》1983 年第 3 期）。以后谢明良先生对冯先铭先生的分期进行了修订，根据纪年资料分为唐至五代、北宋早期至中朝、北宋晚期至近代共三期（谢明良：《定窑白瓷概说》，《定窑白瓷特展图录》，台北故宫博物院，1987 年），刘淼则以大定十年（1170 年）为界将金代的定窑瓷器分为太宗天会五年至世宗大定十年(1127 ~ 1170 年)，大定十年至哀宗天兴三年(1170 ~ 1234 年)共两期（刘淼：《金代定窑瓷器的研究》，南开大学博士学位论文，2006 年；《考古发现的金代定窑瓷器初步探讨》，《考古》2008 年第 9 期）。彭善国先生依据纪年资料，结合辽代陶器对定窑做了分期。即五代的 10 世纪初至 10 世纪中叶前后、10 世纪 60 年代至 11 世纪中叶、11 世纪 50 年代至 12 世纪初辽代灭亡共三个阶段（彭善国：《定窑瓷器分期新探——以辽墓、辽塔出土资料为中心》，《内蒙古文物考古》2008 年第 2 期）。

被发现的定窑瓷器包括白瓷 A 型 1 式、B 型、C 型碗，A 型盖碗，A 型罐，A 型、B 型绿釉枕等，但数量不多。这些瓷器主要出土于与王室或与王室有关的开城一带遗址和益山弥勒寺遗址、庆州黄龙寺址等。就瓷器种类而言，包括瓷器外壁有浮雕刻莲瓣的碗、罐、绿釉枕和“官”款白瓷碗等高级瓷器。“官”款定窑白瓷碗在益山弥勒寺遗址发现 3 件、在庆州黄龙寺遗址发现 1 件。“官”、“新官”款白瓷在 10 世纪中叶至 11 世纪初的辽宋墓葬及遗址中多有发现。宋真宗（998 ~ 1022 年）、辽圣宗（983-1031 年）以后的纪年墓葬则很少有发现[1]。宿白先生指出：“定州设官窑约在晚唐时期，‘官’款器物烧造年代似应早于‘新官’。”[2] 权奎山先生指出：“具体时代为晚唐至北宋早期。”[3] 出土“官”、“新官”款白瓷的墓主，多数为皇族显宦或财力好的中上阶层[4]。在高丽王室建立的弥勒寺、黄龙寺等寺院遗址中“官”款白瓷的出现可以证明当时高丽政权与宋、辽一直保持亲密关系。

第二期：高丽文宗时期（1046 ~ 1083 年）至毅宗时期（1147 ~ 1170 年）。即北宋中晚期至金代早期，依据中国的考古资料可以看出定窑的发展始于 12 世纪初。在这个时期的高丽遗址中发现的定窑瓷器有白瓷 Ba 型 1 式、Bb 型、C 型、Da 型、Db 型盘，A 型 2 式、Da 型 1 式、Db 型 1 式、E 型碗，A 型 2 式盖碗，A 型、B 型盏，酱釉 A 型、B 型碗、盘、盏托，黑釉 A 型、B 型碗等。从白瓷的装饰技法来看，多数为刻花工艺，纹样种类有萱草、牡丹、菊花等。以刻花技法装饰的瓷器中，除了少量 12 世纪前以正烧技法烧制的碗之外，大部分都是 12 世纪以后制作的覆烧芒口碗和盘[5]。并且还发现了少量以印花技法装饰的碗，碗上印有牡丹和鱼。这个时期的印花装饰比较少，纹样也比较简单，不够雅致。

在高丽遗址中发现的酱釉瓷大部分是碗、盘、盏托等生活用具。酱釉瓷的编年资料

1 刘涛：《宋辽金纪年瓷器》第 2 页，文物出版社，2004 年。

2 宿白：《定州工艺与静志净众两塔地宫文物》，《文物》1997 年第 10 期。

3 权奎山：《关于晚唐瓷器上的“官”和“新官”字款问题》，《中国古陶瓷研究》第五辑，第 222-229 页，紫禁城出版社，1999 年。

4 谢明良：《有关“官”和“新官”款白瓷官字含义的几个问题》，《故宫学术季刊》5 卷 2 期，1987 年。

5 从考古发掘资料来看，刻花瓷器在辽寿昌五年（1099 年）左右就已经出现了，而且刻花纹饰细致、精美，流行六出花口装饰。从辽尚暐符和山羊 2 号墓所出土的资料情况看，覆烧工艺在当时还没普通使用，芒口覆烧工艺的普遍使用当在辽寿昌五年以后。

有 11 世纪末的新民法哈牛镇巴图营子村辽晚期墓[1]和江苏镇江章岷墓[2]（1017 年）。在高丽遗址中除酱釉瓷之外还发现了凤凰、牡丹、蝴蝶的金彩或者银彩装饰华丽的黑釉瓷，由此得知工艺精湛的定窑瓷器是在这个时期流入高丽的。北宋徐兢《宣和奉使高丽图经》（卷三十、器皿三）所提到的"……金花乌盏"，南宋周密《志雅堂杂钞》中称为"金花定碗"的很可能是这类器物。

第三期：高丽明宗时期（1171 ~ 1197 年）至高宗时期（1213 ~ 1259 年），即金中晚期。在这个时期的高丽遗址中发现的定窑瓷器有白瓷 Aa 型、Ab 型、Ba 型 2 式、E 型、F 型、G 型、H 型盘，Da 型 2 式、Db 型 2 式碗，B 型盖碗、钵，B 型罐、瓶等。虽然有刻花萱草、荷花、水波纹装饰的盘和钵，但装饰印花的盘和碗更多。刻花纹样与前时期相比虽不够精巧，但印花装饰的内容却更加丰富精美且复杂。这些文物的特征是印花装饰的内容占据大部分画面，内侧边缘下边几乎都环绕着雷纹。印花纹样见有缠枝菊花、缠枝牡丹、缠枝牡丹童子、双鱼、缠枝荷花、鸭子荷花戏水、鸭子荷花双鱼等。还有在内底用红色彩料书写"饮酒长生"字样的折沿盘。

四　高丽时代定窑瓷器的消费和流入路径

在韩国三国时代的梦村土城、风纳土城、法泉里、石村洞、公州水村里等遗址中发现了中国东晋时期的越窑青瓷盘口壶、鸡首壶、羊形器以及德清窑黑釉盘口壶、四耳壶等[3]。后来在百济时代公州武宁王陵、天安、扶安、扶馀等遗址中又发现了中国南朝和隋代的青瓷四耳壶、六耳壶、碗、盏和黑釉四耳壶等。在新罗统一时期的许多遗址中也出土了中国唐代的越窑青瓷、邢窑白瓷、唐三彩以及长沙窑青瓷等[4]，其中唐代的越窑玉璧底碗在统一新罗时期首都庆州被大量发现。

1　冯永谦：《辽宁省建平、新民的三座辽墓》，《考古》1960 年第 2 期；张柏主编：《中国出土瓷器全集》第二卷辽宁、吉林、黑龙江卷，图 58，科学出版社，2008 年。

2　镇江市博物馆：《镇江市南郊北宋章岷墓》，《文物》1977 年第 3 期。

3　[韩] 金英媛：《韩国遗迹出土的中国陶瓷器》，《东北亚陶瓷交流展》2001 年；[韩] 金英美：《越窑研究》，北京大学博士学位论文，2002 年；[韩] 大邱博物馆《우리문화속의中国陶瓷器》展览图录，2004 年。

4　[韩] 金英美：《高丽遗址中的越窑青瓷的传入路径及性质》，《中国古陶瓷研究》第十四辑，紫禁城出版社，2008 年；《关于韩国出土的唐三彩的性质》，北京艺术博物馆编：《中国巩义窑》，中国古瓷窑大系，中国华侨出版社，2010 年；《唐朝山东半岛，江淮地域与新罗的陶瓷文化交流》，《海上丝绸之路与蓬莱古船・登州港国际学术研讨会论文集》，黄海数字出版社，2012 年。

观察以上在韩国发现的中国瓷器的输入倾向可以看出，虽然出土的有一部分是黑釉瓷、唐三彩、白瓷，但大部分被发现的瓷器以青瓷为主。然而进入高丽时代后，对中国瓷器的消费倾向却出现了巨大变化，也就是说青瓷的输入慢慢减少，定窑白瓷和景德镇窑青白瓷大量输入高丽，同时建窑黑釉瓷、吉州窑白地黑花瓷等也输入了高丽[1]。这样的背景与高丽青瓷的诞生以及发展过程有着必然的联系。高丽青瓷的初期制作阶段大约在10世纪中后期，在始兴芳山洞和龙仁西里两个地方同时生产青瓷和白瓷，后来渐渐开始集中生产青瓷。

在太平老人撰《袖中锦》里曾经提到过定窑白瓷和高丽青瓷都是并驾齐驱的宝物，由此可以推测高丽王朝的贵族阶层对天下至尊的定窑白瓷怀有浓厚的兴趣。当时高丽青瓷的制作工艺水准已经不亚于中国的技术水准，但高丽白瓷的技术却依旧落后于中国的白瓷制造工艺，所以高丽白瓷生产数量逐渐减少。

高丽遗址出土的定窑瓷器各时期的特征可以在中国各时期及各地遗址中出土的定窑瓷器的特性中找出一些头绪。在第一期遗址发现的定窑瓷器的造型比较讲究，多以茶具、酒具、香具、陈设用器以及宗教用瓷器等奢侈品为主。而且这些瓷器以精美的白瓷为主，另有少量的绿釉瓷。白瓷的外壁上大多雕刻仰莲瓣纹，刻划“官”或者“新官”款式的碗也比较常见。这个时期的定窑瓷器主要发现于北方地区，定窑瓷器需求者大多是契丹贵族和辽国的汉朝官员[2]。再看北宋时期，以与定窑遗址相近的定州为中心发现了定窑瓷器的踪迹，在水陆交通比较发达的南方城市也有发现，以贵族墓葬和塔基中发现的奢侈品为主。高丽遗址中发现的定窑瓷器多为莲瓣纹的罐、刻划“官”字的碗以及绿釉枕等奢侈品，大都在大型寺院中被发现。据《高丽史》记载，这个时期高丽曾向北宋派遣使臣13次，北宋向高丽派遣使臣9次。在北方，与北宋对峙的辽国也和高丽保持往来。高丽曾向辽国派遣使臣37次，辽国在高丽显宗（1010～1031年）至靖宗（1035～1046年）时期向高丽派遣使臣47次（见表1）。在高丽遗址中发现的定窑瓷器有可能在高丽和北宋、辽三者保持往来时以礼物的形式输入高丽。这样看来，瓷器通过高丽和辽国的政治外交通道输入高丽的可能性极大[3]。

第二期遗址发现定窑瓷器的种类不仅包括轻巧的白瓷，也发现了酱釉瓷、黑釉瓷等器

1 ［韩］金英美：《韩国国立中央博物馆高丽遗址出土中国瓷器》，《文物》2010年第4期。
2 ［韩］田腾昌：《龙仁西里窑址出土遗物检讨》，《龙仁西里高丽白瓷窑址的再照明》第15-22页，2001年。
3 喻珊：《出土定窑瓷器研究》，北京大学硕士研究生学位论文，2010年。

物。辽国辖地发现的定窑瓷器数量减少，在北宋辖地发现定窑瓷器的范围却渐渐扩大。金、南宋前期，定窑瓷器大多在墓葬中被发现，但数量不多，瓷器沿袭了北宋晚期的风格，虽然刻花制品很多，但质量却不属于上乘；印花制品纹样小也比较单调，发现定窑瓷器的范围也在缩小。这个时期不仅优质的白瓷而且酱釉瓷、黑釉瓷等定窑瓷器也输入高丽。就白瓷来说，发现的大多数白瓷以刻花装饰为主，也发现了少量印花制品。

北宋中期以后，宋代商人积极与高丽交易，将大量样式各异的优质定窑瓷器带入开城一带。在这个时期定窑瓷器输入高丽的另一个通道可能是通过显宗（1010 ~ 1031 年）以后形成的宋商私献的方式输入高丽。而《高丽史》记载：北宋在 1072 年至 1116 年间共向高丽发送地方物产十余次，1047 年至 1119 年间辽也曾向高丽发送地方物产。此时的高丽在牵制北宋和辽的同时采取了追逐实际利益的外交政策。在这样的背景下高丽与北宋和辽之间进行了一定数量的物品交流。

随着北宋灭亡和南宋在临安建立政权，比起南宋，高丽与金国的交往更加频繁。高丽仁宗（1123 ~ 1146 年）年间，金国向高丽派遣使臣 34 次，高丽毅宗（1147 ~ 1170 年）年间金国向高丽派遣使臣 29 次，而这两个时期高丽向金国派遣使臣的次数更加频繁（见表 1）。从这些数字资料来看，在接受高丽仁宗和王妃任氏后援的惠阴院遗址发现的定窑白瓷很有可能是高丽仁宗和金国王室维持特殊关系[1]往来所交换的礼物。在高丽遗址中发现的白瓷刻花牡丹纹碗和盘在中国宋辽金的遗址中也属于罕见的高级制品。

第三期定窑瓷器的产量增加，出现了大量印花装饰的器物。在北方地区大量发现刻花瓷器，而南方地区则盛行印花瓷器。这个时期中国大量的印花瓷器大多发现于金代统治中心金中都附近和东北的金代贵族统治区。在南方地区出土于墓葬和窖藏的定窑瓷器不在少数，四川地区高等级南宋墓葬中也发现了大量精美的印花瓷器[2]。通过表 1 可以看出在第三期、也就是高丽明宗（1171 ~ 1197 年）以后，高丽与金国的交流日渐减少。《高丽史》1185 年的记录中写到："皇帝将李知命招入内殿，指示'在义州不许与金国互相交易，把龙舟仓库中的紵布与金国交换后进贡契丹丝'，结果进贡了 500 束契丹丝。"[3]从这段记录可以充分看出定窑瓷器很有可能是通过贸易往来的方式流入高丽。

---

1 《高丽史》世家卷第十七，仁宗曰："金富轼赞曰，仁宗……上表称臣，礼接，北使甚恭，故北人无不爱敬。"

2 刘淼：《金代定窑瓷器的研究》，南开大学博士学位论文，2006 年。

3 《高丽史》世家卷第二十，明宗曰："辛丑西北面兵马使李知命献契丹丝五百束，知命之陛辞也，王召入内殿，亲谕曰义州虽禁两国互市卿宜龙州库纻布丹丝以进。"

五 结论

综合以上内容概括如下：

第一，在高丽遗址中出土的定窑瓷器的时期可以根据高丽和宋、辽、金的微妙关系和消费倾向的变化分为三个阶段：第一期为从高丽光宗时期（949 ~ 975 年）至靖宗时期（1034 ~ 1046 年），即中国的北宋前期；第二期为从高丽文宗时期（1046 ~ 1083 年）至毅宗时期（1147 ~ 1170 年），即中国的北宋中晚期至金代早期；第三期为从高丽明宗时期（1171 ~ 1197 年）至高宗时期（1213 ~ 1259 年），即中国的金代中后期。

第二，从高丽时代遗址中发现的定窑瓷器来看：第一期发现的定窑瓷器数量较少，以装饰性较强的白瓷刻莲瓣纹罐、“官”款白瓷碗、绿釉枕等奢侈品为主；第二期高丽青瓷的水准达到鼎盛时期，也是优质定窑白瓷输入渠道的正式形成期，优质的定窑白瓷、黑釉瓷、酱釉瓷被大量发现。以刻花技法装饰的白瓷碗和盘的制作工艺非常高超；第三期发现了白瓷碗、盘、瓶等器物，以印花技法装饰的纹样丰富的碗和盘成为主流。

第三，以在高丽遗址中发现的定窑瓷器的消费者和消费地区的特性来看，在高丽首都的开城一带与王室有关的遗址或者古坟中发现了大量的定窑瓷器；其次在京畿道坡州、骊州、忠清南道扶馀、全罗北道益山、济州岛等地规模较大的寺院中也有发现。除此之外，在京畿道龙仁、安山等地中上阶层及商人的古坟中也发现了定窑瓷器。高丽遗址中发现的定窑瓷器水准非常高，这些定窑瓷器即使在当时中国也只有贵族才能够使用。

第四，输入渠道来看，定窑瓷器是通过政治外交渠道或商业渠道输入高丽。可以说定窑瓷器的输入渠道是一条能随政治状况灵活变通而且能满足高丽各阶层需求的输入线路。

关于高丽青瓷和定窑白瓷的技术交流将在今后的论文中进行讨论。

表 1 :《高丽史》记载高丽与宋辽金的交流情况表（次数）

分期	高丽王朝年表	高丽↔宋			高丽↔辽		高丽↔金	
		高丽→宋	宋→高丽	宋商私献	高丽→辽	辽→高丽	高丽→金	金→高丽
第一期	光宗（949-975）	3	1					
	景宗（976-981）	1	3					
	成宗（982-997）	5	5		2			
	穆宗（998-1009）	1						
	显宗（1010-1031）	3		13	13	30		
	德宗（1032-1034）			2				
	靖宗（1035-1046）			9	22	17		
第二期	文宗（1047-1083）	2	6	43	24	65		
	宣宗（1084-1094）	2	2	6	10	21		
	献宗（1095-1095）			5	1	1		
	肃宗（1096-1105）	4	1	12	36	17		
	睿宗（1106-1122）	4	5	4	36	29		
	仁宗（1123-1146）	5	5	5			72	34
	毅宗（1147-1170）			20			41	29
第三期	明宗（1171-1197）			3			36	36
	神宗（1198-1204）						15	8
	熙宗（1205-1211）			1			6	6
	康宗（1212-1213）						3	1
	高宗（1213-1259）			2			2	
	元宗（1260-1274）			1				
	忠烈王(1275-1308）			1				
计		30	28	127	144	180	175	114

表 2：韩半岛遗址定窑瓷器出土情况表

器种		类型 \ 位置及地名			遗址					
					古坟				寺址	
					京畿道			江原道	京畿道	
					开城一带	龙仁麻北里	安山大阜岛	三陟三和里	坡州惠阴院	骊州元香寺
	盘	A 型	Aa		○		○			
			Ab		○					
		B 型	Ba	1 式	○	○			○	○
				2 式	○					
			Bb		○					
		C 型			○					
		D 型	Da		○					
			Db		○					
		E 型			○					
		F 型			○					
		G 型			○					
		H 型								
	碗	A 型		1 式						
				2 式			○			
		B 型								
		C 型								
		D 型	Da	1 式	○				○	
				2 式	○					
			Db	1 式	○					
				2 式	○					
		E 型			○					
		F 型							○	
	盖碗	A 型		1 式	○					
				2 式	○					
		B 型			○				○	
	盏	A 型			○			○		
		B 型			○					
	钵				○					
	罐	A 型			○					
		B 型			○					
	瓶				○					
酱釉	碗	A 型			○					
		B 型			○					
	盘				○					
	盏托				○					
黑釉	碗	A 型			○					
		B 型			○					
绿釉	枕	A 型			○					
		B 型			○					

器种		位置及地名 / 类型			遗址				
					寺址				
					京畿道	忠清南道	全罗南道	庆尚北道	济州岛
					骊州 高达寺	扶余 王兴寺	益山 弥勒寺	庆州 黄龙寺	济州 水精寺
	盘	A 型	Aa				○		
			Ab				○		
		B 型	Ba	1 式		○	○		○
				2 式					
			Bb						
		C 型							
		D 型	Da						
			Db						
		E 型							
		F 型							
		G 型			○				
		H 型				○			
	碗	A 型		1 式			○	○	
				2 式					
		B 型					○		
		C 型					○		
		D 型	Da	1 式					
				2 式					
			Db	1 式					
				2 式					
		E 型							
		F 型							
	盖碗	A 型		1 式					
				2 式					
		B 型							
	盏	A 型					○		
		B 型							
	钵								
	罐	A 型							
		B 型							
	瓶								
酱釉	碗	A 型							
		B 型							
	盘								
	盏托								
黑釉	碗	A 型							
		B 型							
绿釉	枕	A 型							
		B 型							

表 3：韩国高丽遗址发现的定窑器物分期表

类型			分期	第一期	第二期	第三期
白釉	盘	A 型	Aa			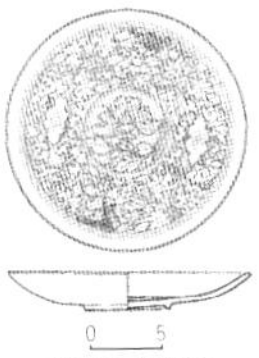 德寿 4773
			Ab			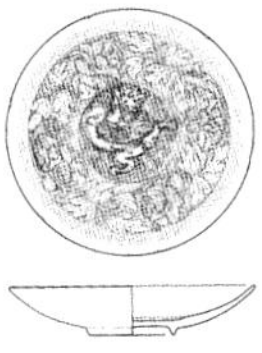 德寿 1522
		B 型	Ba		 惠荫院址	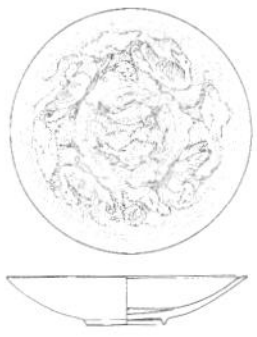 德寿 2578
			Bb		 德寿 4449	
		C 型			 德寿 4938	
		D 型	Da		 德寿 3614	

类型 \ 分期				第一期	第二期	第三期
白釉	盘	D 型	Db		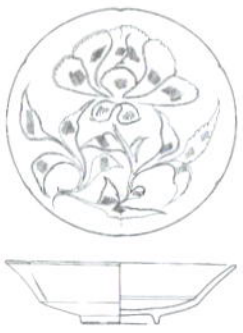 0 5 德寿 4939	
		E 型				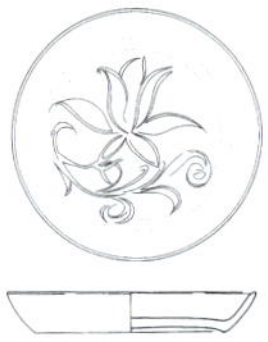 德寿 627
		F 型				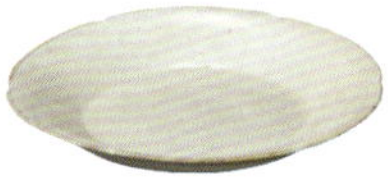 德寿 1334
		G 型				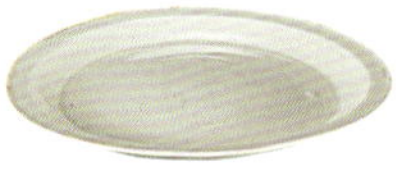 德寿 5517
		H 型				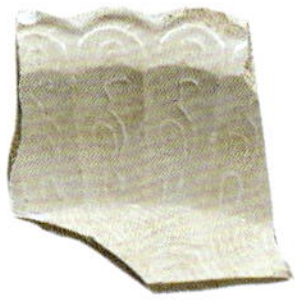 王兴寺址
	碗	A 型		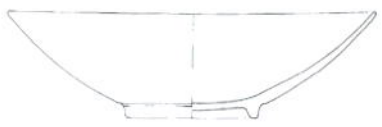 弥勒寺址	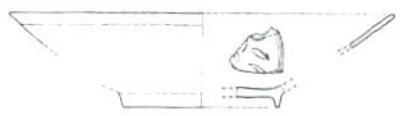 大阜岛古坟	

类型 \ 分期				第一期	第二期	第三期
白釉	碗	B 型		 弥勒寺址		
		C 型		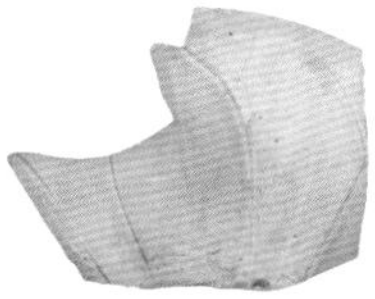 弥勒寺址		
		D 型	Da		 德寿 4474	 德寿 4298
			Db		 德寿 734	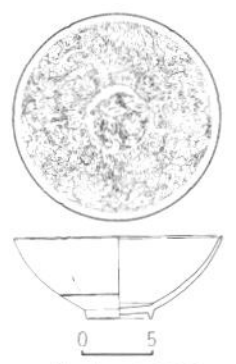 德寿 2980
		E 型			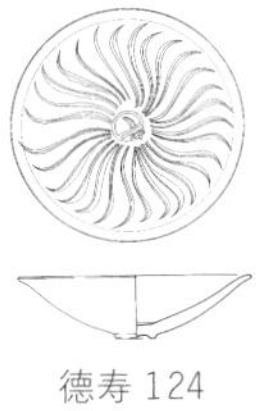 德寿 124	
		F 型			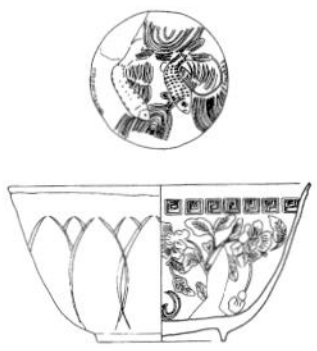 惠荫院址	

类型		分期	第一期	第二期	第三期
白釉	盖碗	A型	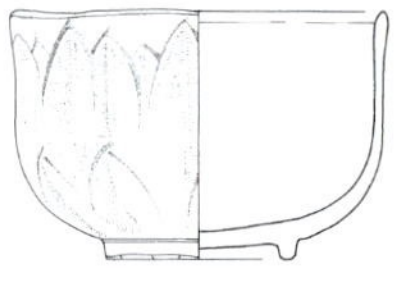 德寿 3439	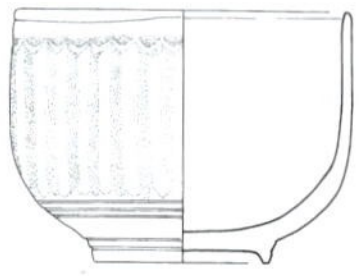 德寿 3616	
		B型			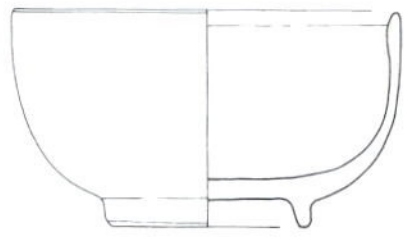 德寿 1093
	盏	A型		 德寿 1092	
		B型		 德寿 3885	
	钵				 德寿 3951
	罐	A型	 德寿 2867		

类型＼分期			第一期	第二期	第三期
白釉	罐	B型			 德寿 4736
白釉	瓶				 本馆 12430
酱釉	碗	A 型		 德寿 3332	
酱釉	碗	B型		 本馆 12440	
酱釉	盘			 德寿 2000	
酱釉	盏托			 德寿 3823	

<table>
<tr><th>类型 \ 分期</th><th></th><th></th><th>第一期</th><th>第二期</th><th>第三期</th></tr>
<tr><td rowspan="2">黑釉</td><td rowspan="2">碗</td><td>A 型</td><td></td><td> 德寿 4341</td><td></td></tr>
<tr><td>B 型</td><td></td><td> 本馆 10011</td><td></td></tr>
<tr><td rowspan="2">绿釉</td><td rowspan="2">枕</td><td>A 型</td><td> 德寿 424</td><td></td><td></td></tr>
<tr><td>B 型</td><td> 本馆 13750</td><td></td><td></td></tr>
</table>